U0738928

思政引领　大道铸魂

新时代高校外语课程思政建设

赵　佳●主编

ZHEJIANG UNIVERSITY PRESS
浙江大学出版社
·杭州·

图书在版编目(CIP)数据

思政引领,大道铸魂 : 新时代高校外语课程思政建
设 / 赵佳主编. -- 杭州 : 浙江大学出版社,2025. 6.
ISBN 978-7-308-26409-9

Ⅰ. G641

中国国家版本馆CIP数据核字第202569KU20号

思政引领 大道铸魂——新时代高校外语课程思政建设

赵 佳 主编

策划编辑	包灵灵
责任编辑	史明露 陆雅娟
责任校对	黄 墨
封面设计	林智广告
出版发行	浙江大学出版社
	(杭州市天目山路148号 邮政编码 310007)
	(网址:http://www.zjupress.com)
排 版	杭州林智广告有限公司
印 刷	杭州钱江彩色印务有限公司
开 本	710mm×1000mm 1/16
印 张	19.25
字 数	367千
版 印 次	2025年6月第1版 2025年6月第1次印刷
书 号	ISBN 978-7-308-26409-9
定 价	98.00元

序　言

进入新时代，中国日益走向世界舞台中央。变局中的世界，需要了解中国；强起来的中国，需要讲好中国故事。这对高校外语人才培养提出了新要求——培养一大批具有世界眼光、家国情怀，连接中外、沟通世界的新时代复合型高层次外语人才。如何培养国家需要的外语人才是外语学科面临的新命题，而课程思政（含"三进"工作）为解答这一新命题指明了工作方向与实施路径。在浙江大学的总体部署下，浙江大学外国语学院主动服务国家发展战略，注重顶层设计，坚持课程思政与学科建设、一流专业建设紧密融合，丰富外语类专业内涵，实施专业化、国际化、复合型的本科人才培养路径；推进思政元素全面融入培养方案、课程大纲、课堂教学、学生考核、督导评价，将课程、教材的思政建设成效作为教师职称评聘与奖励的重要评价指标，吸引一流人才加入课程与教材建设队伍；构建拔尖创新人才培养体系，优化国际组织精英人才培养计划（简称"国精班"），搭建全球实践教学网络，为中国参与全球治理、构建国际话语体系培养国际组织后备人才，持续为国家输送兼具全球胜任力与国际传播力的专业人才。在总体工作思路指导下，外国语学院广大教师提高政治站位，形成工作合力，稳步扎实推进课程思政建设，形成育人新局面。

课程先行，实现课程思政全覆盖。通过完善人才培养理念、重构课程体系、优化教学目标、修订教学大纲、创新教学实践、加强教材建设等举措，把课程思政要求与《习近平谈治国理政》多语种版本、《理解当代中国》多语种系列教材内容贯穿于外语人才培养全过程，逐步筑牢"课程—教材—教师"一体建设的第一课堂育人阵地，着力实现专业知识传授与价值塑造同频共振，培养信念坚定的高层次国际化外语人才。2022年9月底，500余门外语类专业、通识课程完成教学大纲修订工作，课程目标、教学内容均体现习近平新时代中国特色社会主义思想；积极改造相关课程、更新课堂讲授内容，于 2022 年 8 月底实现《理解当代中国》系列多语种教材使用全覆盖，各语种听说读写译 40 余门课程均使用该套教材；积极落实《习近平总书记教育重要论述讲义》英文版进入高校课堂工作，将其作为学习资料融入英语、翻译专业本科课程。自 2022 年 9 月开始，分层分批推进"三进"教学，各语种、各年级翻译类课程就《习近平谈治国理政》多语种版本设置分级教学目标，其他课程紧扣《习近平谈治国理政》多语种版本内容以专题方式融入课堂教学，做到人才培养的理想信念树立、教学内容重塑、教学体系重构，实现课程教学目标与育人目标有机融合。

四课融通，推进教学与思政协同。充分发挥浙江大学综合型、创新型、研究型的综合优势，建立通专跨、国际化融合、四课堂融通的培养模式，将习近平新时代中国特色社会主义思想有机融入第二、三、四课堂，推进课堂教学、校内实践、社会实践、国际交流四个课堂协同育人，推动学生广泛参与国际传播实践，不断提升"讲好中国故事，传播好中国声音"的理想信念与专业能力。第一课堂以"提质增效"为目标，系统优化专业培养方案与课程体系，强化课程思政、专业交叉、课程共享，开设中国文化、区域国别类课程。第二课堂以主办各级主题赛事与活动、组织学生参加重大学科竞赛为依托，展现新时代新成就，坚定"四个自信"，提高学生国际传播能力，如与国家部委、省级科研机构联合主办面向全国大学生和高中生的科普中国·绿色发展——多语种系列国际演讲大赛，主办面向全校学生的"我眼中的……"英语短视频大赛；近三年学生在重大外语学科竞赛中年均获国际级奖项 14 项、国家级奖项 110 项、省级奖项 246 项，如"理解当代中国"全国大学生外语能力大赛金奖、"外研社·国才杯"国际传播力短视频大赛特等奖、韩素音国际翻译大赛一等奖、第十五届多语种全国口译大赛一等奖。第三、四课堂以开展教学实习实践、高质量推进国际交流学习与实习为主要路径，选拔学生到重点单位、涉外部门、国际组织实习，如中国联合国协会、联合国教科文组织、联合国粮农组织、国际劳工组织，帮助学生在专业实习实践与国际交流过程中提高对社会、国家与世界的认知以及专业理论与实践能力。

技术赋能，形成教学研新形态。为稳步推进课程思政建设，校院两级课程思政工作坊于 2021 年相继成立，重点加强课程思政建设与研究，营造教书育人的良好氛围。以现代信息技术为依托，2022 年 10 月成立新型教学研组织——外国语学院"三进"虚拟教研室，搭建本校教师之间、不同院校教师之间交流互鉴平台。启用《习近平谈治国理政》多语种数据库综合平台，助力《习近平谈治国理政》多语种教学科研。切实推进信息技术与教育教学深度融合，加快优质课程，特别是课程思政示范课程的应用与共享，已建成并上线 8 门慕课课程；推动教学模式与方法改革，鼓励线上线下混合式教学，年均5门课程开展混合式教学；"三进"教材《德语演讲教程》配套慕课"德语演讲"于2024年3月正式上线，配备全新知识图谱，结合AI技术，以结构化、可视化的形式，打造数字化学习新形态。依托校院两级课程思政工作坊、"三进"虚拟教研室、教师发展中心、基层教学组织，大力开展专题培训和教学竞赛活动，重点邀请教学名师、"马工程"重点教材专家、"三进"教材编者与翻译专家做辅导报告、公开课，支持骨干教师参加各级课程思政、"三进"培训，以点带面提高全体教师课程思政的意识与能力。

及时凝练，丰富课程思政教学资源。充分挖掘《习近平谈治国理政》多语种版本中的内容，特别关注浙江"三地一窗口一示范区"的属性，立足浙江本土、突出浙江特色，凸显浙江作为习近平新时代中国特色社会主义思想重要萌发地的历史意义与作用，初步形成案例规模为130余个的"三进"案例库，供广大教师学习借鉴；优选133门外语专业、通识优质课程，每门课程建设3个课程思政案例，形成课程思政案例库，为教师课堂授课提供丰富的教学资源。引导教师积极将课程思政要求、"三进"内容融入外语专业在编60余册教材中，丰富高层次国际化外语人才培养内涵；引导教师根据党的理论创新成果、科学技术最新突破、学术研究最新进展、社会经济最新发展等及时修订已出版教材10余册，强化优秀经典教材的传承发展。鼓励教师开展课程思政教学改革与研究，及时总结课程思政经验，撰写课程思政教研教改论文，推进课程思政成功经验的分享与利用；近三年来共获批省级课程思政教改项目3项、省级课程思政示范课程4门、省级课程思政示范基层教学组织1个，浙江大学校级课程思政教改项目41项、校级课程思政示范课程7门，教师发表课程思政教研教改论文40余篇。

特色培养，发挥综合型院校优势。在"一带一路"倡议、"人类命运共同体"理念、中国文化"走出去"战略等背景下，翻译对于国家的战略作用和意义尤为突出，为进一步落实国家战略对翻译人才的新要求，浙江大学翻译专业在课堂教学和翻译实践中有机融入习近平新时代中国特色社会主义思想，建构创新实践人才培养体系，坚持专业化、国际化与复合型人才培养路径，持续为国家输送热爱祖国、信仰坚定、外语基础扎实、通晓国际规则、具有出色的跨文化交际能力和全球竞争力的高素质、创新型、复合型国际化翻译人才，尤其是能够服务于国家发展战略的外交、法律、时政等翻译人才。重点增强国际传播研究，引导教师加强区域国别研究，依托亚洲文明学科汇聚研究计划，以区域语言研究为切入点，推动文明交流互鉴；把中华译学馆建设成中国学术与中国话语外译实践高地，积极参与中国文学、文化与学术等"走出去"工程。国际组织精英人才培养计划聚焦国家战略需求和学生成长成才需要，坚持以习近平新时代中国特色社会主义思想为指引，认真研判、准确识变、把握方向，形成"课堂—战略伙伴—海外高校—实习就业"全链条培养体系，通过辅修、微辅修、硕士点等途径推进外语学习与专业教育相结合，重点加强外语专业学生"外语＋其他专业＋国际组织"学习、理工农医类学生"专业＋外语＋国际组织"学习，着力提升学生的专业外语能力与国际传播能力，培养厚植家国情怀、拥有全球视野、兼具责任担当与专业能力的国际组织后备人才。

　　征程万里风正劲，重任千钧再出发。习近平总书记在全国高校思想政治工作会议上强调："各门课都要守好一段渠、种好责任田，使各类课程与思想政治理论课同向同行，形成协同效应。"① 习近平总书记的重要论述指明了课程思政是实现立德树人根本任务的重要路径。近年来，浙江大学外国语学院教师用热情与执着，探索和实践着课程思政的内涵与规律，创新和开拓着课程思政的方式与方法，立德树人、全过程育人的理念已深入人心。教师们在学习中研究、在研究中实践、在实践中反思，在紧张纷繁的工作之余将自己的研究与思考记录成文字，形成了实践深入、思考深刻的课程思政建设与研究阶段性成果，也就是我们手中的本册论文集。本论文集共收录了浙江大学外国语学院 30 位教师的 30 篇论文。希望本论文集可为高校课程思政实践与研究带来些许启发。如有不当之处，恳请广大同行批评指正。

---

① 把思想政治工作贯穿教育教学全过程　开创我国高等教育事业发展新局面 . (2016–12–08) [2022–08–01].
http://www.moe.gov.cn/jyb_xwfb/s6052/moe_838/201612/t20161208_291306.html

目 录
CONTENTS

文学类课程篇：文学涵养，润泽人文情怀

多语种课程篇：多语视角，胸怀家国天下

区域国别与跨文化课程篇：学贯中西，自信交互世界

翻译类课程篇

走向他者，文明互学互鉴

翻译选择与文化立场
——关于翻译教学的思考①

【摘 要】 翻译教学，涉及翻译技艺的传授，也涉及翻译之道的探索，但同时也触及对影响翻译活动的政治、文化与社会因素的考量和分析。本文指出，翻译教学，"重"在向学生传授翻译技巧，但不能"轻"对学生翻译观和翻译价值观的指导。在提升学生翻译能力的同时，要有意识地培养学生的翻译选择能力，引导学生在翻译实践和翻译的理论思考中，形成自己的文化立场，建立翻译价值观，明确翻译的使命。

【关键词】 翻译；选择；文化；立场；价值

引 言

在《我的翻译与研究之路》一文中，笔者曾谈道："作为高校教师，我自身的翻译与研究固然重要，但人才培养更为重要，是第一位的。多年来，我一直努力将自己的翻译实践与探索成果运用于翻译教学与人才培养。"② 翻译教学，涉及翻译技艺的传授，也涉及翻译之道的探索，但同时也触及对影响翻译活动的政治、文化与社会因素的考量和分析。鉴于这一认识，本文拟结合笔者的教学经历，从认识翻译本质、建立翻译价值观入手，就翻译教学中的翻译选择与文化立场问题加以思考，提出自己的若干想法。

---

① 本文曾发表于《中国外语》2021 年第 5 期。
② 许钧 . 我的翻译与研究之路 . 外语界，2018（5）：38.

一、翻译本质与翻译价值观

翻译教学，首先要引导学生面对的第一个问题，就是如何认识翻译、理解翻译。有学者指出："认识翻译、界定翻译，不仅是翻译研究和翻译学科发展的需要，在某种程度上甚至可以说是翻译如何在新时期安身立命进而发挥其重要价值的根本性诉求。"[①] 无论是做翻译、研究翻译，还是从事翻译教学，"翻译是什么"都是一个绕不过去的问题。如果说立德树人是教育的根本任务，那么翻译人才的培养，则首先要着力于引导学生认识翻译、了解翻译的本质特征，在此基础之上，为翻译定位，了解翻译的价值所在，形成自己的翻译观和翻译价值观。笔者长期从事翻译教学，先后为本科生、学术学位和专业学位硕士研究生以及博士研究生开设"汉法翻译"、"法汉翻译理论与实践"、"翻译概论"（"翻译通论"）、"翻译专题研究"等多门课程；在不断积累教学经验的同时，编写了四部有关翻译与翻译理论的教材，供不同层次的学生使用，如：本科教材《法汉翻译教程》为教育部高等学校外语专业教育指导委员会法语分委员会推荐使用教材，被评为教育部精品教材；硕士研究生教材《当代法国翻译理论》为教育部研究生工作办公室推荐使用教材；学术学位硕士研究生和博士研究生通用教材《翻译学概论》获教育部第六届高等学校科学研究优秀成果奖二等奖；还有全国翻译硕士专业学位（MTI）系列教材之一《翻译概论》。无论是翻译的课堂教学，还是翻译教材的编写，笔者都把"翻译是什么"作为首要问题提出，结合翻译历史上对翻译本质特征的不断探索和研究，引导学生对翻译的历史、翻译的形态和翻译的特征等重要问题加以思考。

一个人要从事翻译活动，首先应该对翻译形成深刻的认识。关于翻译，我们要在教学中有目的地引导学生从两个方面加深认识。一是认识"何为译"：翻译活动形态多样、形式丰富。根据所处理的符号关系，翻译可分为语内翻译、语际翻译和符际翻译；根据是否通过第三种符号系统，翻译可分为直接翻译和间接翻译；根据开展方式与所使用工具，翻译可分为笔译、口译、机译（含人工辅助机器翻译和机器辅助人工翻译）；也可以按照所处理的文本体裁分为文学翻译和非文学翻译，前者包括诗歌翻译、散文翻译、小说翻译、戏剧翻译及影视翻译等，后者包括哲学社会科学翻译、经贸翻译、法律翻译、时政翻译、科技翻译和旅游翻译等；根据目的文本与原文本内容的关系，翻译还可分为全译和变译，后者又可细分为摘译、编译、译述、缩译、综述、述评、译评、改译、阐译、译写和参译等。二是认识"译何为"：翻译是人类历史最悠久的社会、文化活动之一。历史

---

① 刘云虹，许钧.如何把握翻译的丰富性、复杂性与创造性？——关于翻译本质的对谈.中国外语，2016（1）：97.

悠久的翻译活动在世界各民族的文化交流与交融中发挥着桥梁作用，有助于维护文化多样性，丰富世界文化，推动世界文明互学互鉴，为人类精神财富的积累与人类命运共同体的构建做出独特的贡献。基于对翻译历史、翻译活动形态和翻译使命的考察，笔者在翻译教学中进一步引导学生对翻译活动的丰富性与复杂性进行思考，从社会、文化、历史、符号转换以及翻译的生成与创造等多个层面对翻译的本质加以考察，形成自己对翻译的深刻认识。一旦对"翻译是什么"有了自己的认识和答案，学生就有可能在此基础上形成自己的翻译观，进而结合翻译的本质特征就翻译的价值展开思考，形成翻译的价值观。笔者在教学中，特别注意引导学生结合中国翻译史上具有重要意义的翻译活动和具有代表性的翻译家案例，对翻译价值进行多维度思考。如结合翻译和五四运动的关系，深刻地领会翻译所具有的社会价值、文化价值和思想创新价值。又如通过对著名翻译家傅雷文学翻译活动的分析，认识文学翻译对于丰富现代汉语、促进中国文学创作所体现出来的价值。又如结合鲁迅的翻译实践与翻译思考，从鲁迅所主张的翻译方法中理解翻译对改造思维、丰富汉语表达所起到的特殊作用。立德树人，需要以价值观为引导。建立了动态发展的翻译历史观和翻译价值观，学生就有可能产生对翻译的热爱，领悟到应该承担的责任与使命。

二、翻译的选择问题

有了对翻译的深刻认识，翻译活动就不会是一种盲目的活动。解决了"何为译"和"译何为"的认识问题，翻译教学还要面对"如何译"的问题。我们知道，传统的翻译教学，要解决的主要是翻译技艺的传授问题。笔者长期从事本科与硕士研究生阶段的汉法翻译与法汉翻译教学，对于如何提升教师对学生的培养能力，既有理论层面的思考，又有实践层面的探索。从国内出版的翻译教材看，在内容安排方面，占最大比例的就是翻译的转换技巧，如词语的转换、句子的转换、比喻的转换等。翻译活动具有符号转换性，符号及文本的转换机制、规律和技巧，是翻译教学的重点。但是，翻译活动丰富而复杂，往往会受到社会、政治、文化等一系列因素的影响。在解决"如何译"的同时，还要引导学生思考"译什么"。笔者曾在不同的场合谈到，我们培养翻译人才，教授翻译的转换技巧自然很重要，但这还不够。就翻译人才培养而言，立德树人应该贯穿于翻译教学的各个环节。

翻译的过程，不仅仅涉及翻译的转换，还包括拟译文本的选择和翻译文本的传播。从某种意义上说，没有拟译文本的正确选择，没有翻译文本的有效传播，就难以实现翻译的价值。而翻译的选择直接涉及翻译的动机、翻译的目的、翻译的价值考量等重要问题。笔者搜集到不少国内多个语种的翻译教材，发现这些教材基本不涉及拟译文本的选择问题。在很大程度上，"选择什么文本来翻译"这一问题在翻译教学中往往是被忽视的。考察翻译的历史可以发现，在历史大变革时期，评价一个翻译家的功绩，较之"怎么翻译"，"翻译什么"是首要问题。我国近代著名思想家、政治活动家梁启超早在19世纪末，就在《变法通议》中专辟一章详论翻译，把译书提高到"强国第一义"的地位。而就译书本身，他明确指出："故今日而言译书，当首立三义：一曰，择当译之本；二曰，定公译之例；三曰，养能译之才。"① 梁启超所言"择当译之本"，便是"译什么书"的问题。翻译理论家劳伦斯·韦努蒂更是从理论层面对翻译的选择问题进行了探讨，他明确指出："翻译是一个不可避免的归化过程，其间，异域文本被打上使本土特定群体易于理解的语言和文化价值的印记。这一打上印记的过程，贯彻了翻译的生产、流通及接受的每一个环节。它首先体现在对拟翻译的异域文本的选择上，通常就是排斥与本土特定利益不相符的其他文本。接着它最有力地体现在以本土方言和话语方式改写异域文本这一翻译策略的制定中，在此，选择某些本土价值总是意味着对其他价值的排斥。再接下来，翻译的文本以多种多样的形式被出版、评论、阅读和教授，在不同的制度背景和社会环境下，产生着不同的文化和政治影响，这些使用形式使问题进一步地复杂化。"② 在韦努蒂的论述中可以看到，异域文本的选择关系重大，不仅会影响整个翻译的生产、流通和接受过程，同时还会影响到翻译策略的制定和翻译作用的发挥。在新的历史时期，中国文化要"走出去"，中国典籍与中国文学的外译是必经之路。首先需要思考的，就是应该选择向外国译介什么样的作品。在这一方面，我们曾就"大中华文库"的文本选择与文化价值观问题展开深入的思考，并指出："'中国选择'和'中国阐释'是构建系统的中国文化价值观的基础。中国文化经典丰富，'文库'通过组织中国的学者和专家选择具有代表性的作品进行翻译，构建一个系统的中国文化宝库，这里面既包括儒家思想、道家思想、佛教思想典籍，也包括重要的文学、科技、军事、历史典籍，它们都是中国文化的源头和结晶。就'中国选择'而言，通过文本的选择，体现的是中华文化的价值观，中国人依照自己的价值观念，选择本民族文化的经典著作进行推介，有助于系统全面地反映中国文化的精髓，对于其他

---

① 转引自：郭延礼．中国近代翻译文学概论．武汉：湖北教育出版社，1998：227．
② 劳伦斯·韦努蒂．翻译与文化身份的塑造．查正贤，译．刘健芝，校．// 袁伟．语言与翻译的政治．北京：中央编译出版社，2001：359．

国家与民族译介中国文化，可以起到引导与示范的作用。"① 无论是外译中，还是中译外，拟译文本的选择，在某种意义上构成了翻译的出发点，对翻译意欲达到的目标也起着决定性作用。鉴于此，我们在教学中一直有目的地引导学生关注翻译的选择问题，明确翻译选择的价值依据，提升学生的翻译选择能力。

笔者主讲的"法汉翻译理论与实践"是一门翻译工作坊形式的课程，在教与学之间、理论与实践之间，形成了一种真正的互动关系。在该课程的第一堂课上，我会请学生交流翻译是什么、翻译有什么价值等认识，在此基础上，引导学生提高翻译的自觉性，增强译者的主体性，请他们在翻译价值观的指导下，选择在他们看来值得翻译的文本加以介绍。在实际教学中，笔者发现，学生有了对翻译价值的把握，便有可能利用不同的渠道积极拓展资料来源，获取有关文本，通过阅读、分析和评价，推荐自己认为具有翻译与传播价值的文本。在多年的教学实践中，笔者和学生们一起，结合社会、文化、审美层面的价值判断，选择了不少很有价值的拟译文本。为把这样的教学成果向社会推广，让学生的努力得到社会的认可，笔者向《文汇读书周报》的资深编辑徐坚忠先生积极建议，在《文汇读书周报》开设"阅读西方"栏目，介绍有关学生和同道所选择的好书。这一栏目先后办了近十年，笔者的不少研究生都在上面发表过很有价值的图书评介，有的还当上了该栏目的主持人。后来，笔者又与《中国图书评论》主编杨平先生合作，在该刊开设了"异域书情"栏目，发表了不少好书评，如《公共帷幕后的真实与坦荡——读〈爱丽舍宫的陌生人〉》一文。《希拉克传：爱丽舍宫的陌生人》一书的作者为皮埃尔·佩昂，该书问世不久，当时读硕士研究生的张璐就获取了有关信息和内容，在翻译课上就该书的主要内容与价值向同学做了精要评介。上述书评发表之后，该书受到了出版界的关注，多家出版社表达了引进版权、翻译出版的意向，后来该书由南京大学法语系的师生合作翻译，由作家出版社出版。回顾翻译教学之路，笔者深切地感受到，通过引导性和实践性并重的教学，不少学生爱上了翻译，其中有多位成长为具有相当社会影响力的翻译家。而他们成长的重要原因，就是他们热爱翻译，具有强烈的翻译动机，善于发现与挖掘具有译介价值的文本，同时具备很强的翻译能力。

三、译者的文化立场

改革开放四十余年来，我国的翻译教育取得了长足发展，建立了从学士、硕

① 许多，许钧. 中华文化典籍的对外译介与传播——关于《大中华文库》的评价与思考. 外语教学理论与实践，2015（3）：14.

士、博士到博士后的完整培养体系。在翻译教学中，我们也在不断地更新翻译观念。翻译和翻译学界认识到，翻译不是一种简单的语言转换，而是一种跨文化的交流活动。在新的时代，翻译问题为社会所关注，翻译可以有力且有效地促进中外文化交流、中外文明互鉴和人类命运共同体的构建。这一文化交流观应该在翻译教学中有具体而充分的体现。翻译，既然是一种跨文化的交流活动，那么译者的文化立场就显得尤为重要。在翻译教学中，笔者特别注意在如下三个方面引导学生。

一是引导学生形成平等的文化交流观。如果把翻译置于文化交流的高度去考察，就必须承认，翻译上的语言问题往往与文化问题紧密结合在一起。翻译通过语言的转换促进文化的开放，继而又促进我们思维的开放。同时，翻译的策略和方法又与译者的翻译文化立场密切相关。所谓"归化"与"异化"的翻译策略或方法，在很大程度上与译者所选择的文化立场有关。译者作为跨越两种文化的使者，同时面临着出发语文化和目的语文化。而面对这两种文化，出于不同的动机和目的，译者至少可采取三种文化立场：一是站在出发语文化的立场上；二是站在目的语文化的立场上；三是站在沟通出发语文化与目的语文化的立场上。第一种文化立场往往导致所谓的"异化"翻译方法；第二种立场则可能使译者采取"归化"的翻译方法；而第三种立场则极力避免采取极端化的"异化"或"归化"方法，试图以"交流与沟通"为根本宗旨，寻找一套有利于不同文化沟通的翻译原则与方法。在翻译教学中，教师可以结合中外翻译历史中的实例，阐述旨在平等交流的文化立场的重要性。实际上，无论是拟译文本的选择，还是翻译方法的使用，都涉及译者的文化立场。这方面内容是我们的翻译教学不应该忽视的一课。

二是引导学生建立翻译的文化价值观。季羡林先生认为："不同的国家或民族之间，如果有往来，有交流的需要，就会需要翻译。否则，思想就无法沟通，文化就难以交流，人类社会也就难以前进。"[①]一部中国翻译史，就是一部中外文化、思想的交流史。在教学中，特别是在研究生层次的"翻译通论"课上，笔者常常采取师生共同研讨的形式，就翻译在中外文化交流中所体现的价值进行讨论，并举实例加以说明。一个民族的文化是不断创造、不断积累的结果。而翻译，在某种意义上，则是在不断促进文化的积累与创新。一个民族的文化想发展，不能没有传统，而不同时代对传统的阐释与理解，会赋予传统新的意义与内涵。如不同时代对《四书》《五经》的不断翻译、不断阐释，这种语内翻译就其本质而言，是对文化传统的一种丰富，是民族文化得以在时间上不断延续的一种

---

① 季羡林，许钧. 翻译之为用大矣哉 // 许钧，等. 文学翻译的理论与实践——翻译对话录（增订本）. 南京：译林出版社，2001: 3.

保证。任何一个民族想发展，就必须走出封闭的状态，不管自己的文化有多么辉煌、多么伟大，都不可避免地要与其他文化进行交流，于是语际翻译便成了一种不可或缺的活动。而在语际翻译中，自我向他者敞开，发现差异、传达差异，在各种差异的不断碰撞甚至冲突中，渐渐相互理解、相互交融。在这个意义上，翻译又是民族文化在空间上的一种拓展、一种再生，同时，它也在丰富世界文化，让世界文化更为多样、更为灿烂。

三是引导学生明确翻译的使命。从翻译的功能看，其根本作用之一便是克服语言障碍，向他者开放，实现操不同语言的人们之间的精神沟通，而这种精神沟通主要是通过文化层面的交流获得的。在这个意义上，翻译是人类精神文化中最为重要的活动之一，也是促进民族与国家文化发展的最基本、最活跃的因素之一。从翻译的全过程看，翻译活动时刻受到文化语境的影响；从翻译的实际操作层面看，由于语言与文化的特殊关系，在具体的语言转换中，文化因素的传达是其根本任务之一。在新的历史时期，结合对翻译使命的探讨，笔者有意识地引导学生不断加深对翻译的理解，鼓励学生在翻译活动中要自觉地走向"他者"，向他者敞开自身，尊重他者，把翻译之用提高到促进跨文化交流、维护文化多样性、建设世界和平文化、构建人类命运共同体的高度来认识。在实践层面，笔者积极引导并鼓励同事与学生参与翻译实践，参与到地区或国家重要的文化交流活动中去，如通过重要文献的高水平翻译与审校助力良渚文化入选世界文化遗产。几十年来，我之所以乐此不疲，如此积极、持续地引导或鼓励身边的人重视翻译、投身翻译，是因为我坚信，在中外文化的交流与发展中，在中外文明的互学互鉴中，一如季羡林先生所言："翻译之为用大矣哉！"

结　语

树翻译之才，立德为先。翻译教学，"重"在向学生传授翻译技巧，但不能"轻"对学生翻译观和翻译价值观的指导。在提升学生翻译能力的同时，要有意识地培养学生的翻译选择能力，引导学生在翻译实践和翻译的理论思考中，形成自己的文化立场，建立翻译价值观，明确翻译的使命。

参考文献

郭延礼.中国近代翻译文学概论.武汉：湖北教育出版社,1998.

季羡林,许钧.翻译之为用大矣哉//许钧,等.文学翻译的理论与实践——翻译对话录（增订本）.南京：译林出版社,2001:1-6.

刘云虹,许钧.如何把握翻译的丰富性、复杂性与创造性?——关于翻译本质的对谈.中国外语,2016（1）:95-100.

劳伦斯·韦努蒂.翻译与文化身份的塑造.查正贤,译.刘健芝,校.//袁伟.语言与翻译的政治.北京：中央编译出版社,2001:358-382.

许多,许钧.中华文化典籍的对外译介与传播——关于《大中华文库》的评价与思考.外语教学理论与实践,2015（3）:13-17+94.

许钧.我的翻译与研究之路.外语界,2018（5）:34-39.

作者简介

许钧,著名翻译家,浙江大学文科资深教授,浙江大学外国语学院教授、博士生导师。北京大学欧美文学中心兼职教授,曾任国务院学位委员会第六届、第七届外国文学学科评议组召集人、全国翻译硕士专业学位教育指导委员会副主任、中国翻译协会常务副会长,并担任 *META*、*BABEL*,以及《外语教学与研究》《中国翻译》《外国语》《外国文学》等国内外 10 余种学术刊物的编委。研究方向：翻译学、法语语言文学等。

翻译家精神：内涵分析与潜在价值 ①

冯全功

【摘 要】 翻译家精神指古往今来优秀翻译家身上展现出的，或从这些翻译家身上归纳出的，有关为人、为学与为译等方面的特质，典型的特质包括求真精神、务实精神、奉献精神、爱国精神、进取精神、合作精神、谦逊之心、求美之心等。把翻译家精神作为术语引入翻译研究具有多重价值，有利于丰富翻译理论话语体系，区分相关译学概念（如翻译精神），引发相关研究话题，提升翻译质量，塑造译者形象，建构良好的翻译生态环境。鉴于翻译家精神兼有伦理性质，具有较强的育人作用，还可以把其植入到翻译课程思政建设以及整个翻译教育中。

【关键词】 翻译家精神；求真精神；务实精神；奉献精神；爱国精神

引 言

2022 年 1 月 17 日，《杭州日报》的《倾听·人生》栏目刊登了一篇人物报道，题为"我们的天才儿子"，讲述的是青年翻译家金晓宇的感人故事。这篇由其父亲口述的报道很快被国内各种官方媒体、自媒体转载，引发了社会各界的广泛关注，读者大多被"天才翻译家"金晓宇的感人故事里那种坚韧不拔的父爱感动着。感动之余，笔者看到的是金晓宇作为翻译家的形象：身残志坚，心怀信念；苦学语言，广泛涉猎；认真翻译，一丝不苟；不求名利，默默奉献。金晓宇小时候左眼意外失明，患有躁狂抑郁症，但他痴迷于语言学习，除了英语，他还自学了日语、德语，并翻译过几部日语、德语著作，是一位典型的多语翻译家。作为一名译者，金晓宇极其认真，出版社的人说，"金晓宇译的书稿寄到编辑部，大家都

---

① 本文曾发表于《外国语》2023 年第 1 期。

抢着做责任编辑，因为全书没有错字、错句、错译，每本书都好卖，读者反响很好"①。金晓宇的形象蕴含着一种精神，这种精神为大多优秀翻译家所共有，我们不妨称之为翻译家精神。最近，笔者通读了方梦之和庄智象主编的《中国翻译家研究》（三卷本），对翻译家精神有了更为全面的体会。方梦之和庄智象在《中国翻译家研究》的前言中把中国翻译家的特质归纳为四个方面：使命感、责任感；经世致用；多语种、跨学科；精益求精。我们也不妨将这些特质视为翻译家精神的具体表现。② 彦琮《辩正论》中的"八备"说（如"志愿益人""不苦暗滞""器量虚融""淡于名利"等）也蕴含着丰厚的翻译家精神。那么，到底什么是翻译家精神？翻译家精神与翻译精神有何区别与联系？翻译家精神具体表现在哪些方面？翻译家精神在当代语境下有什么潜在价值？本文尝试对这些问题进行解答，以期把翻译家精神作为独立术语引入翻译研究。

一、翻译家精神的概念辨析

翻译家精神指的是从历代优秀翻译家身上所归纳出的有关为人、为学、为译等方面的特殊品质，如求真精神、务实精神、奉献精神、求美精神、爱国之心、进取之心等，这些品质为大多翻译家所共有，只是在不同翻译家身上的凸显程度有所不同而已。付智茜的《翻译家精神研究：以杨宪益、戴乃迭为例》是目前国内罕见的以"翻译家精神"命名的文章。作者指出："翻译家精神就是本质中的能动性、受动性和为我性的表现，即翻译家在翻译过程中所体现出来的意识、思维活动和一般心理状态。"③ 这个定义稍显宽泛，笔者则把翻译家精神视为翻译家的一种内驱外显的共享品质。付智茜把杨宪益、戴乃迭夫妇的翻译家精神归结为六个方面：拳拳爱国心、中西合璧的"黄金搭档"、自信与无畏、钻研与精业、敬业与奉献、谦逊与求是。如果把"中西合璧的'黄金搭档'"置换为合作精神的话，付智茜总结的这六个方面的确是大多优秀翻译家的共享品质，也是翻译家精神的重要表现。值得注意的是，戴乃迭并未加入中国国籍，用"拳拳爱国心"来描述她未必准确。付智茜还用译者精神来指代翻译家精神，二者是等同的。笔者认为，译者在当今社会是一个非常宽泛的群体，翻译家则是古今有所成就的知名译者，不管是否以翻译为职业。从优秀的翻译家身上来概括这些品质更为精准，故称之为翻译家精神也更为合

---

① 金性勇，叶全新 . 我们的天才儿子 . 杭州日报，2022-01-17（A12）.
② 方梦之，庄智象 . 中国翻译家研究（历代卷）. 上海：上海外语教育出版社，2017：XIV-XIX.
③ 付智茜 . 翻译家精神研究：以杨宪益、戴乃迭为例 . 上海翻译，2014（3）：45.

理，比"译者人格"① 等概念更具示范性与导向性。也有学者把翻译家精神称为"匠人精神"② 或"工匠精神"③，但这种命名针对的主要是译者或翻译家对待翻译工作精雕细琢的态度，无法涵盖翻译家精神的其他层面，尤其是人格层面的内涵。

翻译家精神有时也被称为翻译精神，但翻译精神有自己特殊的所指，本身也是一个模糊的概念，与翻译家精神还是有区别的。许钧认为："任何创造都不可能是凭空的创造，它应该是一个继承与创新的过程。当'本我'意欲打破封闭的自我世界，向'他者'开放，寻求交流，打开新的疆界时，自我向他者的敞开，本身就孕育着一种求新求异的创造精神。这种敢于打开封闭的自我，在与'异'的交流、碰撞与融合中丰富自身的求新的创造精神，我们可视为一种翻译精神。"④ 2019 年，许钧在《翻译精神与五四运动——试论翻译之于五四运动的意义》一文中重申了翻译精神的概念，论述了"翻译精神所蕴涵和孕育的'开放'、'求新'与'创造'之精神"⑤ 和五四运动的内在关系。笔者认同这种观点，即把翻译精神视为翻译本身所蕴含的开放、求新、求异、创造等精神，而不是翻译家的共享品质。但也有学者把翻译精神视为翻译家品质的，尤其是在论述某一位翻译家的精神品质时，如傅雷翻译精神、草婴翻译精神等。这样命名本也无可厚非，因为傅雷等本身就是翻译家，如果说傅雷的翻译家精神的话，措辞感觉有点怪怪的，如果直接用傅雷精神的话，其涵盖面又失之宽泛。蓝红军在评述许钧等合著的《傅雷翻译研究》时认为，"该著所揭示的傅雷的翻译精神是其艺术精神和人格精神的统一"⑥。他还重点阐述了翻译精神的概念，认为翻译精神是一种理想精神、拯救精神、求真精神和艺术精神。蓝红军理解的翻译精神指向的主要也是翻译家精神，或者说是"傅雷的翻译精神"，与许钧所谓的翻译精神有本质的区别。

笔者认为，如果作为翻译研究核心术语的话，翻译精神与翻译家精神应区分开来，翻译精神指翻译本身所蕴含的特殊精神，翻译家精神则指翻译家所共享的特质。如果特指某一位翻译家的翻译家精神的话，为了避免语义上的违和感，也不妨用翻译精神来替代翻译家精神，如傅雷翻译精神、许渊冲翻译精神等。即便是许钧本人也会用"傅雷的翻译精神"来指代其翻译家精神，且特别强调傅雷

---

① 童成寿．译者人格特征内隐观的初步研究．语言教育，2019（2）：53–58.

② 杨雪冬．"翻译匠"的匠人精神．杭州（我们），2016（3）：11–12.

③ 杜桂枝．重视培养翻译人才的工匠精神．中国俄语教学，2016（3）：1–6.

④ 许钧．翻译论．武汉：湖北教育出版社，2003：392.

⑤ 许钧．翻译精神与五四运动——试论翻译之于五四运动的意义．中国翻译，2019（3）：10.

⑥ 蓝红军．译者之为：构建翻译的精神世界——《傅雷翻译研究》述评．中国翻译，2017（1）：71.

"求真求实的人格精神"①。这种人格精神显然是翻译家精神的重要内涵。有学者在研究翻译修改（改译）时探讨过翻译家不厌其改、精益求精的态度，作者对这种态度的命名在"翻译家精神"②与"翻译精神"③之间游移不定。这也一定程度上说明了区分这两个概念的必要性。

二、翻译家精神的丰富内涵

翻译家精神是优秀翻译家所共有的特质。这些特质有的非常典型，有的则未必，所以也不妨把翻译家精神视为一个原型范畴，其所包含的特质有典型和边缘之分。值得注意的是，我们不能断言所有翻译家全都具有某种特质，哪怕是求真精神，所以，本文所谓的共享或共有特质并不是指古往今来的全部翻译家，而是就大多优秀翻译家而言的。当然，对这些共有特质的归纳有一定的价值取向，只有好的特质才有可能被纳入翻译家精神的范畴。结合中国翻译家的译事译论，以下尝试论述翻译家精神的丰富内涵，尤其是那些典型特质。

翻译家精神蕴含着求真精神。求真精神是翻译的内在要求，也是古今翻译家所拥有的基本素质。历来的翻译标准，包括案本、求信、神似、化境、忠实、韵味、和谐等，都以求真为前提，求得原文之真，包括内容与风格等层面。古代佛经翻译的译场，分工明确，程序复杂，有译主、笔受、度语、证梵、证义、总勘等职，旨在传达佛经的真面目。法显、玄奘、义净等佛经翻译大师为了在本土弘扬佛法，不畏重重艰难，西行取经学法，历经多国，历时十余乃至数十载，这种行为也是由虔诚的求真精神所驱使，即为了让翻译有原真的版本依据（不管是口口相传的，抑或载之以书的）。道安提出的"五失本、三不易"以及玄奘的"五不翻"无不体现了佛经翻译家对求真的追求。不管是古代的佛经翻译还是后来的文学、社科类翻译，都有很多转译本和复译本存在。所谓转译，就是把已有的译文翻译成目的语的行为。因此，转译会使最初的源本经过两次甚至多次变形，失本或失真往往更加严重，所以转译本一般是译介之初的权宜之计。如果条件成熟的话，历来翻译家特别强调从源本译出并付诸实践，如吕振中从希伯来语和希腊语翻译的《圣经》、杨绛从西班牙语翻译的《堂吉诃德》等。所谓复译，就是

---

① 许钧，沈珂. 试论傅雷翻译的影响. 外语与外语教学，2013（6）：63.

② 冯全功，刘佳盈. 杨宪益、戴乃迭《红楼梦》改译研究——基于《中国文学》期刊版和全译版的对比分析. 亚太跨学科翻译研究，2019（1）：79-91；冯全功，王娅婷. 林语堂《浮生六记》自我改译研究——基于两个英译版本的对比分析. 天津外国语大学学报，2021（5）：109-120.

③ 冯全功. 迟子建中篇小说《踏着月光的行板》翻译过程研究——以刘士聪的改译为分析中心. 外国语文，2020（3）：111-119；冯全功，陈肖楠. 刘士聪汉语散文自我改译评析. 外国语言与文化，2020（3）：106-116.

同一原文被重复翻译的现象，也包括同一译者对原文的不同翻译。越往后的复译往往越接近原文，这是西方著名的"复译假设"。翻译家之所以复译，很大程度上是为超越前译，更加全面、真实地传达原文的内容与风格。所以不管是强调直接从源本翻译（而非转译），还是提倡复译以超越前译的行为，都是翻译家求真精神的具体表现。翻译家的求真精神贯穿于整个翻译过程，包括译前、译中与译后。在译前阶段，强调反复研读原著，正如傅雷所言，"事先熟读原著，不厌求详，尤为要著。任何作品，不精读四五遍决不动笔，是为译事基本法门"①。在译中阶段，李之藻的"只字未安，含毫几腐"、严复的"一名之立，旬月踟蹰"等，更是求真精神的鲜明注脚。在译后阶段，翻译家对已有译文反复修改、精益求精，多次推出修订本、复译本，也是求真精神的重要表现。翻译修改不仅发生在译后，同时也贯穿于译中，华蘅芳所谓"涂改字句，模糊至不可辨"②的现象在众多翻译家身上屡见不鲜。译文具有生成性，对译文质量的追求是无止境的。总之，求真精神是翻译家精神最为重要的内涵，如果把翻译家精神视为一个原型范畴的话，那么求真精神便是其原型成员，也就是翻译家最典型的优秀品质。

翻译家精神蕴含着务实精神。求真精神是翻译的内在要求，务实精神更多地受外部因素驱动。翻译不是在真空中进行的，受具体时空以及其他社会、文化乃至个人因素的限制。为了达到特定目的，务实精神也是翻译家精神的题中之义。周领顺提出过译者行为批评的"求真—务实"模式，认为求真和务实之间是一种连续统的关系，前者凸显的是译者的语言性，指向原文和原作者，后者凸显的是译者的社会性，指向译文和译文读者。③在周领顺看来，求真和务实主要就是否完整地再现原文意义而言。其实，求真和务实可以解释更多翻译现象，如全译是为了求真，变译则为务实；直接翻译是为了求真，转译则为务实；忠实性翻译是为了求真，叛逆性翻译则为务实。中国传统文化具有较强的务实性，中国翻译家自然也受此影响，方梦之和庄智象把翻译家的务实精神概括为"经世致用"④的特质，如以徐光启为代表的"超胜"说以及以林则徐、魏源为代表的"师夷长技以制夷"都有强烈的务实目的。清代的李善兰、徐寿、华蘅芳、李凤苞、徐建寅等翻译家以科技兵工类为主的翻译更是"师夷长技以制夷"思想的具体表现。由于语言限制，他们与国外传教士的合作翻译也是出于务实性的考虑。维新运动前后，梁启超、高凤谦等对政学翻译的高度重视主要是为了实现变法强国。清末民

---

① 转引自：罗新璋，陈应年．翻译论集（修订本）．北京：商务印书馆，2009：773.
② 转引自：朱志瑜，张旭，黄立波．中国传统译论文献汇编（卷一）．北京：商务印书馆，2020：156.
③ 周领顺．译者行为批评：理论框架．北京：商务印书馆，2014：64–115.
④ 方梦之，庄智象．中国翻译家研究（历代卷）．上海：上海外语教育出版社，2017：XV–XVI.

初时期，张之洞、李盛铎、康有为、梁启超等提倡从日语转译西方著作，也是出于务实的目的，以求得事半功倍的效果。翻译家是否务实以及务实的程度与目的语接受语境的成熟程度密切相关。一般而言，接受语境越不成熟，翻译家的行为越倾向于务实；接受语境越成熟，则越倾向于求真，国外经典名著的译介历程就很能说明问题。当然，影响翻译家务实行为的外在因素很多，与翻译目的也密切相关。可以毫不夸张地说，任何翻译家都有求真的追求，也有务实的考量，求真精神和务实精神内蕴在翻译家精神之中，至于何时求真、何时务实、如何求真、如何务实就要具体情况具体分析了。

　　翻译家精神蕴含着奉献精神。翻译不同于创作，翻译家历来未受到应有的重视，往往是隐形的存在，或者被翻译家的其他身份所遮蔽。然而，翻译家有自己的信念与追求，一直在自己的领域默默耕耘，奉献自己的聪明才智，为人类文化与文明互学、互鉴做出了极大贡献。中国翻译史上有很多翻译家毕生都献给了翻译，玄奘、吕振中、郭大力、傅雷、朱生豪、叶笃庄、杨宪益、许渊冲、草婴等莫不如此。还有更多双栖型翻译家，如鲁迅、郭沫若、林语堂、梁实秋、萧乾等既是作家又是翻译家，他们的翻译功绩并不次于其创作功绩，并且他们的翻译与创作往往具有良好的互动作用。不过，这些人作为作家的身份更为耀眼，一定程度上遮蔽了他们作为翻译家的身份。陈望道、贺麟、费孝通、季羡林等的翻译家身份也是如此，被其他更为重要的身份遮蔽了，如陈望道的修辞学家身份、费孝通的社会学家身份等。在明知翻译不如创作扬声显名的情况下，这些翻译家依旧坚持翻译，依旧通过翻译来传播新知，丰富汉语语言、文学与文化，这种无私的奉献精神就更加难能可贵了。在一些特殊时期，哪怕译者不能署名或用化名或以集体的名义出版，他们还是一丝不苟、无怨无悔地翻译，这样的幕后译者值得钦敬，如《毛泽东选集》的翻译、《第三帝国的兴亡》的翻译（董乐山主译）等。除了默默无闻的奉献，也有不屈不挠的奉献，后者如楼适夷被国民党逮捕后，在监狱中依然翻译了好几本外国著作；叶笃庄也曾蒙冤受牢狱之灾，他在监狱中坚强地译完了达尔文的《人类的由来及性选择》。当然，奉献精神不仅意味着翻译家把自己的时间精力与聪明才智奉献给翻译事业，也指他们通过翻译来实现各种目的，或传播经义，或引进新知，或强国强民，或改良社会，或益人心智，或悦人性情，不一而足。

　　翻译家精神蕴含着爱国精神。中国的文人志士往往具有强烈的爱国精神，尤其是在社会动荡与国家危难时期。翻译家亦不例外。这在内忧外患的晚清民初时期表现得尤为明显，涌现出了一批爱国翻译家。林则徐、魏源是早期的代表。其中，魏源在《海国图志》中提出了影响深远的"师夷长技以制夷"主张。他还主张："欲制外夷者，必从先悉夷情始；欲悉夷情者，必先立译馆，翻夷书始。"① 这直接开启了以洋务派为代表的设馆译书的传统，众多翻译家把自己的爱国之心融入翻译事业，翻译了大量数理以及军工制造类书籍，为自强保国做出了重要贡献，如李善兰、徐寿、华蘅芳、王韬、李凤苞、赵元益、马建忠、徐建寅等。稍晚的严复虽然有海军教育背景，但他意识到学习国外器物层面的不足，转而从思想层面来改造国民，提倡鼓民力、开民智、新民德，以图自强自立，他翻译的《天演论》（尤其是其中"物竞天择，适者生存"的理念）对晚清民初社会产生了重大影响，鼓舞了整个文人志士的斗志与士气。康有为赠林纾的诗中有"译才并世数严林，百部虞初救世心"之句，林纾的"救世心"体现在外国小说翻译上，流露在其大量译书的序跋中（如"《黑奴吁天录》跋""《爱国二童子传》达旨"等），正如陈福康所言，"他的有关译论，一以贯之的就是爱国与救世"②。康有为"以译启民、以译觉世、以译救国、以译大同"③ 的翻译思想在晚清民初也颇有影响。梁启超继承并发展了康有为的翻译思想，提出"处今日之天下，必以译书为强国第一义"④，明确提出了"翻译强国"的思想。有学者认为，"以翻译强国为中心的翻译理念成为晚清翻译思想的主线"⑤。纵观整个晚清翻译史，可知此言不虚矣。民国时期同样面临着内忧外患，陈独秀、鲁迅、马君武、李达、陈望道、成仿吾、曹靖华、瞿秋白、朱生豪等诸多翻译家的翻译事业也都受爱国之心驱使，不管是翻译马列作品还是文学作品。由此可见，翻译家的爱国精神在内忧外患的动荡时期表现得最为明显，具有强烈的"翻译报国"特色。在当下和平时期，翻译家的爱国精神也不容忽略，只是表现形式有所不同而已，如翻译国家急需的战略性知识、在翻译中对国家主权的维护、对外宣传与弘扬优秀中国文化、在外宣中对国家形象的塑造与维护、对国外涉华敏感内容的批判性接受与译介等，都是翻译家爱国精神的具体表现。

翻译家精神还蕴含着进取精神、合作精神、谦逊之心、求美之心等优秀品质。翻译家经常被视为杂家，需要了解各种知识，这就逼迫译者不断学习，广泛汲取各种知识，尤其是在文学翻译过程中。对专门领域的翻译自然要懂专门领域的知识，如数理化等科学翻译，这是从事翻译的基本前提。然而，伟大的文学作品往往包罗万象，如《红楼梦》等，如果对之进行翻译的话，译者就不得不去学习自己不懂的东西，或自己研究，或请教专家，都需要一种开拓进取的精

---

① 转引自：方梦之，庄智象.中国翻译家研究（历代卷）.上海：上海外语教育出版社，2017：475.
② 陈福康.中国译学理论史稿.上海：上海外语教育出版社，2000：123.
③ 转引自：方梦之，庄智象.中国翻译家研究（历代卷）.上海：上海外语教育出版社，2017：910.
④ 转引自：方梦之，庄智象.中国翻译家研究（历代卷）.上海：上海外语教育出版社，2017：54.
⑤ 高玉霞，任东升.梁启超《论译书》中的国家翻译实践思想.外国语，2021（5）：86.

神。所以，有很多人认为，研究是翻译的前提，尤其是文学经典的翻译。有些翻译家自学外语的目的就是从事相关翻译，如郭大力为了翻译马克思的《资本论》自学德语、杨绛为了翻译塞万提斯的《堂吉诃德》自学西班牙语。这不仅是进取精神的表现，也体现了翻译家从源语翻译的求真精神。合作精神也是翻译家的必备素质。古代的佛经翻译涉及合作，尤其是译场制度设立之后；明清的科技翻译涉及合作，尤其是中国人与西方传教士的合作；林纾的小说翻译、《毛泽东选集》的翻译等，都涉及两人或团队合作。合作翻译都需要有合作精神，以达到各尽其能、优势互补的效果。翻译是一种社会活动，不只是与文本打交道，更要与人打交道，在人与人的交往中，翻译家往往表现出较强的合作意识，有时甚至难免有妥协的存在。翻译逼人谦逊，伟大的翻译家往往有一颗谦逊之心，有一种敬畏之情。古人云："学然后知不足，教然后知困。知不足，然后能自反也；知困，然后能自强也。"（《礼记·学记》）针对翻译也完全可以说，"译然后知不足，译然后知困"。所以翻译家都善于自反自强，自反（自我反省）滋生谦逊，自强必须进取。面对陌生的知识，面对伟大的作者，面对理解的困难，面对表达的不足，翻译家是没有理由不谦逊的。唯有永怀一颗谦逊之心，才会有所敬畏，才会开拓进取，才能真正做好翻译。求美是翻译家的追求，尤其是文学翻译。许渊冲的"三美论"（音美、形美、意美）是这方面的代表，林语堂也提出过"忠实、通顺、美"的翻译标准。林语堂所谓的"美"是指"译者对艺术的责任"，或者说"理想的翻译家应当将其工作做一种艺术"[1]。翻译家的求美之心不只是体现在把（文学）翻译视为艺术上，或者说"假如原作是件艺术品，翻过来后，也该还它一件艺术品"[2]，同时还表现在对美的作品的译介与传播上，以实现"美美与共"的多元文化格局。

　　由上可知，翻译家精神的内涵非常丰富，具有很强的开放性。如果把其视为一个原型范畴的话，求真精神、务实精神、奉献精神、爱国精神、进取精神、合作精神、谦逊之心、求美之心等都是其典型的家族成员。其他家族成员还有和合精神、包容精神、博爱之心、同情之心、向善之心、公允之心、责任意识、精品意识、竞争意识、忧患意识等，它们体现在各种各样的翻译实践中，如文学翻译、宗教翻译、职业翻译、志愿翻译等。

---

① 罗新璋，陈应年．翻译论集（修订本）．北京：商务印书馆，2009: 493, 504.
② 罗新璋．释"译作"．中国翻译，1995（2）：9.

三、翻译家精神的潜在价值

翻译家精神是翻译研究中一个较新的概念，学界虽鲜有专门研究，但也有一些作者在文章中有所论及，如刘云虹、许钧强调要走进翻译家的精神世界[①]，方梦之强调要强化翻译家精神道德的厚度研究。方梦之认为翻译家精神道德的厚度集中表现在三个方面："家国天下的使命感""鞠躬尽瘁的献身精神"以及"精益求精的工作态度"。[②] 这三个方面正是翻译家精神的要义。总之，翻译家精神指的是古往今来优秀翻译家所展现出的或者从这些翻译家身上归纳出的有关为人、为学、为译等方面的优良品质。这些优良品质共同构成了翻译家精神的丰富内涵。作为一个范畴化概念，从原型理论来看，翻译家精神的家族成员具有不同的典型性，即其隶属度不尽相同，如整体上求真精神的隶属度大于爱国精神、求美之心等，因此，不妨把求真精神视为翻译家精神的原型成员。翻译家精神是针对整个翻译家群体而言的，具有较强的价值导向。针对个体翻译家而言，不同的翻译家身上凸显的或所表现出的优良品质往往有很大的区别，所以从事个体翻译家的翻译家精神研究时要善于具体问题具体分析，探索其典型的优良品质。

在翻译日益被国家和社会重视以及翻译学科快速发展的当代语境下，翻译家精神研究具有学理与应用双重价值。翻译学科的繁荣发展呼唤新的理论话语，翻译理论话语的生成机制主要有三种，即内部生发机制、外部借鉴机制和概念组合机制。其中，概念组合机制主要指用翻译或译者等概念与其他学科或者在多个学科和日常生活中通用的话语进行组合，以形成新的翻译理论话语。翻译家精神便是由概念组合机制生发的一个较新的翻译研究话语（翻译家＋精神），其内涵通过对历代翻译家所表现出的优秀特质归纳而出，典型成员（特质）具有较强的稳定性，边缘成员则有一定的开放性，尤其是就具体的翻译家而言。把翻译家精神视为翻译研究的一个术语，有利于和许钧所谓的"翻译精神"[③]区分开来，有利于把"工匠精神""译者人格""傅雷翻译精神"等相似术语吸纳进来，有助于从为学与为人两个层面加强翻译家研究，有助于推进翻译理论话语体系建设。翻译家精神虽然不是什么高深的理论，但无疑可以作为一个重要的理论话语，引发对翻译家精神世界的深入探索，加强翻译家研究的"厚度"。翻译家精神作为翻译研究的一个重要课题，有很多大大小小的切入角度，如翻译家精神的内涵剖析，翻译家精神的应用价值，中国翻译史上的爱国翻译家群体研究，从翻译手稿与翻译

① 刘云虹，许钧.走进翻译家的精神世界——关于加强翻译家研究的对谈.外国语,2020（1）:75-82.

② 方梦之.翻译家研究的"宽度"和"厚度".英语研究,2021（1）:17-19.

③ 许钧.翻译论.武汉:湖北教育出版社,2003;许钧.翻译精神与五四运动——试论翻译之于五四运动的意义.中国翻译,2019（3）:5-12.

修改透视翻译家的求真、务实与求美精神，中国翻译家对国内学科创建的奉献精神，翻译家精神与译者形象研究，翻译家精神与翻译文化建设，翻译家精神与翻译史撰写，等等。其中，结合具体翻译史实，从翻译家精神的丰富内涵来切入具有很大的研究空间，也包括各种边缘特征。总之，在当下语境下，翻译家精神具有很强的学理价值，有望成为翻译研究的一个重要理论话语。

翻译家精神的应用价值主要表现在以下四个方面：第一，提倡翻译家精神有利于提升翻译质量。翻译家是有所建树的知名译者，相对于翻译家群体而言，译者群体更为庞大，更为复杂。当今社会，并不是所有的译者都有翻译家精神，翻译中粗制滥造的现象屡见不鲜，而翻译家精神具有很强的引领与示范作用，翻译家精神的提倡和具体翻译家的榜样作用有利于激发广大译者的求真精神与伦理意识。季羡林等曾发起过"关于恪守译德，提高翻译质量的倡议和呼吁"[①]，其中的"译德"类似于翻译家精神，或者说翻译家精神是"译德"的升级版。第二，提倡翻译家精神有利于树立正面的译者形象。译者形象，尤其是社会大众对译者形象的认知，是翻译文化建设的重要组成部分。翻译家精神在社会上的宣传与普及有利于建构积极正面、崇高伟大的译者形象，从而引发社会各界对翻译与译者的关注与重视。第三，提倡翻译家精神有利于营造一个健康、和谐的翻译生态环境。翻译生态环境涉及的因素很多，其中人的因素最为重要。译者作为翻译生态环境中最为活跃的因素，理应以身作则，协调好译者与其他翻译行动者的关系，诚于己、诚于人、诚于译。所以提倡翻译家精神对营造一个良好的翻译生态环境大有裨益。第四，翻译家精神还能被植入课程思政建设中。由于翻译涉及各种学科、各个领域，中国翻译家为很多学科的设立做出了重大贡献，如明清以及民国翻译家之于数学、化学、物理、机械、医学、哲学、法学、天文学、地理学、生物学、社会学、经济学等，相关翻译家都可被植入翻译以及其他学科的课程思政建设中。植入内容也包括马克思主义、毛泽东思想、习近平治国理念等重要党政文献的翻译。在课程思政建设中，不妨介绍翻译家对具体学科建设的贡献，翻译家精神可重点引入，如李善兰那种"朝译几何，暮译重学"的奉献精神，严复那种"一名之立，旬月踟蹰"的求真精神以及众多翻译家的"翻译报国"思想与实践。翻译家精神具有很好的育人作用，把其引入翻译类课程思政建设以及整个翻译教育中有利于培养具有国际视野、家国情怀、职业操守、健全人格以及高度使命感和责任感的新时代译者。

---

① 季羡林等．关于恪守译德，提高翻译质量的倡议和呼吁．中国出版，2002（4）：42.

结 语

翻译家精神主要是从历代优秀翻译家身上归纳出来的特质，哪怕不太知名的翻译家，其身上的翻译家精神有时也很明显，如开篇提及的金晓宇，他的求真精神（一丝不苟的翻译态度）、进取精神（广泛阅读并自学两门外语）、奉献精神（默默翻译且毫无功名利禄之心）等都给人留下很深的印象。虽然这样的翻译家大量存在，但在市场化经济的大环境下，中国的翻译生态环境整体上不容乐观，粗制滥造、不顾质量、急功近利、自欺欺人的浮躁译风还是比较严重的。在这样的生态环境下，有必要提倡翻译家精神，在学理上对之进行研究，并在实践中予以贯彻。从学理上而言，对翻译家精神具体内涵的探讨有望使之成为翻译理论话语的有机组成部分，拓展和深化翻译家研究。从潜在应用而言，提倡翻译家精神有助于提升翻译质量、塑造良好的译者形象、建构和谐的翻译生态环境。翻译家精神强调为人先于为学，具有很强的育人作用，因此，可以把其植入翻译课程思政建设以及整个翻译教育中，发挥历代优秀翻译家的榜样力量，培养德才兼备的新时代优秀翻译人才。

参考文献

陈福康.中国译学理论史稿.上海：上海外语教育出版社，2000.

杜桂枝.重视培养翻译人才的工匠精神.中国俄语教学，2016（3）：1-6.

方梦之，庄智象.中国翻译家研究（历代卷）.上海：上海外语教育出版社，2017.

方梦之，庄智象.中国翻译家研究（民国卷）.上海：上海外语教育出版社，2017.

方梦之.翻译家研究的"宽度"和"厚度".英语研究，2021（1）：11-20.

冯全功，陈肖楠.刘士聪汉语散文自我改译评析.外国语言与文化，2020（3）：106-116.

冯全功，刘佳盈.杨宪益、戴乃迭《红楼梦》改译研究——基于《中国文学》期刊版和全译版的对比分析.亚太跨学科翻译研究，2019（1）：79-91.

冯全功，王娅婷.林语堂《浮生六记》自我改译研究——基于两个英译版本的对比分析.天津外国语大学学报，2021（5）：109-120.

冯全功.迟子建中篇小说《踏着月光的行板》翻译过程研究——以刘士聪的改译为分析中心.外国语文，2020（3）：111-119.

付智茜.翻译家精神研究：以杨宪益、戴乃迭为例.上海翻译，2014（3）：45-47，85.

高玉霞，任东升.梁启超《论译书》中的国家翻译实践思想.外国语，2021（5）：84-91.

季羡林等.关于恪守译德，提高翻译质量的倡议和呼吁.中国出版，2002（4）：42.

金性勇，叶全新.我们的天才儿子.杭州日报，2022-01-17（A12）.

蓝红军.译者之为：构建翻译的精神世界——《傅雷翻译研究》述评.中国翻译，2017（1）：68-73.

刘云虹，许钧.走进翻译家的精神世界——关于加强翻译家研究的对谈.外国语，2020（1）：75-82.

罗新璋，陈应年.翻译论集（修订本）.北京：商务印书馆，2009.

罗新璋.释"译作".中国翻译，1995（2）：7-10.

宋学智.傅雷翻译精神与文脉新释——"傅雷家书与傅雷精神"论坛暨上海浦东傅雷文化研究中心成立活动综述.东方翻译，2011（4）：91-94.

童成寿.译者人格特征内隐观的初步研究.语言教育，2019（2）：53-58.

魏伟，姜涛.戴乃迭翻译的"异化"思想及其翻译精神.兰台世界，2015（6）：117-118.

许钧，沈珂.试论傅雷翻译的影响.外语与外语教学，2013（6）：62-67.

许钧.翻译精神与五四运动——试论翻译之于五四运动的意义.中国翻译，2019（3）：5-12.

许钧.翻译论.武汉：湖北教育出版社，2003.

许宗瑞.草婴的翻译思想与翻译精神.浙江理工大学学报（社会科学版），2016（2）：151-156.

杨雪冬."翻译匠"的匠人精神.杭州（我们），2016（3）：11-12.

周领顺.译者行为批评：理论框架.北京：商务印书馆，2014.

朱志瑜，张旭，黄立波.中国传统译论文献汇编（卷一）.北京：商务印书馆，2020.

作者简介

冯全功，浙江大学外国语学院教授，博士生导师，博士。研究方向：翻译修辞学、《红楼梦》翻译、翻译理论话语。主持国家级与省部级项目4项，已出版翻译类学术专著4部，编著3部，译著1部；在 Target, Asia Pacific Translation and Intercultural Studies 和《外国语》《中国翻译》《上海翻译》等国内外期刊发表学术论文与书评150余篇。

翻译专业"中级英汉互译"课程思政改革探索

卢巧丹

【摘　要】　外语教学承担着知识传授、能力建设和价值引领三重职责。本文以"中级英汉互译"课程为例，以"立德树人"为根本目标，探索翻译专业课程思政改革的有效路径。该课程思政建设将知识传授、能力建设与价值引领有机融合起来，充分发挥课程育人功能，提高学生国际传播能力，讲好中国故事，提高翻译人才培养质量。

【关键词】　中级英汉互译；课程思政；立德树人；"三进"；翻译人才培养

引　言

2020 年 5 月教育部印发的《高等学校课程思政建设指导纲要》明确提出要"全面推进高校课程思政建设，发挥好每门课程的育人作用，提高高校人才培养质量"[①]。翻译专业是文化交流和思想创新的前沿专业，在全面推进高校课程思政建设的背景下，面对翻译人才能力需求的变化，怎样充分发挥课程的育人作用，回应社会所需，培养高质量翻译人才，是翻译教学过程中必须思考的问题。

课程思政增强了翻译专业课程建设和教学中的育人意识，将立德树人有机地融入翻译专业教育的各环节、各层面，促使翻译专业课程将知识传授与价值引领、专业学习与育人教育有机融合起来，真正体现专业教学的育人功能。[②] "中级英汉互译"为浙江大学翻译专业核心课程，该课程以"立德树人"为根本目标，关注在专业知识的教授过程中，充分挖掘思想政治元素。通过该课程的学习，学生将在知识、能力、素质和人格四个层面各有收获。在知识层面，主要培养学生

---

① 教育部关于印发《高等学校课程思政建设指导纲要》的通知.（2020-05-28）[2022-08-05]. http://www.moe.gov.cn/srcsite/A08/s7056/202006/ t20200603_462437.html.

② 查明建. 以课程思政引领翻译专业内涵建设与创新发展. 中国翻译，2021（5）：77.

字、词、句、小段的英译能力，从而忠实流畅地传递原文的思想，为今后深入学习翻译打下扎实的汉译英基础。在能力层面，通过各种类型的翻译练习和课堂讲评等，学生的翻译能力、跨文化能力和国际传播能力得到极大提升。在素质层面，培养学生形成正确的全球翻译观，提升中外文化底蕴和人文素养。在人格层面，充分挖掘思想政治教育资源，寓价值观引导于知识传授和能力培养中，帮助学生树立正确的世界观、人生观和价值观。该课程思政建设将知识传授、能力建设与价值引领有机融合起来，充分发挥课程育人功能，提高学生国际传播能力，讲好中国故事，提高翻译人才培养质量。

一、"中级英汉互译"课程思政改革

"中级英汉互译"课程一直为浙江大学翻译专业核心课程，授课学期为大一春夏学期，授课内容为汉译英。在过去，课程主要聚焦知识层面，侧重英汉语言对比、汉英翻译中各项转换技巧的介绍和练习。近两年，在全面推进课程思政建设的背景下，笔者对该课程进行了课程思政改革探索，充分发掘课程思政元素，通过课堂教学、"三进"工作推进、课外翻译实践、科研和竞赛、教材建设等环节，发挥课程育人作用。

1. 课堂教学

本课程以学生为主体，将思政教育贯穿整个课程教学的始终，通过课堂讨论、小组展示、翻译竞赛、翻译手册编写等灵活多样的方式开展思政教学。

许钧教授曾说过："教师在'教翻译'的过程中不仅仅传授翻译技巧，还肩负着培养不同文化，乃至不同文明间使者的重任。"[1] 在课堂上，教师会结合字、词、句和段落翻译，运用政治文献或富含思政元素的材料作为教学材料，在理解文本、合作翻译、讨论译文、生成译文的过程中，加深学生对历史、文化、自然人文美景、社会现象、文学作品等的理解。课程实施文化思辨教学理念，通过启发式、讨论式、项目式、体验式等多种教学形式，鼓励学生深入思考如何让中国文化"走出去"，如何讲好中国故事，同时提升学生对多元文化的包容性。

在课程资源建设上，本课程以"学在浙大"平台为主要线上平台，通过建立课程微信群、浙大钉钉群等，分享各种重要双语时政资源作为学生课外阅读材料，同时提供网上答疑、网上翻译练习园地、佳译欣赏等师生互动内容。

我们也邀请校外专家进课堂，讲授课程思政示范课。例如，在 2021 年 6 月

---

[1] 杜磊, 许钧. 翻译教学与翻译人才培养——许钧教授访谈录 // 肖维青, 卢巧丹. 译艺与译道——翻译名师访谈录. 杭州：浙江大学出版社, 2021: 196.

1日下午，上海外国语大学英语学院肖维青教授与Curtis Evans副教授联袂为同学们带来了"我和我的祖国——歌词翻译入门"和"美与真——汪曾祺散文《猫》的英译"两堂"双师"课程思政示范课。该翻译思政示范课对于培养翻译专业学生的爱国情怀、灵活的译者思维与扎实求信的译者精神具有很高的启迪价值。

2. 积极推进《习近平谈治国理政》"三进"工作

2019年底，中宣部组织开展了《习近平谈治国理政》多语种版本进校园、进教材、进课堂（以下简称"三进"）试点工作。"推进习近平新时代中国特色社会主义思想进教材、进课堂、进头脑，寓价值观引导于知识传授和能力培养之中，帮助学生塑造正确的世界观、人生观、价值观，这是一流外语人才培养的题中应有之义，更是必备内容。"[1]

为有效将学生价值塑造、知识传授和能力培养融为一体，在课程教学过程中，我们积极推进《习近平谈治国理政》"三进"工作。"《习近平谈治国理政》收录了习近平总书记的讲话、谈话、演讲、答问、批示、贺信等，全面系统地回答了新时代背景下中国发展的重大理论和现实问题。这里汇集了执政理念、政务信息、中国数据、地方概览、中国精神、中国关键词、中国政策、中国文化、中国发展等内容。对于新时代的中国青年而言，是非常好的中国国情读本，可以及时为他们补充基本的国情知识。"[2]《习近平谈治国理政》英文版忠实于原文，译文流畅，是政治话语翻译的范本。"中级英汉互译"课程第九周和第十周的教学内容为《习近平谈治国理政》英文版翻译鉴赏、讲解和测试竞赛。课前事先让同学们进行原著和英文版对比学习，课堂上结合汉译英知识点的讲解，通过核心概念解读、关键语句理解与翻译、重点段落分析与翻译，帮助学生学翻译、读原著、悟原理。通过课内课外结合，同学们更好地了解了政府的执政理念，增进了对中国共产党领导和中国特色社会主义的政治认同、思想认同、理论认同和情感认同，增强了中国特色社会主义道路自信、理论自信、制度自信、文化自信，培养了要讲好中国故事的使命感和责任感。

3. 课外翻译实践

本课程以"'浙里译'工作室"为平台，加强实战练习，组织学生参加各种翻译实践和志愿者活动，让学生在翻译实战中学习翻译，在合作中学习翻译，取代传统的以教师为中心的教学方法和教学模式，在老师手把手的指导下去感悟、领会和把握翻译的真谛，在真实或模拟的职场环境中进行深度实习，为日后独立从

---

① 姜智彬."多语种+"：课程思政背景下外语人才培养的内涵、路径与成效.外语电化教学，2020（4）：19.
② 胡业爽，徐曼琳."三进"课程的课堂教学设计路径逆向探析——以《习近平谈治国理政》俄文版翻译鉴赏课程为例.外国语文，2022（5）：26.

事翻译活动打下扎实的基础。同学们参加过的有影响力的翻译项目包括：浙江大学教育部评估报告翻译、第五届中国"互联网+"大学生创新创业大赛相关资料翻译、《青年时报》G20特刊翻译、浙江大学外国语学院院网翻译、浙江电视台经济生活频道《诗画浙江》字幕翻译、上海大学《社会》期刊英文论文翻译、良渚古城遗址申报世界文化遗产中英文翻译服务、中国科学院"一带一路"灾难管理图书翻译等。

　　同学们也参与了多部丛书的翻译，如"改革开放与浙江经验"丛书（见表1）、"大国大转型：中国经济转型与创新发展"丛书（见表2）、"丝路夜谭"译丛（共8本，2020年由浙江大学出版社正式出版）、"中国历代丝绸艺术"丛书翻译（共10本，已完成翻译），目前已正式出版近20本，有10多本即将出版。在图书翻译实践中，从初译、校译再到最后定稿，同学们提高了翻译能力，同时对改革开放与浙江经验、对大国转型期间的各种社会现象、对中国历代丝绸文化都有了更深刻的理解，建立起了多元文化语境下的翻译使命感，为中国优秀文化"走出去"、建立良好的国家形象贡献了一己之力，这是润物细无声的思政教育。

表1　已出版的"改革开放与浙江经验"丛书

译者	原著书名	译著书名	出版社	出版时间
卢巧丹 刘美君	从传统到现代：浙江现象的文化社会学阐释	*Interpreting Zhejiang's Development: Cultural and Social Perspectives*	浙江大学出版社和World Scientific联合出版	2019
卢巧丹 汪现黄婵婵	走向城乡发展一体化的浙江农村改革与发展	*Rural Reform and Development: A Case Study of China's Zhejiang Province*	浙江大学出版社和World Scientific联合出版	2019
方凡 刘安琪 李博爱	浙江村落共同体的变迁：以萧山尖山下村为例	*Change of China's Rural Community: A Case Study of Zhejiang's Jianshanxia Village Xiaoshan*	浙江大学出版社和World Scientific联合出版	2019
沈旭华 周忆瑜	义乌商圈："一带一路"重要平台	*The Belt and Road Initiative and the World's Largest Small Commodity Market: Yiwu Business Circle*	浙江大学出版社和World Scientific联合出版	2019
卢燕飞 倪雪琪 任筱仪	公民有序政治参与与制度创新的浙江经验研究	*Political Participation and Institutional Innovation: A Case Study of Zhejiang*	浙江大学出版社和World Scientific联合出版	2019

表2　已出版的"大国大转型：中国经济转型与创新发展"丛书

译者	原著书名	译著书名	出版社	出版时间
卢巧丹 刘安琪	新常态下的区域经济大变革	*The Great Change in the Regional Economy of China Under the New Normal*	浙江大学出版社和Palgrave Macmillan联合出版	2019

续表

译者	原著书名	译著书名	出版社	出版时间
卢巧丹 蒋满仙	重塑"一带一路"经济合作新格局	*Reshaping the Economic Cooperation Pattern of the Belt and Road Initiative*	浙江大学出版社和 Palgrave Macmillan 联合出版	2021
卢巧丹 倪雪琪 沈莹	以人为本的教育转型	*People-Oriented Education Transformation*	浙江大学出版社和 Palgrave Macmillan 联合出版	2022
杜磊 田丽嫄 尚之路	财税体制转型	*Transformation of the Fiscal and Taxation Systems*	浙江大学出版社和 Palgrave Macmillan 联合出版	2022
方凡 胡菀恬 陈玥羽	互联网金融：概念、要素和生态	*Internet Finance: Concepts, Factors and Ecology*	浙江大学出版社和 Palgrave Macmillan 联合出版	2022
卢巧丹 李芸倩	当代中国中产阶层的兴起	*The Rise of the Middle Class in Contemporary China*	浙江大学出版社和 Palgrave Macmillan 联合出版	2022

4. 科研和竞赛

"中级英汉互译"采用多元化考核，成绩评定侧重学生的"产出"能力和"应用"能力。总成绩由平时成绩和期末成绩两部分组成，平时成绩占 40%，期末成绩占 60%，其中平时成绩包括出勤及课堂表现、期中考试、翻译竞赛、平时练习等。

本课程共举行三项竞赛，第一项竞赛是热门词汇和社会文化特色词汇翻译竞赛。在收集热词和准备热词过程中，学生加深了对国情的了解。第二项竞赛为时政翻译竞赛，竞赛文本以《习近平谈治国理政》、李克强总理答记者问双语文本、王毅外长答记者问双语文本等为主。第三项为翻译手册制作比赛，手册内容包括中国社会发展关键词翻译研究、热词收集、中国文化"走出去"主题内容翻译。通过参加这些比赛，学生提高了翻译能力，加深了对文化和时政的了解，课程思政内化为学生的政治自觉和文化自觉。

除了参加课程相关比赛，我们还组织学生参加浙江省笔译大赛、浙江省口译大赛、韩素音国际翻译大奖赛、"外研社·国才杯"演讲比赛、"外研社·国才杯"辩论比赛等。同学们在省、区和全国各项比赛中获得了非常优异的成绩，也增强了学习信心，提升了学习兴趣。他们以比赛为平台，将家国情怀与赤子之心融入中国青年的使命担当与时代洪流中，展现了未来国才栋梁的胸怀与能力，真正达到了以赛促学、以赛育人的目的。

课堂启发式教学也培养了学生的理论意识和科研意识。学生积极申报大学生科研训练项目，如国创项目（见表 3），也与老师合作发表多篇论文，把翻译实践与研究紧密结合起来。

表3　近五年国创项目

序号	项目名称
1	探究综合性大学国际组织人才培养——以浙江大学国际组织人才精英班为例
2	翻译工作坊实践教学模式探讨——以"'浙里译'工作室"建设为例
3	目的论视角下浙大校史翻译研究
4	基于外语类核心期刊的翻译本科教学研究（2006—2021）
5	基于全球语言服务行业的翻译技术伦理研究

5. 教材建设

翻译教材建设也是课程思政改革很重要的一项内容。目前课程团队正在编写"新世纪翻译本科R&D系列教材"中的《新世纪英汉互译教程》。该教材为浙江省普通本科高校"十四五"首批新工科、新医科、新农科、新文科重点建设教材，它以思政融入为特点，将成为高等学校翻译专业本科思政特色教材。

习近平总书记关于加强与改善国际传播工作，展示真实、立体、全面的中国的指示，国家多部委有关《翻译人才队伍规划》（2021—2025）的发文和习近平总书记针对外语院校及教师培养"三有"（有家国情怀、有全球视野、有专业本领）人才的回信，是我们编写教材的指导思想和行动准则。《新世纪英汉互译教程》的编写理念就是将价值塑造、知识传授和能力培养融为一体；坚持立足国情，以需求为导向，为行业育人，为社会育才。我们要将中国学术话语、大众话语、个人话语和国际话语等主动、自觉地用于教材编写之中。在提高学生翻译能力的同时，要坚定"四个自信"，提高他们用英语向国际社会讲好中国故事的能力，培养有家国情怀、有全球视野、有专业本领的新时代翻译人才。

二、教学示例

本部分以"汉译英句子翻译中谓语的选择"为例来展示课程思政教学实践（见表4）。本课的教学目标是以"重塑'一带一路'经济新格局（序）"翻译为例，探讨汉译英句子翻译中谓语的选择，了解谓语选择的方法。教学按照课前、课中和课后，以线上和线下结合的方式展开。本课的思政目标是让学生了解"一带一路"倡议提出的背景、"十三五"的中国经济"大转型"，深刻理解推进"一带一路"经济合作的意义和作用，增强促进中外文明交流互鉴和构建人类命运共同体的使命感。孙有中教授在采访时曾说过："外语类专业每一门课程都处于跨文化情境中，我们更有必要培养学生的中国情怀。我们有更丰富的教学资源对学生进行四个自信、文化自觉、价值观塑造方面的教育。在全球背景下进行课程思政，具有更广阔的文化视野，更丰富的思想资源，我们应该能够做得更好。"①在授课中，课程思政有机融入课堂教学，以润物细无声的方式传授知识、培养能力和塑造价值。

表4 "汉译英句子翻译中谓语的选择"的课程思政教学实践

阶段	组织形式	教学内容	思政切入点
课前	线上	在"学在浙大"平台上完成"一带一路"翻译练习，注意谓语的选择。	了解"一带一路"倡议提出的背景。
课中	线下	导入： 1）"一带一路"口译练习＋"一带一路"再认识； 2）在"学在浙大"平台上完成五个选择题。讨论：翻译过程中如何进行谓语选择？	在口译练习和讨论中，加深对"一带一路"倡议的理解。
		文本翻译：重塑"一带一路"经济新格局（序） 1）学生完成翻译后，递交到"学在浙大"平台，先由学生完成互批，特别注意在句子翻译中谓语的选择； 2）分组讨论每个句子中谓语的选择； 3）老师讲评。	在文本翻译过程中，顺势引出国家战略，提出中国转型期间的经济改革。
		思考延伸： 探讨文本中出现的中国特色词语翻译，如"十三五""大转型""有毒资产""经济转型""社会转型""政府转型""全面小康""绿色可持续发展""互联网＋""先手棋""一带一路"等。	1）不断积累，充分体会每个词语、每个短语对于翻译文本的特殊分量； 2）讨论"一带一路"倡议的提出，思考为什么将经济合作作为"一带一路"合作的优先领域和突破口，如何推进"一带一路"经济合作。 3）讨论翻译在"一带一路"经济合作中发挥的作用。
		总结： 1）知识传授：总结在句子英译中，谓语选择的方法； 2）能力培养：通过讨论和翻译互评，提高了合作探究能力；同时，也提高了语言运用能力、跨文化能力和反思能力。	价值塑造：通过教学，让学生了解"一带一路"倡议提出的背景，了解经济合作在"一带一路"倡议中的重要性。在翻译过程中，以国家战略为引导，在潜移默化中培养家国情怀，并树立翻译责任感和使命感，为"一带一路"经济合作贡献一己之力。
课后	线上	练习拓展：分小组翻译"重塑'一带一路'经济新格局"部分章节。	不断加深对"一带一路"倡议的理解，掌握中国特色话语体系，增强促进中外文明交流互鉴和构建人类命运共同体的使命感。

① 孙有中，王卓.与时俱进，开拓中国外语教育创新发展路径——孙有中教授访谈录.山东外语教学,2021(4)：9.

三、教学特色与改革成效

"中级英汉互译"课程以培养有家国情怀、国际视野以及人文底蕴深厚和全球胜任力强的翻译人才为目标，积极实施课程思政改革，教学特色鲜明，取得了显著成效。

本课程教学特色主要体现在以下四方面。

（1）理念新：本课程将"教单科"与"育全人"有机融为一体，通过时政翻译、文化翻译、旅游文体翻译等翻译实践，有机融入思想政治元素，以润物细无声的方式，增强学生"四个自信"，培养兼具国际视野与家国情怀、有志于传播中华文明的高端翻译人才。

（2）主体新：本课程以学生为中心，以过程为导向，学生真正成为教学中的主体。他们以小组为单位参与翻译实践，与同学紧密合作，互相学习，培养了合作精神。同时，通过参加翻译实践项目，他们自觉用理论知识指导翻译实践，又通过实战来巩固、补充课堂所学知识，不断提高翻译能力和素养。

（3）内容新：本课程以"新文科"建设理念为指导，其教学内容宏观研究与微观研究并重、理论研究与实践探索齐头并进。课程以教材为本，同时补充翻译最新研究成果，不断拓宽课程深度，注重翻译本体内容与其他相关内容的联系和融合。

（4）方法新：本课程综合运用启发式、讨论式和实战式等教学方法，让学生在课内外都积极主动发挥作用。教学过程中，穿插期中测试、翻译竞赛、翻译手册编写、小组合作等，让同学们在合作中学习翻译。

在过去三年，该课程教学评价为 100% 优良，课程改革取得初步成效：

（1）在本课程中有效开展了"在教学实践中渗透课堂思政"的理念，学生思想觉悟高，爱国情怀深厚。他们积极参加各种翻译实践和志愿者活动，参加浙江大学出版社多个丛书翻译项目，体现了课程思政育人的良好效果。

（2）在教学方法方面，创建了一系列交互性翻译教学模式，让学生充分参与到教学过程中来，一定程度上培养了学生的思辨能力和合作精神。通过课堂启发式教学，也培养了学生的理论意识和科研意识。学生积极申报大学生科研训练项目，也与老师合作发表多篇论文，把翻译实践与研究紧密结合起来。

（3）学生创新创业能力得到提升。同学们通过参加翻译竞赛，在韩素音国际翻译大奖赛、浙江省笔译大赛等省、区和全国各项比赛中获得了非常优异的成绩，在"国才杯"全国演讲比赛中取得了特等奖、冠军、季军的好成绩，在"国才杯"辩论赛中也获得了全国一等奖的好成绩。课程以比赛为平台，将家国情怀与赤子之心融入中国青年的使命担当中，真正达到了以赛促学，以赛育人的目的。

通过课程思政的融入，学生翻译能力有明显提升，跨文化能力得到强化，全球视野、人文情怀、多元文化包容性、科学精神和人文素养都得到了提升。这有助于促进外语类专业新文科建设，落实"立德树人"的根本任务，培养有家国情怀、有全球视野、有专业本领、堪当民族复兴大业的高素质翻译人才。

结　语

在"中级英汉互译"课程教学中，我们坚持以国家文化战略为引导，将知识传授与价值引领、专业学习与育人工作有机融合起来，在课程思政的大背景下探索高素质翻译人才培养路径。本课程蕴含的主要育人元素为爱国主义、民族精神、文化素养、文明互鉴和创新能力等。在潜移默化中把思政元素融入到翻译专业知识传授和能力训练中，有助于学生树立正确的世界观、人生观和价值观。这也为我国高校翻译人才培养提供了有益的借鉴和启示。

在今后五年，我们将树立"大思政"理念，继续把课程思政建设作为翻译专业内涵建设和高层次翻译专业人才的思想资源和驱动力。我们将更加充分挖掘课程思想政治教育资源，加强线上课程思政资源的建设，突破传统教学时空的限制；进一步发挥学生学习的主观能动性，鼓励学生参加翻译实战项目，注重拓展学生的学科视野和国际视野，提升学生自学能力和创新能力；进一步推进《习近平谈治国理政》"三进"工作；编写以思政为特色的高等学校新形态翻译本科教材《新世纪英汉互译教程》；加强思政课程课程链建设；继续加强翻译教师队伍建设，教师要不断提高自身素质，修德修身，强化"立德树人"意识，积极探索新型教学方式，把课堂变成碰撞思想、启迪智慧的互动场所。

参考文献

杜磊, 许钧 . 翻译教学与翻译人才培养——许钧教授访谈录 // 肖维青, 卢巧丹 . 译艺与译道——翻译名师访谈录 . 杭州：浙江大学出版社, 2021: 194-212.

胡业爽, 徐曼琳 . "三进"课程的课堂教学设计路径逆向探析——以《习近平谈治国理政》

俄文版翻译鉴赏课程为例 . 外国语文 , 2022（5）: 25-32.

姜智彬 . "多语种 +": 课程思政背景下外语人才培养的内涵、路径与成效 . 外语电化教学 ,
　　2020（4）: 18-21.

教育部关于印发《高等学校课程思政建设指导纲要》的通知 .（2020-05-28）[2022-08-05].
　　http://www.moe.gov.cn/srcsite/A08/s7056/202006/t20200603_462437.html.

孙有中 , 王卓 . 与时俱进，开拓中国外语教育创新发展路径———孙有中教授访谈录 . 山
　　东外语教学 , 2021（4）: 3-12.

查明建 . 以课程思政引领翻译专业内涵建设与创新发展 . 中国翻译 , 2021（5）: 77-80.

作者简介

卢巧丹，浙江大学外国语学院高级讲师、硕士生导师，比较文学与世界文学博士，主要研究方向为翻译学和比较文学，主讲 6 门本科翻译类课程以及 2 门研究生课程。以第一和第二作者共发表论文 28 篇；出版专著 1 部，编著 1 部，合作主编著作 2 部，副主编教参 1 部；出版译著 8 部，字数 200 多万字；参编多部教材教参，共主持与主参学校、省厅、教育部和国家项目 25 项。

本文系 2021 年度全国翻译专业学位研究生教育研究项目"新文科背景下 MTI 创新实践教学体系探索与实践"[项目编号: MTIJZW202114] 及全国翻译专业学位研究生教育研究重点委托项目"《翻译概论》学研结合教学模式探索"[项目编号: TIJZWWT202001] 的阶段性成果。

浅论翻译类课程思政建设三问

——以浙江大学"高级英汉互译"课程为例

徐雪英

【摘　要】　本文基于浙江大学"高级英汉互译"课程思政教学实践经验，总结了在翻译类课程中课程思政建设中为何思政、思政什么、如何思政三大核心问题。从课程性质、文化差异与翻译活动关系、高级翻译人才素养出发论述了第一个问题。从文化自信、翻译使命、家国情怀三个维度论述了课程思政融入的第二个问题。从良渚古城考古遗址展陈资料翻译回答了第三个问题。本文的研究表明，课程思政融入"高级英汉互译"课程是该课程性质、翻译本质和高级翻译人才素养内在需求三者共同的结果，选择合适的翻译文本，帮助学生了解翻译背后的文化差异、了解中国历史和中国当代改革背景，在文化和历史语境中把握翻译的方法和策略，是把思政元素有机融入翻译课程的重要前提。课堂教学中通过段落和语篇翻译训练，从文化差异和东西方思维差异为切入点进行翻译点评、示范和讨论是思政融入的重要手段。

【关键词】　高级英汉互译；课程思政；文化自信

引　言

2016 年 12 月，习近平总书记在全国高校思想政治工作会议上强调："各类课程与思想政治理论课同向同行，形成协同效应。"[①] 这一重要论述对高校课程思政建设具有重大指导意义。教育部于 2020 年印发的《高等学校课程思政建设指

[①] 习近平在全国高校思想政治工作会议上强调把思想政治工作贯穿教育教学全过程　开创我国高等教育事业新局面.（2016-12-08）[2022-08-01]. http://www.moe.gov.cn/jyb_xwfb/s6052/moe_838/201612/t20161208_291306.html.

导纲要》提出，实施课程思政的根本目的在于寓价值观引导于知识传授和能力培养之中，并要求语言类课程要脱离单纯的语言技能教学，将文化自信等思政元素与专业知识有机融合，在人才培养层面上提升文化自信度和综合素养，课程思政建设成为翻译课程教学改革的重要方向。然而，翻译类课程建设的一个难点就是思政元素的融入，具体包括"为何融入、融入什么、如何融入"这三个核心问题，即选择哪些课程相关的思政元素、如何能够让所选择的思政元素与课程内容和教学目标有机融合、思政融合融入对于课程教学质量提升和培养目标实现有什么作用等问题。这三个问题的处理有助于"解决好专业教育和思政教育'两张皮'问题"[1]。目前对于外语教学的课程思政研究文献非常丰富，主要涉及外语类课程思政建设的基本模式，包括课程背景、课程内容、教学过程、教学评价四个维度的大学外语课程思政建设 BIPA 模式[2]、story-think-pair-share 路径的混合模式[3]、新文科建设视角下的课程思政建设[4]、翻译课程思政的重要性、大学英语翻译课程思政的意义和重要性[5]；从围绕文本选择、不同课程的具体做法开展课程思政讨论，包括思政语篇翻译[6]、科技翻译[7]、外语口语翻译[8]、英语专业"翻译理论与技巧"课程和"中西翻译史"课程思政[9]。翻译教学课程思政建设涉及诸多维度和实施途径，包括和平教育[10]、外语翻译教学中国家意识形态[11]、国家意识与外语课程思政建设[12]、课内显性实施与翻译课程思政的课外隐性实施[13]、"四史"教育融入[14]、MTI 专业课程"地方文化建设"[15]；对于外语翻译课程思政教学中价值观引领，包

① 关于印发《高等学校课程思政建设指导纲要》的通知.（2020-05-28）[2022-08-01]. http://www.gov.cn/zhengce/zhengceku/2020-06/06/content_5517606.htm.
② 张敬源，王娜.外语"课程思政"建设——内涵、原则与路径探析.中国外语，2020（5）：15-20, 29.
③ 蒙岚.混合式教学模式下大学英语课程思政路径.社会科学家，2020（12）：136-141.
④ 尤芳舟.新文科背景下日语课程思政建设的思考.外语学刊，2021（6）：78-82.
⑤ 肖琼，黄国文.关于外语课程思政建设的思考.中国外语，2020（5）：1+10-14.
⑥ 冯千，黄芳.《习近平谈治国理政》"三进"课程思政建设实证研究——以日语翻译鉴赏课程的"三进"导入为例.外国语文，2022（3）：16-24.
⑦ 赵文.科技英语翻译课程思政的内容维度与实践探索.高教学刊，2021（35）：166-169.
⑧ 程鑫颐.课程思政理念下英语专业口译课堂教学改革——以西安翻译学院为例.陕西教育（高教），2021（9）：8-9.
⑨ 董琇，丁爱华.英语专业翻译类课程的"课程思政"建设研究.外国语言与文化，2021（2）：71-77.
⑩ 焦丹.融入式和平教育在翻译教育中的理论融合与实践探行.外国语文，2022（2）：132-139.
⑪ 潘艳艳.国家翻译实践视角下的国家意识及其培养.当代外语研究，2021（5）：67-72, 108.
⑫ 杨枫.国家意识与外语课程思政建设——兼论新文科视野下的外语教育实践.外语教学理论与实践，2022（2）：1-5.
⑬ 李蒙.翻译教学中课程思政的两个维度和四个层面.外语教育研究，2021（4）：38-43.
⑭ 夏党华，黄群辉."四史"教育融入翻译课程思政路径研究.外国语言与文化，2021（2）：86-93.
⑮ 张艳丰.MTI 特色专业课的课程思政实践探索——以山西大学"地域文化翻译"课程为例.外国语言与文化，2021（2）：78-85.

括情感学习理论中对价值观形成和内化过程①，翻译教学中的价值引导②，语言(言语、语篇、话语)教育价值、政治价值③。此外还有关于课程思政建设和教学模式、专业建设关系的讨论，基于课程思政的翻译专业建设与研究④，混合式教学课程思政⑤。

"高级英汉互译"是浙江大学翻译专业的核心课程。目前对于"高级英汉互译"的课程思政建设缺乏系统性讨论，本文认为课程思政建设之所以能够有效开展，实际上是因其与课程性质、课程内容、人才培养目标有着密切的联系，"高级英汉互译"课程思政在这方面具有很好的代表性和典型意义。本文拟围绕为何融入、融入什么、如何融入这三个课程思政建设的核心问题进行深入讨论。

一、为何要融入课程思政

（一）课程性质的内在要求

"高级英汉互译"是英语专业和翻译专业英汉互译系列课程中的高阶课程，是翻译专业的核心课程之一。在夯实基础英汉互译和中级英汉互译的字词句翻译技能的基础上，重点培养学生的翻译思维和翻译素养，使学生能自觉传承与发展浙大精神、具备健全的个人品质、深植爱党爱国情怀、养成全球思维与国际视野，为文化传播服务，为美美与共、天下大同的人类命运共同体服务。

英语专业和翻译专业英汉互译系列课程中，"基础英汉互译"和"中级英汉互译"强调的是翻译基本技能的训练，而作为翻译专业的高级课程，"高级英汉互译"更强调翻译思维和翻译素养的培养。因此在教学过程中，笔者试图将翻译三问——"何为译、译何为、为何译"⑥贯穿到教学活动中，通过翻译实践活动，让学生理解翻译的本质是什么、如何进行翻译、翻译的目的是什么。基于学生翻译素养培养的课程定位，在教学实践中通过认识中国历史和传统文化，强化学生文化自觉意识的培养，培养翻译为党服务、为国服务、为时代服务的意识，树立译者的使命感和责任担当，这和教育部"价值塑造、知识传授和能力培养三者融为

---

① 李志英.高校翻译课程思政教学探索：情感学习理论视角.外语电化教学，2020（4）：22-26+4.
② 刘嘉.翻译教学中的价值引导.黑龙江教育（高教研究与评估），2019（12）：23-25.
③ 司显柱.翻译教学的课程思政理念与实践.中国外语，2021（2）：97-103.
④ 秦晓梅.基于课程思政的翻译专业建设与研究.高教学刊，2020（21）：70-72.
⑤ 岳曼曼，刘正光.混合式教学契合外语课程思政：理念与路径.外语教学，2020（6）：15-19.
⑥ 吴雅兰等.许钧：何为译、译何为、为何译.（2020-06-23）[2022-08-01].http://www.news.zju.edu.cn/2020/0707/c5216a2163292/page.htm.

一体、不可割裂"① 的课程思政要求不谋而合。

（二）文化差异与翻译的本质决定

"何为译"涉及"翻译的本质是什么"的问题。翻译并非只是两种语言之间的转换，不同的语言体现了不同文明的思维方式、价值观以及历史和文化差异。翻译是以符号转换为手段、以意义再生为任务、以跨文化为宗旨的一项交际活动。② 其本质上是一种跨文化的交流活动，肩负促进文明交流的使命。

"何为译"是"译何为"的前提。了解翻译本质后，学生通过翻译实践，逐步形成基于历史、文化和思维差异开展翻译的素养，于是解决如何把握翻译策略、方法和技巧，即"译何为"的问题也就水到渠成了。可见理解"何为译"问题是培养高素质翻译人才的根本问题和着眼点。课程思政关于"围绕政治认同、家国情怀、文化素养、宪法法治意识、道德修养等重点优化课程思政内容供给，系统推进课程思政建设"③ 的要求和本课程对翻译专业学生在对母语和外语背后历史、文化和思维差异深刻理解的基础上开展翻译活动的素养要求不谋而合。

（三）高级翻译人才基本素养要求

如何让学生树立正确价值观和通过翻译推动社会和历史进步的使命感，也是"高级英汉互译"课程所要回答的一个问题。一部翻译史就是一部东西方文明交流史，无论是汉唐佛经翻译、清末西学翻译，还是近代马克思主义学说翻译，都深刻推动了中国社会的变革和历史发展进程。翻译成为推动社会发展和思想进步的一项重要社会活动，这必然涉及译者"为何译"的问题。

当代译者的重要使命就是把翻译活动和中华民族伟大复兴以及中国梦实现过程中对外交流的国家战略需求对接起来，我们要培养有担当意识、责任意识和使命感的译者。参与翻译教学实践活动，就是为了让学生了解中国当代改革发展现状，不断强化学生的家国情怀，树立通过翻译活动讲好中国故事、提供中国方案和智慧的责任担当意识。这和通过课程思政培养学生"坚定中国特色社会主义道路自信、理论自信、制度自信、文化自信"④ 的要求高度一致。

---

① 教育部.关于印发《高等学校课程思政建设指导纲要》的通知.（2020-05-28）[2022-08-01]. http://www.gov.cn/zhengce/zhengceku/2020-06/06/content_5517606.htm.

② 许钧.翻译概论.北京：外语教学与研究出版社，2009：41.

③ 教育部.关于印发《高等学校课程思政建设指导纲要》的通知.（2020-05-28）[2022-08-01]. http://www.gov.cn/zhengce/zhengceku/2020-06/06/content_5517606.htm.

④ 教育部.关于印发《高等学校课程思政建设指导纲要》的通知.（2020-05-28）[2022-08-01]. http://www.gov.cn/zhengce/zhengceku/2020-06/06/content_5517606.htm.

二、融入何种课程思政元素

（一）文化自信融入翻译实践

对文化差异的认识是翻译的前提。"高级英汉互译"从校园、本地和中华历史文化三个层次强化学生对于本民族文化和历史的认知，从而帮助学生树立文化自信。通过了解浙江大学发展历史，阐述何为"求是创新精神"；通过印象杭州宣传资料翻译，阐述何为"人文价值和地方历史价值"；通过良渚古城遗址公园展陈资料翻译，阐述"中华文明的源头"。让学生触摸历史，感受历史的当代意义，帮助学生了解中华优秀传统文化，激发学生的民族自豪感和文化自信。在此基础上，注重在中西方文化和思维差异的基础上引导学生开展翻译活动。

（二）翻译使命感融入翻译实践

课程以《共产党宣言》翻译及其对近代中国社会变革的影响为例，说明翻译的重大现实意义。通过了解近代翻译发展历史和翻译的贡献，使学生树立翻译工作的责任感和荣誉感，这是推动学生认真积极从事翻译工作的前提。课程思政建设要求帮助学生树立正确的人生观和价值观，而翻译使命感的培养无疑包含了以促进东西方文化交流为己任的人生观和通过翻译实现自我价值观的确立。

（三）家国情怀融入翻译实践

翻译实践是长期的、困难的，很多甚至是枯燥寂寞的工作，无大志者、无热情者、无耐心者不可为之。译者对翻译工作的热爱离不开对自身文化的热爱和对社会发展的关切。因此在翻译实践教学中，要帮助学生树立起一种家国情怀，即个人的努力和奋斗必须与时代发展的洪流自觉联系起来，通过翻译为国家战略发展服务，在服务中获得个体的成长和成就感。因此，在翻译实践中，需要选择那些能够和国家重大改革发展联系起来的翻译材料和文本，使学生感受到社会和国家发展的脉搏，产生翻译的激情。

三、如何融入课程思政元素

（一）课程内容和结构的调整

融入课程思政元素的第一步是重构课程的内容和结构，使之适应课程思政融入要求。首先是文本的重新选择，基础翻译材料选择是否合适、覆盖范围是否恰当是课程思政建设是否能达到预期效果的前提，本课程以《共产党宣言》、求是创新精神、地方文化与历史、中国文化与历史、文学、考古、社会和经济现实等多学科文本翻译为基础。文本选择的标准是，学生能通过这些翻译材料，对于文化、历史、家国等抽象概念有一个具体的感性认识，从而有可能将其进一步上升到价值观。其次是分模块组织教学单元，按照翻译历史、东西方文化差异和思维差异探讨、中国文化与历史（校园、地方和中华文化三个层面）、时政热词四个模块组织教学内容。最后是课程思政元素的结合方面，主要集中在帮助学生深化对中国文化的理解，树立文化自信和家国情怀，培养翻译的使命感。

（二）课程思政教学方案的设计

教学方案围绕课堂重点来设计。首先，基于课程思政建设要求，确定不同文本的主要知识点、讲解重点和难点、翻译相关的技能和对应的学生素养要求，规划好讲课内容的展开路线。其次，通过课堂组织和讨论的设计，加强对学生价值观的引导，提前规划在哪些知识点展开讨论以讨论熏陶学生，促进其翻译基本素养的提升。最后，延伸课堂教学，加强翻译实践环节思政建设。依托联合国教科文组织"信使"官网翻译项目、"'浙里译'工作室"等实践平台，倡导学生参与社会翻译实践、国内外竞赛，加强学生以翻译为党服务、为国服务、为时代服务的意识。

（三）课程思政教学方案的实施与评价

主要围绕课堂教学课前准备，课中展示讲解、点评、讨论，以及课后强化练习三部分来设计。课前，教师布置学生搜集和阅读相关背景资料，做好核心词汇翻译；课中，先由学生进行讨论、翻译展示，再由教师进行讲解、点评、说明翻译策略以及翻译时关于文化差异和翻译策略选择的具体思考，帮助学生理解翻译中的文化差异。课后，布置一些与课堂教学内容相关的翻译材料，强化学生课后的翻译实践，提升学生翻译素养。

四、课程思政案例：良渚古城遗址公园展陈资料翻译

（一）文本选择与课程思政相联系

本教学案例与"高级英汉互译"课程里中国文化与历史翻译教学模块有关。良渚古城遗址（Archaeological Ruins of Liangzhu City）于 2019 年被列入《世界

遗产名录》。它展现了一个存在于中国新石器时代晚期、以稻作农业为经济支撑、存在社会分化和统一信仰体系的早期区域性国家形态，印证了长江流域对中国文明起源的杰出贡献。良渚古城遗址真实、完整地保存至今，可实证距今 5000 年前中国长江流域史前社会稻作农业发展的高度成就。

良渚古城遗址展陈文本翻译的课程思政元素的融入点在于，通过材料的阅读、相关材料的介绍和翻译，学生能深刻感悟到所在城市承载了如此悠久的历史，我们的先民创造了如此灿烂的器物文明，并懂得翻译不仅仅是一种文字之间机械的转换，更是对于历史的回望和对考古发现的回溯，从而进一步理解考古的历史价值、逻辑性和科学性。通过这一"寻根之旅"，学生将增强民族自豪感和历史使命感，意识到自己不仅有责任保护好祖辈留给我们这一代的丰厚遗产，而且要让更多人通过那些精美玉器雕刻触摸到灿烂中华文明的悠久历史。学生的文化自信因此得到培养。

（二）课程设计方案

设计方案的展开主要围绕以下两个教学重点和难点：（1）考古科技词汇的翻译。科技词汇的翻译，与其说能够被"译"出来，不如说通过资料检索将译名"查"出来，或者通过向专业人士咨询把译名"问"出来。《发现良渚古城》一文中出现了大量考古科技词汇，例如"解剖性发掘""三重向心结构""堆筑方式与生活堆积的年代"等，学生面对这些词汇往往会束手无策，但通过文献阅读、考古现场图片解析、学生讨论、咨询专家、教师讲解等方式，在了解综合背景知识、具备专有名词语际转换意识、掌握资料获取和检索能力的基础上，再来理解考古科技词汇的专有表达，便可以得出正确的译文分别是 anatomical excavation、triple centroid structure、mounding and the dating of life accumulation，从而理解知识储备、语际转换、查找文献资料、科技词典的重要性。（2）展陈文本的翻译策略选择。中华文化"走出去"的背景意味着用国际语言讲好中国故事，就要以文化翻译观为指导，把握"归化"和"异化"两种翻译策略之间的平衡，灵活使用多种翻译方法，注重译文和原文之间文化功能的对等，达到增进目标语观众对中华文化的了解，实现良渚文化和中华文化对外宣传和传播的目的。

（三）实施过程和教学效果

首先，指导学生查找相关文献，进行相关实地考察，引导学生对良渚的历史和重要性加以了解。其次，采用讨论法，让学生讨论文本中的考古科技词汇，尝试解释这些科技词汇的正确含义，并在英汉两种语言差别的基础上，充分考虑文化、语言和思维方式的差别，得出初步的译文。然后，教师对学生翻译的内容进行点评，师生讨论是否能够在传达考古科技词汇含义的同时，让目标语读者理解词汇意义，在脑中形成一定的画面。最后，教师给出一些参考译文供学生讨论，并总结良渚遗址在延续历史文脉、体现生态文明、文化遗产保护、城市创新发展等方面的重要作用。此类课程设计一方面让学生了解考古科技词汇的翻译策略和方法；另一方面，促使学生增强对文化遗产多样性、完整性与生态文明建设的价值内涵的理解和掌握，自觉做文化历史遗产的宣传者和传承者。

结　语

本文基于浙江大学"高级英汉互译"课程的教学实践，回答了课程思政为什么要融入翻译课程的教学活动、选择哪些课程思政点进行融入、在翻译课程教学过程中如何融入课程思政元素这三个主要问题。较之"基础英汉互译"和"中级英汉互译"，"高级英汉互译"更注重对于学生翻译素养和文化翻译意识的培养。翻译活动的本质要求学生对于东西方文化差异有良好理解，而培养学生的文化自信和家国情怀是为了推动学生以翻译服务党、服务国家、服务时代，为构建美美与共、天下大同的人类命运共同体服务。我们发现课程思政融入是由"高级英汉互译"课程性质所驱动、由翻译的本质所决定的，符合高素质翻译人才培养的要求，翻译类课程天然与课程思政建设具有良好的契合性。

对于课程思政融入什么的问题，本文围绕文化自信、家国情怀和翻译使命感三个思政元素的融合展开了分析，分别阐述了这三个元素融入点和本课程学习之间的内在联系。对于课程思政如何融入的问题，本文主要从课程内容和结构调整、课程教学设计、教学实施三个方面做了讨论，认为和课程思政相结合进行翻译文本选择和课程思政元素的提炼是课程思政建设的基础，在此基础上需要围绕教学重点、难点和课程思政融入进行一个较为完整的教学设计，并通过课前、课中和课后三个环节加以实施展开，本文也提供了相关的教学案例。本文所提出的外语翻译类课程思政建设模式和教学实践经验总结，也可以为其他外语翻译类课程思政建设提供经验借鉴。

参考文献

程鑫颐．课程思政理念下英语专业口译课堂教学改革——以西安翻译学院为例．陕西教育（高教），2021（9）：8-9.

董琇，丁爱华．英语专业翻译类课程的"课程思政"建设研究．外国语言与文化，2021（2）：71-77.

冯干，黄芳．《习近平谈治国理政》"三进"课程思政建设实证研究——以日语翻译鉴赏课程的"三进"导入为例．外国语文，2022（3）：16-24.

焦丹．融入式和平教育在翻译教育中的理论融合与实践探行．外国语文，2022（2）：132-139.

教育部．关于印发《高等学校课程思政建设指导纲要》的通知．（2020-05-28）[2022-08-01].
http://www.gov.cn/zhengce/zhengceku/2020-06/06/content_5517606.htm.

李蒙．翻译教学中课程思政的两个维度和四个层面．外语教育研究，2021（4）：38-43.

李志英．高校翻译课程思政教学探索：情感学习理论视角．外语电化教学，2020（4）：22-26+4.

刘嘉．翻译教学中的价值引导．黑龙江教育（高教研究与评估），2019（12）：23-25.

蒙岚．混合式教学模式下大学英语课程思政路径．社会科学家，2020（12）：136-141.

潘艳艳．国家翻译实践视角下的国家意识及其培养．当代外语研究，2021（5）：67-72+108.

秦晓梅．基于课程思政的翻译专业建设与研究．高教学刊，2020（21）：70-72.

岳曼曼，刘正光．混合式教学契合外语课程思政：理念与路径．外语教学，2020（6）：15-19.

司显柱．翻译教学的课程思政理念与实践．中国外语，2021（2）：97-103.

夏党华，黄群辉．"四史"教育融入翻译课程思政路径研究．外国语言与文化，2021（2）：86-93.

肖琼，黄国文．关于外语课程思政建设的思考．中国外语，2020（5）：1+10-14.

许钧．翻译概论．北京：外语教学与研究出版社，2009.

杨枫．国家意识与外语课程思政建设——兼论新文科视野下的外语教育实践．外语教学理论与实践，2022（2）：1-5.

尤芳舟．新文科背景下日语课程思政建设的思考．外语学刊，2021（6）：78-82.

张敬源，王娜．外语"课程思政"建设——内涵、原则与路径探析．中国外语，2020（5）：15-20+29.

张艳丰．MTI 特色专业课的课程思政实践探索——以山西大学"地域文化翻译"课程为例．外国语言与文化，2021（2）：78-85.

赵文．科技英语翻译课程思政的内容维度与实践探索．高教学刊，2021（35）：166-169.

作者简介

徐雪英，浙江大学外国语学院副教授、硕士生导师，博士；浙江大学唐立新教学名师，浙江省翻译协会副秘书长，中华译学馆副秘书长，浙江大学翻译学研究所副所长，浙江大学区域协调发展研究中心（国家高端智库）特聘研究员。主要从事翻译理论与实践、跨文化交际和国际组织人才培育等领域的研究。完成国家社科基金后期资助项目 1 项、主持国家社科基金重大项目子课题 1 项、参与和主持浙江省高等教育"十三五"教改研项目 4 项、国家高端智库重点课题 2 项。

本文系中国外文局"国家翻译能力建设"课题研究项目：跨学科跨行业视域下的高端翻译人才培养研究【项目编号：24ATILX04】及浙江省高等学校课程思政教学研究项目"理解中国、沟通世界——中国国际话语权构建视域下的翻译类课程思政建设研究"【项目编号：2022-1】的研究成果。

基于浙江人文基因的翻译课程思政资源建设

袁淼叙　董　颖

【摘　要】　课程思政是当下国内高校教学改革的重中之重，是培养青年学生树立正确价值观的有效途径。本文以浙江大学俄语专业开设的必修课程"俄语翻译理论与实践"为例，在考察国内俄语专业现有翻译教材特点的基础上，提出以浙江人文基因作为课程思政建设的创新点，明确其对于翻译课程思政的重要意义，论述省域文化之红色文化力量、历史文脉内涵、时代风貌精神三大维度下六个素材融入翻译课程教学并实施课程思政育人的方式，推进本课程思政中基于浙江人文基因模块的资源建设。

【关键词】　课程思政；浙江人文基因；俄语翻译理论与实践

引　言

在"大思政"背景下，每一门课程的教学都蕴含家国情怀、社会责任的培育和人文精神、全球关切等价值范式的传递，每一位教师都需要参与到学生的世界观、人生观、价值观的培养中。习近平总书记在 2021 年 9 月 25 日给北京外国语大学老教授们的回信中，勉励广大外语教师要"努力培养更多有家国情怀、有全球视野、有专业本领的复合型人才，在推动中国更好走向世界、世界更好了解中国上作出新的贡献"①。这是时代和国家赋予外语教师的光荣使命，也是外语教师进行课程思政建设改革的指路明灯。

高校外语类专业学生培养的目标之一在于使其能够参与对外交流活动，向世界讲述中国故事，传播中国声音。因此，在校园里牢固树立学生正确的价值观，筑牢其政治思想的生命线，引导学生立高远志、明大美德，成为堪大用、担重任

---

① 参见：王定华．勇担新时代外语院校使命．中国教育报，2021-09-30（7）．

的人，这一任务就摆在了外语人才培养的显要位置。翻译理论实践课程的教学内容包涉国情风土、社会百态、时事热点等，不仅承载着思想文化和价值观念，也具有鲜明的意识形态属性。因此，在外语类各语种专业高年级必修的翻译课程讲授中，教师要将显性的知识传授与隐性的价值引领相融合。具体而言，教师一方面要训练强化学生的语言技能，要求学生熟悉了解对象国文化，尽可能多地汲取百科知识，形成集语言、翻译、文化、百科等于一体的综合能力网络；另一方面要在课堂这个教学主阵地上根植理想信念，传承优秀传统文化，弘扬积极向上的正能量，并使之融入学生的言行举止中，深入学生的观念认知里，引导学生在对外交流交往中积极表达自身立场，谋求更广泛群体的话语认同，从而实现育人目标。

翻译课程教学关涉大量不同的文本信息，会遇到"千姿百态"的话语，而"任何话语都有价值取向，都表达或隐含一定的价值准则"①。如何从海量的文本信息中挑选出适合翻译教学且符合思政育人目标的材料，如何使教学素材中具有多元价值取向的文本服务于思政育人目标，是关系到翻译课程建设本身的核心问题。2003 年 7 月，习近平主政浙江时指出："浙江老百姓聪明，干部精明，出的招数很高明。其背后是浙江的人文优势，是深厚的文化底蕴和'浙江精神'在起作用。"②浙江的这种人文基因与翻译教学相融合，将为课程思政带来鲜明的地域特色和时代气息。下文将从国内俄语专业翻译教材现状出发，以浙江省线下一流课程"俄语翻译理论与实践"为例，尝试探讨浙江人文基因植入课程思政的可行性。

一、国内俄语专业翻译教材现状

目前，国内出版的高校俄语专业翻译教材种类不少，从编写团队、教材内容、出版机构等方面综合考察，使用面较广、具有代表性的主要有三种。一是蔡毅先生主编的《俄译汉教程（增修本）（上下册）》（第 3 版，外语教学与研究出版社，2017）。此教材最初版发行于 1981 年，第 2 版发行于 1989 年。教材注重语言结构和意义的转换传达，以翻译中出现的典型问题、处理技巧及各类功能语体为书中章节划分标准，便于教师和学生以问题为导向，有针对性地查阅解惑。但限于首版年代较早，虽经两次修订，书中大量例句例文仍然带有明显的时代印记，鲜见反映当代全球发展态势的篇章或译例，且仅为俄译汉的单向

---

① 黄国文 . 思政视角下的英语教材分析 . 中国外语，2020（5）：21-29.
② 参见：陈立旭 . 从弘扬浙江精神到弘扬中国精神 . 浙江日报，2019-09-10（4）.

译入教程，缺少汉译俄的译出教程部分。① 第二种较为常见的教材是丛亚平主编的《俄汉翻译教程》（上海外语教育出版社，2012）和胡谷明主编的《汉俄翻译教程》（上海外语教育出版社，2010）。此套教材入选普通高等教育"十一五"国家级规划教材，其内容编排原则与外研社版教材大体相当，同样从翻译转换过程中产生的问题出发，围绕词汇、语法、修辞三个语言学的基本层面，选取与当今社会生活相关的语料为例来阐述问题。因译入与译出两种教材的编者不同，两种教材在翻译基本概念、翻译技巧等内容上有不同程度的交叉。第三种使用较多的教材是黄忠廉、白文昌主编的《俄汉双向全译实践教程》（黑龙江大学出版社，2010）。该教材按照外语学习从主题切入的传统，以常见的不同主题作为教材编排主线，每个主题内安排相应的翻译知识及方法解析，给学生提供情景式翻译学习的体验。但因翻译方法及问题分散在各个不同话题单元内，且与所在单元语言材料中出现的具体问题不完全匹配，一定程度上弱化了知识论述的系统性。而多达 20 位学者共同参与编写，也在客观上加大了不同单元之间语篇选择的差异。

由此可见，上述三种教材的编写理念各具鲜明特色，能够满足教师学生的不同需求，为俄语专业翻译类课程教学提供了有力指导。但它们的出版时间均比较久远，从时代性上考量，教材中选用的语篇内容已经不能完全适应当下日益显著的世界多极化发展趋势和瞬息万变的互联网时代，这也在无形中拉大了学生与教材的距离，降低了他们对教材的认同感。因此，翻译类课程任课教师主动搜集选取合适的语篇素材作为对现有教材的补充和延伸已成为当下的紧要任务，而在这一过程中发挥纲领作用、引导教师选材方向的重要标准即所选素材是否能在符合翻译课程本身教学要求的同时，为教师挖掘其中包含的思政元素提供较为广大的空间潜力。浙江大学俄语专业开设的翻译课程，理应在培养信念坚定且志存高远、具备沟通世界且胸怀天下理想的新时代青年人才过程中，传承省域优秀人文基因，弘扬省域深厚文化传统，讲好省域当代文化故事。

二、浙江人文基因之于课程思政的意义

文化是一个民族的灵魂。浙江地域文明的演化源远流长，自旧石器时代有人类生息起，文化发展虽经历起伏，但文明的印记从未中断。勾吴文化、中原礼乐文化先后影响古越文化，汉语取代古越语，政令和教化渐渐深入越人的生活方式

---

① 与该教材首版同期发行的另有周允、王承时编《汉译俄教程》（外语教学与研究出版社，1981），但此教材之后未曾修订再版。

和价值观，与当地特有的地理环境、文化积淀融合发展，带来儒学之风兴盛。宋氏南渡作为浙江文化发展历程中的关键因素，使浙江成为全国政治、经济、文化中心，逐渐在宗教、哲学、文学、艺术等领域出现了兼具浙江特色和全国影响的名家流派。习近平曾对浙江文化有过这样的表述："千百年来，浙江人民积淀和传承了底蕴深厚的文化传统。这种文化传统的独特性，正在于它令人惊叹的富于创造力的智慧和力量。"①

首先，浙江人文基因的精神丰碑树立在浙江红色革命精神之上。其中，"红船精神"作为中国革命精神之源，也是浙江红色文化的精神之源。习近平曾亲自撰写文章，将"红船精神"阐释为开天辟地、敢为人先的首创精神，坚定理想、百折不挠的奋斗精神，立党为公、忠诚为民的奉献精神。此外，浙西南、浙南与浙东革命精神体现了爱国主义和家国情怀，秉承着浙江革命精神的红色根脉；海霞精神、大陈岛精神和蚂蚁岛精神体现了艰苦创业和开拓创新精神，是浙江革命精神的时代表征。我们应由浙江红色革命精神推及浙江红色文化，以革命先辈为党和人民建立的丰功伟绩为素材，在翻译课程中引导学生理解先辈们为国家和民族振兴开辟的正确道路，深刻认识党在前进道路上战胜的各种风险和困难，进而培养学生干在实处、走在前列、勇立潮头的精神品格，鼓励他们在时代潮流中破浪前行。

其次，浙江人文基因的源头根脉深植于历史传统之中。浙江省内分布着众多历史古迹和名人印记，它们在中国文明进程中具有重要的作用和地位，对于继承和弘扬民族文脉具有重要的意义。2016 年，习近平在对关于良渚遗址申报世界文化遗产的建议批示中强调，要"不断加深对中华文明悠久历史和宝贵价值的认识"，这样才能"有利于突出中华文明历史文化价值，有利于体现中华民族精神追求，有利于向世界展示全面真实的古代中国和现代中国"。②而实现认识的有效途径是进行深入细致的研究。在习近平总书记主导下开启的浙江文化建设"八项工程"之一的文化研究工程，旨在考订浙江历史文化、梳理浙江文化名人及其学术思想著述、整理传统文化经典等。文化研究工程的丰富成果为翻译课程提供了优质的语篇素材，使学生在透彻、正确认识浙江优秀传统的同时，建立起强大的文化自信心和自觉的文化弘扬意识，培养学生成为中国平等参与世界文明互鉴的一支生力军。这正符合习近平总书记提出的要求："要敬畏历史、敬畏优秀传统文化，重视文物保护利用和文化遗产保护传承工作"，"要教育引导群众特别是青

---

① 习近平 . "浙江文化研究工程成果文库" 总序 // 陈野，等 . 宋韵文化简读 . 杭州：浙江人民出版社，2021：总序 2.
② 实证中华五千年文明史的圣地——习近平同志关心良渚遗址保护和申遗纪事 .（2019-07-26）[2022-08-02]. http://www.ncha.gov.cn/art/2019/7/26/art_2246_156476.html.

少年更好认识和认同中华文明，增强做中国人的志气、骨气、底气"。[①]

再次，浙江人文基因的时代风貌体现在"浙江精神"之中。2006 年 2 月，习近平在《浙江日报》发表署名文章《与时俱进的浙江精神》，文中指出："浙江精神作为中华民族精神的重要组成部分，是以爱国主义为核心的民族精神、以改革创新为核心的时代精神在浙江的生动体现，是浙江人民在千百年来的奋斗发展中孕育出来的宝贵财富。"[②]同年 3 月，习近平在接受《光明日报》采访时阐述了"浙江精神"的时代内涵：遵循规律、崇尚科学的"求真"精神，真抓实干、讲求实效的"务实"精神，诚实立身、信誉兴业的"诚信"精神。[③]青年学生是时代最活跃的亲历者，也是时代最有潜能的创造者，更应该是"求真""务实""诚信"六字箴言的践行者。在翻译这门实践性课时占较大比重的课程中，学生无论是进行翻译实战训练，还是对优秀译本进行评析，都需将上述六字作为行事准绳。教师本人也应以六字要求自己，授课过程中率先垂范，对学生言传身教，不断引导学生在创新创业中发挥青春力量。

以上是浙江深厚且多样的人文基因中的三个主要维度，它们给翻译课程思政建设提供了宝贵的精神价值引领和强大的素材来源支撑，有效突出了课程思政中省域文化的鲜明特色。

三、浙江人文基因在课程思政中的体现

"俄语翻译理论与实践"是浙江大学俄语专业高年级的传统必修课程，设置在第 6—7 学期，包含俄译汉、汉译俄双向笔译转换。经过几代俄语教师的赓续建设，在课程目标、育人目标、教学内容、教学手段、过程管理、成绩评定、学生评价等方面取得了长足进步，课程体系日渐完善，教学质量获得有效提升，切实发挥了课程在俄语专业高阶段检验并强化学生言语技能的作用。课程于 2020 年获得浙江大学线下一流课程认定，2021 年获省级线下一流课程认定，2022 年本课程团队依托校级课程思政示范课程培育项目，重点探索思政育人要求在授课中的实践运用，对标国家级一流课程要求，对该门课程进行精细化完善并深层次提质。

从广义上讲，翻译课程思政建设需"以知识传授与价值引领为目标，在重视翻译实践能力、语言服务意识的同时，加强责任感和荣誉感的培养，促进理性思

---

① 习近平. 把中国文明历史研究引向深入　增强历史自觉坚定文化自信. 求是，2022（14）：8.

② 习近平. 与时俱进的浙江精神. 浙江日报，2006-02-05（1）.

③ 大力弘扬与时俱进的浙江精神. 光明日报，2006-03-01.

辨和明辨是非能力的提升"①，从而使学生具有扎实的知识储备、良好的翻译技能以及正确的价值情怀。而落实到当下浙江大学"俄语翻译理论与实践"的课程思政建设，则着重要求授课教师结合国内俄语专业翻译课程教材实际，将"道德修养""家国情怀""全球关切""浙大精神"四个层面作为抓手，选取合适的语言材料来提炼具体思政融入点，以最大限度匹配四个思政育人层面，从而实现思政理念为课程建设指导、思政引领与知识技能培养双赢的目标。

2022年4月，习近平在中国人民大学考察调研时明确提出要"扎根中国大地办大学"②，由此推及翻译课程思政建设，立足本土挖掘思政教育资源理应是一条值得探索之路。下面将从浙江人文基因的三个主要维度出发，以适合课程培养目标且具可操作性的材料为例，具体阐述"俄语翻译理论与实践"课程思政的素材设计和实施路径。

第一，汲取浙江红色文化力量。对中国革命精神谱系具有重要历史贡献的"浙江革命精神"是浙江红色文化的精髓。对浙大高年级学生来说，通过前期的思政类课程或社会实践，他们已经对浙江红色文化形成了较为具象的认识，对该话题相对熟悉。因此，教师可以要求学生在通读习近平有关红色革命精神论述的不同语篇材料时，将课前预习的重心放在相关俄语关键术语或词组上，给学生提供进行段落或语篇转换时"便利的零部件"。例如，到课堂内正式开启该话题时，教师可以先就"红船精神"内涵解释向学生提问并检查俄文关键词的预习效果，根据学生准备情况，采用由浅入深、由短到长、由词组到句子再到段落的层层递进的方式带领学生完成语际转换任务。在话题总结阶段，由学生用俄语做2分钟左右的红船故事讲述，在深化吃透话题材料的同时训练学生对相关内容的输出能力。

在党和国家建设中具有里程碑意义的"五四宪法"是浙江红色文化的重要组成部分，开展宪法宣传教育有利于增强学生的社会主义民主法治意识、推动青年人尊法、学法、守法、用法的自觉意识，也是全面依法治国的重要任务。"五四宪法"历史资料陈列馆位于杭州，给学生实地观摩体验提供了便利条件。教师可以提前将汉俄双语文本阅读和参观陈列馆的双重任务布置给学生，由学生自行安排时间参观学习并记录所见所思。课堂上先由学生分组汇报参观感受作为话题导引，教师简要总结，并以故事分享的形式强化学生对宪法作为国家根本大法地位的认识。此话题的授课采用被纳入俄罗斯国家语料库的汉俄双语文本进行对齐工具的训练，教学要点落在原文与译文的对照比读上，引导学生坚持实事求是原

---

① 杨正军，李勇忠．翻译专业课程思政建设研究．中国外语，2021（2）：104-109.
② 扎根中国大地办大学．人民日报，2022-04-27（1）.

则，敢于有理有据地对权威译文提出见解批评。

第二，深挖浙江历史文脉内涵。浙江文脉传承千年，哺育了众多历史名人。在体现该维度人文基因的材料准备中，教师将焦点聚拢于浙籍名家。浙学兴起于两宋，至明代阳明学被视为广义浙学中最重要的组成部分，关于阳明心学的讨论从未间断。随着央视节目《典籍里的中国》的播出，王阳明著《大学问》在青年学生中的热度显著提高。教师可以要求学生提前观看该节目，将熟悉了解阳明学的思想精华作为课前预习要点。课上教师带领学生比读原文和俄罗斯汉学家翻译的《大学问》俄译文，讨论汉学家阐释阳明思想的独特之处；同时要求学生用双语熟练诵读篇中名句，并联系实际讲述小故事。典籍外译是向世界传播中华文明价值观的有效途径，外语专业学生理应具备利用现有资源讲好中华文明故事的能力，在此基础上提升文化知识积累和语言表达水平，逐步过渡到参与典籍外译的工作。

在与世界联系不断加深加速的当代，浙籍翻译家也是浙江文脉发展中的重要一环。以俄罗斯文学翻译家草婴先生为例，他的译著可谓家喻户晓，可他的名字却往往被读者忽略。翻译家的思想既包含其对作品本身的解读和对翻译活动的思考，又体现了其做人做事、立身处世的品格，对青年学生的道德修养有重要的榜样价值。在开始该单元授课前，教师要求学生重读《安娜·卡列尼娜》这一经典著作，查找包括草婴先生译本在内的不同中译本，选取自己感兴趣的章节进行多译本对比阅读。课堂上，教师结合编撰草婴译文选集的经历，向学生介绍草婴先生几十年如一日埋头翻译的工匠精神和对译文精益求精的翻译态度。之后的课堂时间交由学生展示不同译本对比阅读的心得体会，要求学生以译例支撑观点，做到言之有据，随后以学生互评和教师点评相结合的形式为展示做小结。

第三，体悟浙江时代风貌精神。近些年，在习近平擘画的省域治理总纲领和"八八战略"的指导下，浙江经济社会转型升级，发生了全面深刻、影响深远的变化，成为展现今日浙江风采的"金名片"。当前，奋力打造"重要窗口"、建设共同富裕示范区的任务为浙江发展注入新的时代活力。在这一背景下，"数字经济""人工智能"等字眼成为当今青年学生最熟悉、最热衷于谈论的话题，教师可以将课堂内容的选择权交给学生，由学生在话题框架内自主挑选文本，要求文本内容聚焦一件体现数字技术的具体产品，如浙大校园内全球首个纯机器送货人"小蛮驴"等。一组学生用演讲形式展示文本后，由另一组学生对文本进行翻译。如此各组任务交叉轮替，学生在训练翻译技能的同时，通过学习讲述智能科技给生活带来的革命，深化对现代浙江、现代中国高速发展的自豪感。针对一些对智能技术比较感兴趣的学生，教师可以积极引导其将数字产品、话题讲述等作为基本元素完成短视频拍摄，参加国内国际各类相关竞赛。

围绕"绿水青山就是金山银山"理念实施的绿色生态发展是浙江地域发展和时代文化相结合的又一重要使命。习近平在论述生态与文明的关系时指出:"生态兴则文明兴,生态衰则文明衰。"人类的文明史,也是一部人与自然关系的发展史。在准备该话题材料时,教师从《习近平谈治国理政》第四卷第 14 个专题"坚持人与自然和谐共生"中选取相关文本,将《人民日报》2022 年 7 月 18 日整版刊发的阐释习近平生态文明思想的三篇文章作为补充阅读材料,带领学生在先期充分学习理解材料内涵的基础上,完成文本的语际转换。同时给学生布置分层的课后作业,对学有余力的学生可以要求其以专题文章为本,结合其他学者的阐释材料,尝试进行同一专题多个文本的编译任务,以深化对习近平生态文明思想的认识。

上述六个典型素材以高校翻译课程思政建设要求为指导,从浙江大学"俄语翻译理论与实践"课程的特色出发,汲取浙江人文基因作为思政建设源泉,从而实现课程思政育人与课程知识技能育人的双目标。具体实施过程中"三个维度""六个案例""多条实施路径"的对应关系见图 1。

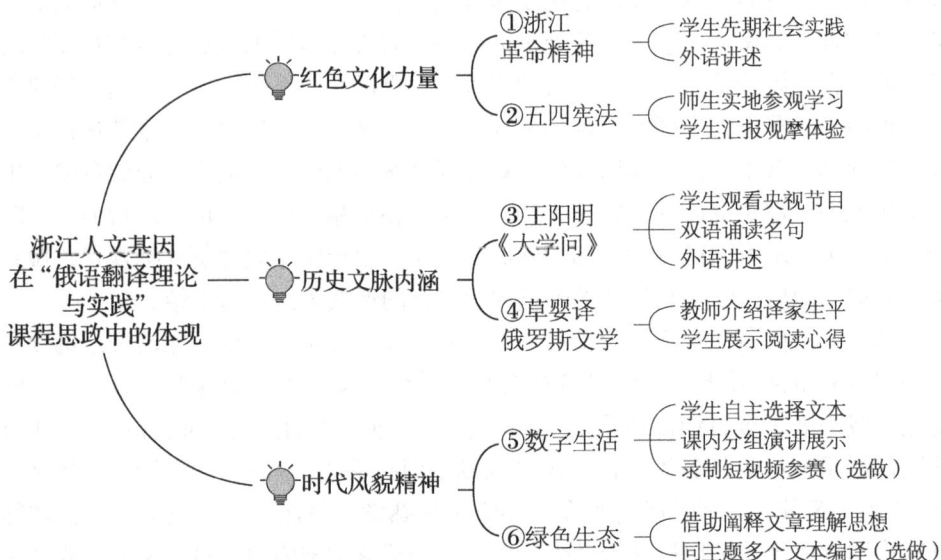

图 1 "俄语翻译理论与实践"课程中浙江人文基因的体现

结　语

　　话语是民心相通的桥梁，也是中国参与全球治理的重要工具。中国内容、中国智慧和中国方案需要翻译人才通过话语来传递和传播。外语教学人才培养的重要使命就是培养既能传承中华优秀传统文化，又具备时代精神的优秀翻译人才。作为浙江大学俄语专业的翻译类必修课程，"俄语翻译理论与实践"唯有立足本土，认清实际，充分汲取省域人文基因的滋养，才能在课程思政建设中做出亮点，突出特色，实现课程全方位、多维度的改革成效，使课程教学水平更上一层楼。

参考文献

本书编写组.干在实处　勇立潮头：习近平浙江足迹.杭州：浙江人民出版社,2022.

陈立旭.从弘扬浙江精神到弘扬中国精神.浙江日报,2019-09-10（4）.

大力弘扬与时俱进的浙江精神.光明日报,2006-03-01.

黄国文.思政视角下的英语教材分析.中国外语,2020（5）：21-29.

实证中华五千年文明史的圣地——习近平同志关心良渚遗址保护和申遗纪事.（2019-07-26）[2022-08-02]. http://www.ncha.gov.cn/art/2019/7/26/art_2246_156476.html.

王定华.勇担新时代外语院校使命.中国教育报,2021-09-30（7）.

习近平.把中国文明历史研究引向深入　增强历史自觉坚定文化自信.求是,2022（14）：8.

习近平.习近平书信选集（第一卷）.北京：中央文献出版社,2022.

习近平.与时俱进的浙江精神.浙江日报,2006-02-05（1）.

习近平."浙江文化研究工程成果文库"总序 // 陈野,等.宋韵文化简读.杭州：浙江人民出版社,2021：总序1-4.

杨正军,李勇忠.翻译专业课程思政建设研究.中国外语,2021（2）：104-109.

扎根中国大地办大学.人民日报,2022-04-27（1）.

作者简介

　　袁淼叙，浙江大学外国语学院教授，博士，俄语语言文化研究所副所长。荣获外研社多语种"教学之星"大赛全国总决赛俄语组一等奖，浙江大学优质教学二等奖，主讲浙江省线下一流本科课程"俄语翻译理论与实践 I-II"。主持国家社科基金中华学术外译项目 1 项，参与国家社科基金重大项目 2 项，完成浙江省社科一般项目 1 项，在国内外期刊发表论文近 20 篇。本文系浙江大学本科课程思政示范课程建设项目"俄语翻译理论与实践 I-II"的阶段性成果。

董颖，浙江大学马克思主义学院 2018 级博士研究生，中国计量大学马克思主义学院思政课教师，获得浙江省高校思想品德课程研究会征文二等奖和浙江省庆祝中国共产党成立 100 周年党史党建学术研讨会征文三等奖等，主持和参与思政课教学改革和研究课题若干项。

中国情怀，国际视野

——翻译专业新型"中国传统文化专题"课程思政路径探索

杜 磊

【摘　要】 在新文科背景下，为翻译专业学生开设"量身打造"的中国传统文化课程的必要性已越来越凸显。本文围绕"课程内容体例""课程教材建设"以及"课程思政方法"三个方面探讨了如何以课程思政为抓手，将外语、翻译与中国传统文化三者融合起来，培养学生对外翻译与传播优秀中国传统文化的能力，从而为他们今后"讲好中国故事，传播好中国声音"打下良好的实践与理论基础。

【关键词】 中国传统文化；思政；英语；教材；教学

引　言

中国传统文化是中华民族的精神财富，亦是我国五千多年文明发展历程的精神之源，对于培养和提高人的思想、文化、道德与审美素质有着重大的现实意义。2017 年，国家出台的《关于实施中华优秀传统文化传承发展工程的意见》指出：优秀传统文化应"贯穿国民教育始终"[①]。2020 年颁布的《普通高等学校本科外国语言文学类专业教学指南》中，英语与翻译两大专业均将《中国传统文化概要》列入"专业核心课程"，进一步明确了中国传统文化在外语学科教育中的重要地位。近年来，随着外语课程改革进程的不断加速，培养兼具"中国情怀与国际视野"[②]的外语人才的教育理念逐渐深入人心。为外语专业学生开设中国传统

---

① 关于实施中华优秀传统文化传承发展工程的意见.（2017-01-25）[2022-08-03]. http://www.gov.cn/zhengce/2017-01/25/content_5163472.htm.

② 教育部高等学校外国语言文学类专业教学指导委员会英语专业教学指导分委员会. 普通高等学校本科外国语言文学类专业教学指南（上）英语类专业教学指南. 北京：外语教学与研究出版社，2020: 1+25.

文化课程，尤其是为他们开设"量身打造"的中国传统文化课程的必要性越来越凸显。

为翻译专业学生开设中国传统文化课程势必要基于专业的特殊性对其进行改造与重构。[①] 要实现这一"人不动，课动"的课程建设思路有三个方面的工作亟待完成：其一是课程内容体例的设定问题，即选择哪些内容来讲授中国传统文化；其二是教材建设的问题，即选择什么样的材料作为课堂学习的载体；其三是教学方法的问题，即以什么样的方式来讲授中国传统文化及其译介。就三方面工作而言，课程思政是关键的组织要素，其贯穿于课程建设过程的始终，起到引领全局的作用。本文以浙江大学外国语学院翻译专业本科选修课程"中国传统文化专题"为研究对象，一方面聚焦于翻译专业中国传统文化课程思政体系的创建研究，另一方面亦希望在"新文科"背景下为翻译专业课程思政提供切实可行的方案。

一、课程内容体例

为翻译专业建设专门的中国传统文化课程，教学设计应包含中国传统文化本体与中国传统文化译介两大部分。两个部分的核心是中国传统文化，围绕中国传统文化设定课程的内容体例是课程主体确立的必由之路。然而，中国传统文化博大精深，蔚为大观，教学上又如何能做到取精用宏？在结构上，"中国传统文化专题"设"哲学""文学"与"特色"三大板块。儒、释、道是中国传统文化的思想主干，"哲学"板块以三家的学说为中心，意在突出中国传统文化深厚的思想底蕴；"文学"板块围绕唐诗、宋词、元曲与明清小说这中国古典文学的"四座高峰"，反映了中华民族的精神品质与文化心理特征，是中国传统文化的重要组成部分；"特色"板块则以书法、绘画、音乐、舞蹈、饮食、服饰、民俗、建筑等传统文化要素以及本地资源为主题，教师可从中选择1—2个项目。[②] 三大板块汇集了中国传统文化的核心内容，又给予师生可灵活选择的课堂空间，避免了零碎、散乱的主题格局对教学的不利影响。课程为专业选修课，主要面向本科二至四年

---

① 我国高校已普遍开设了"中国传统文化"或相关课程。外语专业学生当然可以参加此类课程的学习，与课程原先面向的汉语专业或其他专业的学生一起以通识或博雅课程的形式学习中国传统文化。但是，这种"人动，课不动"的授课方法没有考虑翻译专业学生的先天优势，无法从根本上真正实现专业赋能的"新文科"培养目标。

② 由于本地文化与学生的生活及其成长环境密切相关，学生对之往往有切身的认识，引入本地文化的宗旨就在于利用好当地文化资源，让学生近距离地体验本地文化，并将所学知识用于本地文化的译介与传播。因此，教师可考虑将本地特色文化纳入教学。本文作者开辟了南宋文化、运河文化、良渚文化、丝绸文化与茶文化等以浙江或杭州本地资源为中心的备选专题。

级翻译或英语专业的学生，同时也可供其他对中国传统文化及其译介与传播有兴趣的学生选修（见表1）。

表1 "中国传统文化专题"教学内容

课次	单元	板块
1	中国传统文化基本特征与精神	概论
2	中国传统文化中的儒学	哲学
3	《论语》的海外译介与传播	
4	中国传统文化中的佛教	
5	玄奘与中国佛经翻译	
6	中国传统文化中的道家	
7	《道德经》翻译探源	
8	唐诗与中国传统文化	文学
9	唐诗的中外译介	
10	宋词与中国传统文化	
11	宋词的翻译策略	
12	元杂剧与中国传统文化	
13	元杂剧的海外译介与改编	
14	明清小说与中国传统文化	
15	汉学家译笔下的明清小说	
16	自选1-2个专题	特色

从教学要求来看，课程既需学习中国传统文化本身，又需学习中国传统文化的译介，两者互为补充，不可偏废。为此，课程设有四大教学模块："文化认知""外语表达""译介分析"与"译介研究"（见图1）。"文化认知"模块中，教师应为学生讲解好专题所涉及的传统文化的基本概念；"外语表达"模块中，学生将进一步学习如何用外语表述中国传统文化；"译介分析"模块重在分析代表性文化典籍不同的译介方式与策略；"译介研究"模块以学生在独立或合作研究的基础上进行课堂展示汇报与互评为主。整个教学过程强调翻译专业学生以中国文化为立足点，发挥双语优势，以国际视野来思考中国文化的世界性传承问题，并进一步利用好专业认知与思维方式，积极探索好中国文化"走出去"的有效方法与途径。

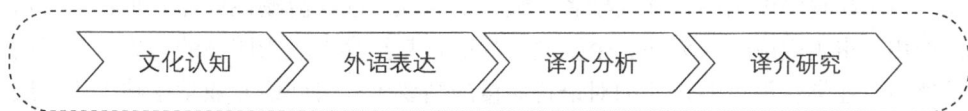

文化认知　外语表达　译介分析　译介研究

图1 "中国传统文化专题"教学框架

在从课程思政教学的内在要求来看，中国传统文化本身就是十分优质的课程资源。以外语对其重构的过程中，教师应着重处理好中国传统文化与外语教学之间的关系，主要体现在以下三个方面：

（1）坚持中国传统文化的教学本位性。教师应意识到，离开对传统文化的正确认知，译介与传播就无从谈起。"文化认知"模块的教学绝不应"走马观花"或简单地"走过场"，而应尽量在有限的课堂内突出重点，厘清源流，挖掘内涵，"以新带旧"地帮助学生在已有知识的基础上进一步建立起中国文化的知识体系。

（2）在"外语表达"模块中，教师应发挥自身专业水平，积极引导学生用外语来表述中国文化概念，包括各类文化典故、文化现象、文化概念以及较为抽象的中国文化观念与思想，与学生合作为课程打造一幅外语的中国传统文化图景。

（3）在"译介分析"模块中，教师应以帮助学生掌握传统文化译介与传播的基本规律为目的；而在"译介研究"模块中则应鼓励学生应用所学知识，为中国文化的译介与传播提出建设性的思考与方案，为其未来从事相关工作打好专业技能基础。

二、课程教材建设

如果内容体例为课程建设之"纲"，那么教材实乃其"目"，只有纲举目张，教学方有依托。为翻译专业学生开设中国传统文化课程，教材建设乃是关键一环。应该说，没有一本优质的中国传统文化英语教材作为学习的基础，是无法在真正意义上为翻译专业学生开设中国传统文化课程的。笔者经过前期调查发现，目前，国内教材市场已出版了不少关于中国传统文化的英语读本（少量小语种）。总体而言，这些教材重在以英语落实中国传统文化相关内容与知识点，可为学生用英语学习中国传统文化知识提供范例与参照。然而，其短板却不容忽视，主要体现在以下两个方面：

（1）语言质量缺陷，缺乏外语教材应有的语言地道性与流畅性。教材所提供的素材虽能呈现出中国传统文化主题丰富多元的特点，但语言有过于简单化的倾向。由于材料多由国内教师或学者自编，语言地道性与流畅性均显不足，语言示范作用与审美效应较为欠缺，个别教材的语言甚至存在较为明显的瑕疵，难以满足外语专业学生篇章输入活动对语言质量的高要求，对外语专业学生缺少语言层面的吸引力。

（2）知识内容深度的局限。教材内容同质化程度较高，无法激发外语专业学生学习中国传统文化的热情。从知识传授的角度来讲，这些教材绝大多数只停留在换用英语对中国传统文化进行介绍的层次，不仅内容程度较浅，亦缺乏新意，既不能做到在学生现有知识的基础上提升、更新他们对于中国文化的认识，又无法为他们学习中国传统文化提供创新观点。教材整体缺乏探索性与思考性，不利于培养学生的思辨能力。

教材与教学间存在高度的同一性与互动性，教材的结构观、内容观与课程观从编者主体出发，通过教材投射到教学，是揭示教学的重要尺度。[①] 有鉴于此，作者拟以上述两个方面为抓手，以汉学家撰写的原汁原味的中国传统文化一手英语材料为基础，尝试开展新型中国传统文化英语教材的编写研究，并以此为依据，制定好初步的课程教学规划。经过前期大量问卷调查、同类课程观摩调研、课堂试用以及校内外一线教师、教学专家以及出版社专家的集体论证，确定教材编写结构如表2。[②]

表2　自编教材编写结构

部分	内容提要
章节导语	教材编者从历史源流、学习重难点的角度用汉语对本章内容进行提纲挈领的论述，以便学生整体把握本章背景知识主题。
Text A【文化概况】	选用海外汉学家撰写的针对主题进行概述的英文材料，重在让学生通过阅读把握该章主题的基本概念与知识背景。编者对文章词汇与句意理解难点进行注释，并在文末用汉语总结全篇要点。
Text B【内容聚焦】	选用海外汉学家撰写的就某一具体话题进行论述的英文学术文章，推动学生深入学习本章主题。编者对文章重要术语与概念进行注释，并在文末提供阅读理解测试与开放性问题。
Text C【典籍译介】	选用国内翻译家与汉学家的精彩译文选段，由编者首先对译文做出评析，并引导学生从中进一步学习中国传统文化的翻译策略与方法。编者在文末提供一定量的翻译练习。

Text A 选自海外汉学家面向海外读者的普及性读物；Text B 主要为从海外汉学专著或期刊中析出文章的节选；Text C 主要针对翻译学习，以体现中国传统文化精髓要义的典籍译文为主，既包括国内翻译家的译文，也包括汉学家的译文。材料选择兼顾经典性、普及性与适用性，语料难度为中等—中等偏上，学术难度以中等为主。以这种方式自编中国传统文化英语教材本质上是一种充分利用英语学术资源，并将其转换为课程思政资源的探索性尝试，其目的在于引导学生在自

---

① 肖维青，杜磊. 从教材走向教学——教材视域下的中国视听翻译教学探索（2005-2019）. 外语研究，2020（1）: 53.

② 笔者已正式参加浙江大学外国语学院翻译专业系列教材的编写工作，负责主编《英语中国传统文化经典读本》，该读本将由浙江大学出版社出版。

身知识储备的基础上向汉学家与国内译者学习用英语表述、翻译中国传统文化。自编教材中的材料在学习目标上各有侧重，均由教师配备导语、注释以及练习，内容环环相扣，认知梯度层层递进。在教师的课堂引导下，学生将学到用英文理解、表述、讨论中国传统文化相关问题的方法，并初步掌握中国传统文化的译介方法。

教材是学生获取系统知识的重要工具，是落实德树人根本任务的重要载体。[①] 课程思政讲求的是在课堂知识传授的基础上育人，而通过课程育人如"盐溶于水"，重在落实，贵在无痕。就中国传统文化英语教材而言，其学习过程的最大特点在于以外语学习自然而然地带动中国传统文化学习，同时又以传统文化内容的学习反促语言的学习。教师在教材使用过程中应着力发挥好教材在强化学生守护传统文化根脉的意识、增强学生文化自信、培养学生未来积极投身于译介与传播传统文化精神理念方面的功用。

三、课程思政方法

为翻译专业开设中国传统文化课程涉及中外两个方面，其课程思政方法有何特殊之处？围绕这个问题，本文作者根据"中国传统文化专题"的授课经验从 7 个方面加以阐述。

1. 课程思政总目标

中国传统文化可为 21 世纪人类社会实现不同民族与国家间的和平共处与共同发展做出重大贡献。[②] 从这一意义上来看，将中国传统文化译介与传播出去就不仅是一个为其在国际舞台上开辟对话与交流空间的问题，中国传统文化实际上具有为"人类命运共同体"建设提出"中国智慧"与"中国方案"的现实力量。在上述课程价值观的指引下，"中国传统文化专题"的课程思政总目标可概括为：深化学生对于中国传统文化的价值认同感，培养学生立足于中国传统文化，运用汉外语言与跨文化沟通能力翻译、对外阐释、宣介、传播与普及优秀中国传统文化的能力，为"讲好中国故事，传播好中国声音"打下实践与理论基础。

在课堂实施过程中，教师应围绕中国传统文化积极建构教学情景，采用案例教学法、问题教学法、启发式教学法与探究式教学法等各种方法加强中国传统文化对外语专业学生的吸引力与感染力，发挥中国传统文化在价值引导、情感培育与道德示范等方面的课程优势效应，引导学生感受中国传统文化的独特魅力，体

---

① 何莲珍 . 从教材入手落实大学外语课程思政 . 外语教育研究前沿，2022（2）：22.

② 汤一介 . 中国传统文化的特质 . 上海：上海教育出版社，2019: 189.

认中国传统文化中蕴含的道德启示、思想理念与人文精神，培养学生的文化自信，激发学生运用翻译与跨文化能力传播中国传统文化的使命感。

2. 强化翻译与阐释传统文化术语的能力

"中国传统文化专题"的课程目标之一是用外语来表述中国传统文化。为此，教师应从培养学生翻译传统文化术语的能力入手。这里的术语主要指的是中国传统文化的核心概念与关键术语。从表面上看，文化术语的对译只是将汉语转换为英语，但实际上它要求译者对文化概念进行整合加工，是一个复杂的语言转换与综合思维过程。对于抽象的中华文化术语，其内涵与外延在翻译过程中应多大程度地予以体现，又应如何体现？这都是在课堂中值得推敲与思考的。在这一方面，授人以鱼不如授人以渔，教师不应直接拿教材中已译好的术语进行灌输，而应适当地以一些代表性案例为学生分析翻译背后的文化思考方式，评析其得失，教授他们在有限的语词空间中恰如其分地表达好中国传统文化概念的方法与要领。

基于文化术语译介的教学是训练学生文化思维的有效手段。从教学实际来看，文化术语来源于经典文献，是中国传统文化思想观念的浓缩，其译文既要确保意义忠实，又要在一定程度上达到普遍适用的效果，即精准化与标准化齐备。不同译者对同一文化术语必然有着不同的理解方式，学界对一些核心术语也尚未形成统一的译法。[①] 如"和而不同"语出《论语·子路》，是一个有别于西方文化、颇具中国传统文化典型思维特点的术语，不同材料中的术语对译就有 harmonize without demanding conformity、disagree to reach an agreement、harmony without demanding uniformity、harmony in diversity 等。笔者在教学过程中曾要求学生思考这四个译文出现的语境与不同的功能。实际上，如作为中外交往的重要理念对外输出，"和而不同"中的"同"就不宜从论语原文对话的具体语境出发译为"要求服从"（demanding conformity）或"达成一致"（reach an agreement）。因此，教学不应盲信所谓"约定俗成"的译法，一些内涵丰富的思想文化术语其实也鲜有绝对的译法。翻译也难以达到完美的境界，除了教材与手头的资料以外，教师还应参考其他书籍或网络资料[②]，尽量做到"广开言路""多源求解"，避免在课堂中形成"一言堂"，努力营造共同研讨的学术氛围，引导学生从他译中吸取长处，改造他译中有缺陷的地方，通过思考形成"自己的答案"。

此外，教师还应借助材料培养学生用外语阐释传统文化概念的能力。对于文化术语，光知其外语对应说法或会翻译是不够的。学生在学习术语翻译的同

---

① 蒙岚. 中华传统思想文化术语英译的对外传播研究. 上海翻译，2021（3）：57.
② 如可参考"中华思想文化术语库""中国重要政治词汇对外翻译标准化专题库"等学术含量高、规范性强的国家级术语外译网络资源。

时，应同步学习如何用外语阐发这些重要术语，而阐发本身也是加深文化理解的过程。既然文化术语翻译未必定于一尊，用外语阐释文化术语当然也未必就是书中所存者为最佳。教师可以教材中的案例为框架，激发学生在充分理解的基础上用自己的语言来传递文化术语的历史与价值内涵，努力培养学生独立提供术语译文与其外语释义的能力，并使其通过思考与练习巩固深化这种跨文化翻译沟通能力。

3. 反向激发学生对传统文化的兴趣

由海外汉学家撰写的英文材料常常有与国内学者不同的视角与看待问题的思路，对这些材料进行阅读分析往往会使学生产生"陌生化"的文化感知差异。为此，教师应把握好时机，"趁热打铁"，引导学生从不同视角重新认识与感悟中国传统文化，从而引发他们对中国传统文化的情感共鸣，及时巩固他们对中国传统文化的价值归属感与认同感。

在讲授"明清小说与中国传统文化"单元时，笔者在自编教材 Text B 中以节选的方式使用了华裔美国学者夏志清（1921—2013）撰写的《红楼梦》（"Dream of Red Chamber"）。这篇长文是作者 1968 年出版的《中国古典小说史论》（*The Classic Chinese Novel: A Critical Introduction*）中分量最重的一章。作者在课堂上对其中重点段落做了阅读分析。夏氏研究《红楼梦》所得出的一大具有挑战性的结论是"弃黛选钗"，即从婚姻的角度来看，宝钗比黛玉更适合与宝玉结合。他何以成此说？笔者以循证式阅读（evidence-based reading）的要求在提出上述问题之后分析定位至下述段落：

> ...Her attraction for Pao-yü lies not merely in her fragile beauty and poetic sensibility but in her very contrariness—a jealous self-obsession so unlike his expansive gaiety that his love for her is always tinged with infinite sadness. Even if they marry, they cannot be happy in the romantic sense of the term: If Pao-yü continues to love her, it will be largely out of pity—the kind of pity that Prince Myshkin showers upon Nastasya in The Idiot.[①]

笔者在讲解这段例证材料前，请学生注意夏氏对宝黛两人性格差异的论证方式：他并不否认黛玉娇弱之美与诗词才情对宝玉构成的吸引力，但更强调前者在个性上与后者的"相斥"。他由此认定，性格冲突才是两人无法真正步入爱情圆满结局的原因。

---

① Hsia, C.T. *The Classic Chinese Novel: A Critical Introduction*. Hong Kong: The Chinese University of Hong Kong Press, 2016: 245.

国内学生对《红楼梦》中的"宝黛之恋"无疑是十分熟悉的，但对"弃黛选钗"的论说就很可能只有耳闻而不知其详。与国内主流观点不同，夏氏以细腻的笔触提出了心理学层面的解释，非常易于引起学生一探究竟的兴趣。通过对上述章句的语言分析，学生不仅可以从中吸收有价值、有深度的外语语料，亦可领会海外《红楼梦》研究中较有影响力的"弃黛选钗"一派的思想理据。由于学生具备传统文化的知识基础，这种阅读活动实际上是一种作用于学生认知"最近发展区"（zone of proximal development）的教学实践，是学生文化与语言思考能力同步提高的一个过程。

4. 文化典籍经典译本的赏析比读

在为学生分析文化典籍翻译策略时，教师应注意给学生提供多样化的译本，引导他们通过比读与赏析，对译本的特色与价值形成自己的认识。如在讲授《论语》翻译时，笔者就同时选用了英语世界最早的弗雷泽（James Fraser, 1634—1709）节译本（1691）、理雅各（James Legge, 1815—1897）译本（1861）与史志康（1957— ）译本（2019）。三个译本中，早期的节译具有史料价值，理译则有很高的汉学水准，而史译的特色在于其译语典雅又不失活泼。三个译本的时间跨度很大[①]，特色鲜明，教师在讲解的过程中应注重对原文与译文语义内涵的解读，帮助学生体会不同历史语境下不同译介方式的价值与魅力。

在分析《道德经》开篇的"道可道，非常道；名可名，非常名"时，笔者特意选用了美国著名科幻作家勒·古恩（Le Guin, 1929—2018）的译文。学生通过对比理雅各的译文、林语堂（1895—1976）的译文可以明显感受到勒译在风格上呈现的显著区别，其译具有通俗、清晰、明快、可读性强的特点。在课下学习中，学生用 Python 对该译本在海外图书销售网站上的大量评价数据进行了关键词统计分析，结合专业书评，并通过进一步译文比读后发现，勒译与以专业汉学读者为目标群体的译文取向显著不同，从"忠实"的角度来看，其译虽有一定程度的"走样"之嫌，但却为《道德经》在海外开辟了一条面向当代西方大众普及化的传播路径。

[①] 弗雷泽的译文来自《孔子的道德》（*The Morals of Confucius*），出版于 1691 年，为法文本转译而来；理雅各的译文来源于《论语、大学和中庸》（"Confucian Analects, the Great Learning, and the Doctrine of the Mean"），收录于《中国经典》（*The Chinese Classics*）第一卷，1861 年出版；史志康教授的论语译文来源于《〈论语〉翻译与阐释》，出版于 2019 年。

表3　《道德经》译文对比课堂展示

理雅各译文	林语堂译文	勒·古恩译文
The Tao that can be trodden is not the enduring and unchanging Tao. The name that can be named is not the enduring and unchanging name.[①]	The Tao that can be told of Is not the Absolute Tao; The Names that can be given Are not Absolute Names.[②]	The way you can go isn't the real way. The name you can say isn't the real name.[③]

举上述两例意在说明，通过比较与研究不同译本的翻译策略，学生可以近距离体认到不同时代、不同身份的中外译者传播中国传统文化的不同思考方式与努力方向，从而为他们自己动手翻译文化经典提供思路上的借鉴与启发。

5. 增强传统文化的课堂实践与体验

文化体验集实践操作与人文艺术欣赏于一体，是学生认识文化的感性手段，教师应注意将其融入课堂。如在讲授宋词时，笔者就请学生仿造李清照的《如梦令》填词，并集中在课后进行展示与评选。（见图2）在书法部分的授课过程中，笔者在请校内书法教师现场教授书法技能的同时，也尝试辅以书法技能的英语表达教学。

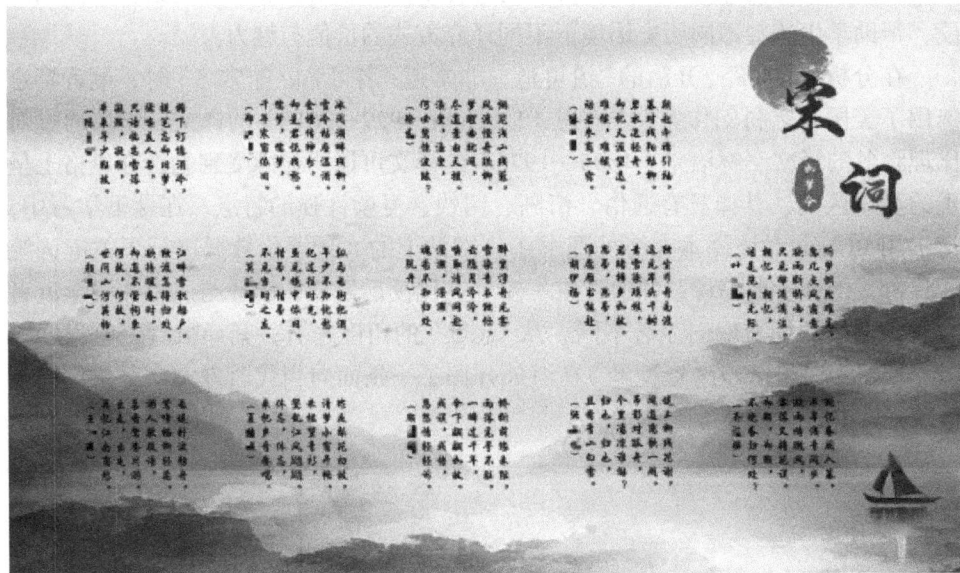

图2　学生《声声慢》创意填词课堂回顾展示

---

① Legge, James., F. Max Muller (eds). *The Sacred Books of the East. Vol. Xxxix.* Oxford: Oxford University Press, 1998: 47.

② Lin, Yutang. *The Wisdom of China.* London: New English Library, 1963: 31.

③ Le Guin. *Lao Tzu: Tao Te Ching: A Book About the Way and the Power of the Way.* Boston: Shambhala, 1998: 3.

对于译介分析，教师也不应局限于翻译，而应打开思路，广泛搜罗材料，适当地将传统文化在海外的各种传播形态纳入选材范围。如在讲授"唐诗的中外译介"单元时，笔者特意选取了英国广播公司（BBC）2020 年发行的纪录片《杜甫：中国最伟大的诗人》（*Du Fu: China's Greatest Poet*）中的《观公孙大娘弟子舞剑器行并序》相关内容为教学片段。学生在观影后的小组讨论环节中表示，影片中英国莎士比亚戏剧演员伊恩·麦克莱恩（Ian McKellen, 1939—）沉郁顿挫的英文朗诵镜头与少女盛装舞剑的蒙太奇插配相得益彰，令他们对杜甫情系家国的精神内涵有了更深的体会。在讲授"元杂剧的海外译介与改编"单元时，笔者首先与学生一起对比分析了中国戏曲经典——杂剧作家纪君祥的《赵氏孤儿》与 2012 年由英国诗人芬顿（James Fenton, 1949—）改编、皇家莎士比亚剧团（Royal Shakespeare Company）出品的《赵氏孤儿》（*The Orphan of Zhao*），并从情节与思想变化的角度探讨了两剧的异同。其后，笔者又通过 2012 年首演的影像资料，向学生展示了西方戏剧与中国古典戏曲艺术碰撞的特殊舞台美学效果。笔者还鼓励学生发挥集体创意，在课后以自编自导的方式，选取核心情节，用英文排演汇报一版独属于自己的《赵氏孤儿》短剧。通过这样的方式，学生可以进一步体认角色与"黑暗势力坚决斗争，为正义事业前仆后继的英勇形象"[1]，感受到其中蕴含的精神力量，从而更加深刻地领会中国戏曲海外传播的价值与意义。

6. 从典型人物与事迹中挖掘育人元素

中国传统文化中存在很多引导人修身正己、激励人积极向上、鼓励人培养崇高道德理想的人物与事例，教师应注意在讲授过程中将这些静态的素材转化为动态的育人元素，将传授知识与提升学生修养统一起来，发挥好中国传统文化"育人于无痕，启人于无形"的价值功能。

佛教是中华优秀传统文化不可分割的重要组成部分[2]，不懂佛教就算不上懂得中国文化史。[3]从思政的角度，笔者结合中央电视台纪录片《玄奘》重点讲解了其西天取经的真实历程，强调玄奘（602—664）"不至天竺，终不东归一步"的信念以及努力寻求佛经真义的思想境界，并以玄奘取经的经历启发学生培养战胜困难与挫折的信心。有学生在总结玄奘精神的作业中反馈道："玄奘不畏艰险，西行中，少数路程可以骑马，但大部分路段玄奘都是徒步的。玄奘西行的路线又偏又远。饥饿、疲累、风霜雨雪、日晒雨淋这些都还是其次，最危险的还是遇见强盗的时刻。其实玄奘根本没有什么孙悟空的保护，只能依靠自己的力量化险为

① 杜磊.中国戏曲海外译介探源之——马若瑟译《赵氏孤儿》.文汇读书周报，2020-01-13.
② 中国佛教协会.坚持佛教中国化方向五年工作规划纲要（2019-2023）.（2019-11-14）[2022-08-03]. https://www.chinabuddhism.com.cn/e/action/ShowInfo.php?classid=506&id=40672.
③ 赵朴初.佛教常识答问.西安：陕西师范大学出版社，2006：5.

夷，所有困难都需要他一人克服，这点和小说或电视剧《西游记》中的虚构刻画完全不同。玄奘一路西行是一边游历、一边学习的模式，通过西行之路上不断地学习，他才慢慢地成为一个精通梵语与佛法的高僧。"玄奘是早期佛经翻译的代表，在中外翻译史上占有十分重要的地位。笔者同时结合翻译专业的学习特点，围绕玄奘对《心经》的汉译，重点阐发了其译场译经的精细步骤以及"五不翻"的原则给当代翻译工作带来的启示。此外，笔者也引导学生辩证地认识佛教思想中所蕴含的生活智慧，特别是它在帮助人化解生活烦恼、应对挫折，形成乐观、积极向上的人生观方面的作用。

7. 调用外部数字人文网络资源优化课堂

积极推动人工智能、大数据等现代信息技术与文科专业深入融合是"新文科"背景下促进专业优化的重要任务之一。[①] 虽然从全国范围内来看，"中国传统文化"课程尚未建立起成熟完善的教学与科研平台，但教师除了教材以外，还可通过调用外部数字网络资源的方式进一步丰富课堂内容，创新讲授方式。如在讲述中国传统文化术语翻译的过程中，笔者尝试结合"中华思想文化术语网"[②]，利用其中的术语库与术语小讲堂视频辅助讲解；在讲解唐诗时，笔者尝试采用"唐宋文学编年地图"，以地理位置为中心直观地介绍诗人生活与创作的行迹[③]，呈现诗歌创作的地理人文性。教师还可以引导学生使用"人工智能（AI）作诗"等古诗词大数据网络来思考探索人工智能作为诗歌写作工具的可能性等等[④]。

结　语

许钧教授提出，翻译教育应着力培育高水平的翻译人才。[⑤] 我国当前已提出"一带一路"与倡议"人类命运共同体"理念，全球化的脚步走得越来越坚定。翻译专业学生肩负着向世界全面、准确、清晰地"讲好中国故事"，树立"可信、可爱、可敬"的中国形象的历史使命，而中国传统文化是这一使命的必然出发点。

[①] 新文科建设工作会在山东大学召开 .（2020-11-03）[2022-08-03]. http://www.moe.gov.cn/jyb_xwfb/gzdt_gzdt/s5987/202011/t20201103_498067.html.

[②] 网址为 https://www.chinesethought.cn/。

[③] 图片由网站生成:https://sou-yun.cn/PoetLifeMap.aspx（数据提供：中南民族大学王兆鹏教授）。

[④] 如"九歌——人工智能诗歌写作系统": http://jiuge.thunlp.org/（由清华大学自然语言处理与社会人文计算实验室开发）。

[⑤] 杜磊，许钧 . 翻译教学与翻译人才培养——许钧教授访谈录 . 外语教学，2021（3）：6.

可以预见的是，对外译介与传播中国传统文化将成为我国文化"软实力"发展的重要目标，也将是翻译专业今后实现"学以致用"的一个重要方向。开设新型的中国传统文化课程因而是"新文科"背景下翻译专业内涵式发展的重要举措。要建设好课程就要通过课程思政将中国传统文化与翻译专业的实际需求与发展方向结合起来，培养学生翻译、对外阐释、宣介、传播与普及优秀中国传统文化的能力，为他们未来从事这一方面的工作打下理论与实践基础，从而使之成为真正具备"中国情怀，国际视野"的专业人才①。

参考文献

Hsia, C. T. *The Classic Chinese Novel: A Critical Introduction*. Hong Kong: The Chinese University of Hong Kong Press, 2016.

Le Guin, U. K. *Lao Tzu: Tao Te Ching: A Book About the Way and the Power of the Way*. Boston: Shambhala, 1998.

Legge, James., F. Max Muller (eds). *The Sacred Books of the East. Vol. Xxxix*. Oxford: Oxford University Press, 1891.

Lin, Yutang. *The Wisdom of China*. London: New English Library, 1963.

杜磊.中国戏曲海外译介探源之——马若瑟译《赵氏孤儿》.文汇读书周报, 2020-01-13.

杜磊,许钧.翻译教学与翻译人才培养——许钧教授访谈录.外语教学, 2021（3）: 1-7.

何莲珍.从教材入手落实大学外语课程思政.外语教育研究前沿, 2022（2）: 18-22.

教育部高等学校外国语言文学类专业教学指导委员会英语专业教学指导分委员会.普通高等学校本科外国语言文学类专业教学指南（上）英语类专业教学指南.北京: 外语教学与研究出版社, 2020.

蒙岚.中华传统思想文化术语英译的对外传播研究.上海翻译, 2021（3）: 56-60.

汤一介.中国传统文化的特质.上海: 上海教育出版社, 2019.

肖维青,杜磊.从教材走向教学——教材视域下的中国视听翻译教学探索（2005—2019）.外语研究, 2020（1）: 52-57.

赵朴初.佛教常识答问.西安: 陕西师范大学, 2006.

---

① 浙江大学翻译本科专业培养目标为: 致力于培养具有扎实语言功底、良好的跨文化能力和思辨能力、深厚的中外文化底蕴和人文素养，具备全球竞争力以及健全人格的复合型高端翻译人才。(摘自《浙江大学翻译专业国家级一流本科专业建设报告（2021）》)

作者简介

杜磊，博士后，浙江大学外国语学院特聘研究员，博士生导师，浙江省翻译协会常务理事、副秘书长。主要从事翻译学、翻译教学与跨文化研究。本文系教育部中华传统文化专项课题（A 类）重点项目（尼山世界儒学中心／中国孔子基金会课题基金项目）："《赵氏孤儿》海外传播与中外戏剧交流（1731—2022）研究"【项目批号：23JDTCA086】的阶段性成果，并系浙江大学本科课程思政示范课程"中国传统文化专题"培育项目阶段性研究成果。

大学英语课程篇

强基固本，价值引领育人

高校外语课程全过程课程思政实践探索
——以"商务英语口语"为例

张慧玉　石亚瑀

【摘　要】　高校课程思政是落实立德树人的战略举措，外语课程要把价值观引领和提高语言能力有机结合。本文基于全过程课堂思政的思路，以英语通识课"商务英语口语"教学为例，从课程目标、课程准备、课程实施和课程考核四个方面着手，简要介绍如何在将课程思政融入教与学的整个过程中，基于"专业＋英语"模式培养有家国情怀、有全球视野、有专业本领的复合型人才。

【关键词】　课程思政；教学安排；英语类通识课；教学过程

引　言

立德树人是新时代高等教育的根本任务，课程思政是落实这一根本任务的战略举措，也是全面提高人才培养质量的重要任务。2020年，教育部印发的《高等学校课程思政建设指导纲要》（以下简称《纲要》）指出，"课程思政建设工作要围绕全面提高人才培养能力这个核心点，在全国所有高校、所有学科专业全面推进"①，这标志着课程思政在我国进入了全面推进的新阶段。

《纲要》同时指出课程思政建设要根据课程和专业特点分类推进。在众多高校外语课程中，作为重要通识课的商务英语课程也是课程思政的重要载体。随着我国国际贸易合作不断加深，社会发展迫切需要商务英语人才。②非外语专业学生学习商务英语能使语言学习和专业知识学习相结合，提高学生的英语水平和职

---

① 中华人民共和国教育部.高等学校课程思政建设指导纲要.（2020-05-28）[2022-07-03]. http://www.gov.cn/zhengce/zhengceku/2020-06/06/content_5517606.htm.

② 史兴松，程霞.商务英语专业人才的社会需求分析.外语界，2019（2）：65-72.

业能力，有助于培养"专业＋英语"复合型人才。[①]

　　本文以外语类通识课"商务英语口语"教学为例，探讨如何将课程思政元素融入商务英语口语教学，实现语言技能与素质培养的双重教学目标，以期为外语课程思政教学提供参考。

一、新时代背景下的外语课程思政

　　众多学者从理论建构和教学实践两方面对外语课程思政进行了探索。在理论层面，学界主要探讨课程思政的内涵和设计。文秋芳认为，外语课程思政的内涵在于"以外语教师为主导，通过外语教学内容、课堂管理、评价制度、教师言行等方面，将立德树人的理念有机融入外语课堂教学各个环节，致力于为塑造学生正确的世界观、人生观、价值观发挥积极作用"，并设计了"四横三纵"的课程思政理论框架。[②]张敬源和王娜从教学内容、能力培养、教学方法、教学能力四个方面探讨了外语课程思政的内涵，认为外语课程思政应该更加注重隐性教育。[③]胡杰辉从教育政策、课程理论和外语学科特点出发，系统讨论了外语课程思政的内涵，指出课程思政需要融入教学目标、内容、组织流程和评价反馈全过程。[④]刘建达提出了大学外语课程改革 BIPA 模型，包括背景、课程内容、教学过程、教学评价四个方面。[⑤]此外也有学者针对课程思政实践的某个环节进行理论探讨，包括教学素材[⑥]、教材设计[⑦]、教师教学能力[⑧]等方面。

　　教学实践研究主要聚焦外语课程教学与思政内容的融合，即如何在外语通识课、大学英语课以及外语专业课中融入思政元素。例如，翟峥和王文丽基于文秋芳提出的外语课程思政实施框架，以英语通识课"媒介素养"为例开展混合式教学。[⑨]李秀英等以《新时代明德大学英语综合教程 3》为例，探讨大学英语教材主题和教学任务点设计如何与社会主义核心价值观相结合，体现中华优秀传统文

---

① 赵雁丽．探索"专业＋外语"复合型人才培养模式．中国教育报，2021−08−23（3）.

② 文秋芳．大学外语课程思政的内涵和实施框架．中国外语，2021（2）：47−52.

③ 张敬源，王娜．外语"课程思政"建设——内涵、原则与路径探析．中国外语，2020（5）：15−20+29.

④ 胡杰辉．外语课程思政视角下的教学设计研究．中国外语，2021（2）：53−59.

⑤ 刘建达．课程思政背景下的大学外语课程改革．外语电化教学，2020（6）：38−42.

⑥ 徐锦芬．高校英语课程教学素材的思政内容建设研究．外语界，2021（2）：18−24.

⑦ 孙有中．课程思政视角下的高校外语教材设计．外语电化教学，2020（6）：46−51.

⑧ 高玉垒，张智义．大学英语教师课程思政教学能力的结构模型建构．外语电化教学，2022（1）：8−14+102.

⑨ 翟峥，王文丽．基于课程思政链的大学英语混合式教学实践探索——以英语通识课"媒介素养"为例．外语电化教学，2021（6）：10+63−67.

化。[1] 尹晶将思政教育融入英国文学经典阅读，建构了个人、社会和国家三个课程思政体系模块，培养学生批判性思考的能力，帮助学生在国际视野中深刻理解我国主流价值观的思想内涵。[2]

总体来说，目前学界从课程思政的核心内涵、理论框架以及外语课程思政的实施环节、具体操作等方面进行了深入探讨，为本研究课程思政的实施提供了参考。此外，目前还有研究分析了如何将课程思政融入商务英语教学。例如，刘重霄和林田搭建了商务英语课程思政的理论框架和实施路径，并利用课程日志和学生访谈对教学效果进行验证。[3] 唐慧利等探索了将思政元素融入商务英语教学的具体方法。[4] 上述研究提出了商务英语课程思政的实施方法，但缺乏对全过程课堂思政的实践。

本文以英语通识课"商务英语口语"为例，从课程目标、课程准备、课程实施及课程考核四个方面探索思政教育融入外语通识类课程的路径与方法。

二、全过程课程思政实践

"商务英语口语"是浙江大学本科生外语类通识课，授课对象主要为非英语专业本科生及英语专业留学生，平均每年学生人数 60 人左右，分为两个班，每班约 30 人。该课程是一门以商务场景为主题的实践导向课程，通过大量的商务场景英语口语对话模拟与训练，使学生掌握基本的场景话语类型，基本满足从事商务活动的英语口语要求，达到熟练得体地参与跨文化商务交流的目标。基于课堂思政的要求，我们在 2022 年春季学期对课程进行了进一步改革，调整教学目标，创新教学环节设计，将课程思政贯穿于课程目标调整、课程准备、课程实施与课程考核整个教学过程。

1. 课程目标的思政融入

习近平总书记指出，"没有高度的文化自信，没有文化的繁荣兴盛，就没有中华民族伟大复兴"，并要求我们"讲好中国故事，传播好中国声音"。[5] 而教育部在外语人才培养的指示文件中也明确指出，要培养有家国情怀、有全球视野、

---

① 李秀英, 寇金南, 关晓薇, 刘靖 . 新时代大学英语课程思政："明德"与"思辨"——以《新时代明德大学英语综合教程 3》为例 . 中国外语, 2021（2）: 39–46.

② 尹晶 . 经典阅读与思政教育——英国文学课程思政体系之尝试性建构 . 中国外语, 2021（2）: 84–90.

③ 刘重霄, 林田 .《商务英语》课程思政教学模式建构及实践研究 . 外语电化教学, 2021（4）: 7+47–55.

④ 唐慧利, 崔萌筱, 耿紫珍 . 课程思政融入商务英语教学的探索与实践 . 西安外国语大学学报, 2021（3）: 55–58.

⑤ 习近平 . 决胜全面建成小康社会, 夺取新时代中国特色社会主义伟大胜利——在中国共产党第十九次全国代表大会上的报告 . 人民日报, 2017-10-28（5）.

有专业本领的复合型人才。基于此，本课程立足于"专业＋英语"的复合型人才培养模式，提出"学习＋育人"二元教学理念，将教学目标分为学习目标与育人目标，在原有学习目标的基础上提出以下育人目标：通过思政教育挖掘出商务英语的育人内蕴，结合课程专业培养计划，起到培养人格、引领价值观、树立文化自信的作用。一方面，要在教授国际商务专业知识的同时，让学生了解国际商务惯例，做到诚实守信，遵纪守法；另一方面，要让学生了解多种文化的差异，更加深入了解中国文化的内涵，增强文化自信。将职业素养、态度教育作为具体的教学目标，可以让学生在从事产品国际推广、开发合作、跨境电商、物流、语言服务等国际商务交流时，合理地进行文化全球化和本土化的融合，培养具有国际化视野、掌握良好沟通技巧和跨文化交际能力的高素质人才。教师应以学习目标为基础，通过育人目标拔高课堂目标，在教学过程中将二者有机融合在一起。

基于前述教学目标，尤其是育人目标，本课程对教学理念进行了调整。在"通过熟悉商务活动的主要场景，模拟对话训练，使学生掌握基本的场景话语类型，达到基本满足从事商务活动的英语口语要求、熟练得体地参与跨文化商务交流的目标"（学习目标）的基础上，凸显课堂思政及课堂育人功能，充分挖掘思想政治教育资源，在提高学生商务英语口语能力的同时融入道德修养、家国情怀、全球关切、浙大精神等层面的课程思政切入点（见表1），寓价值观引导于知识传授和能力培养中，帮助学生树立正确的世界观、人生观和价值观。

表1　"商务英语口语"课程思政框架

思政融入层面	核心素养基本表现
道德修养	展现学生自信、专业、诚实等素质，培养学生对专业及未来工作的热爱，提高敬业精神
家国情怀	增进学生对中华优秀传统文化的了解和认同，了解中国的国际贡献，增强民族自豪感
全球关切	拓展学生国际视野，了解世界多元文化，培养学生主动了解国际商务动态的习惯
浙大精神	增强学生对浙大求是、创新精神的领悟，提高创新意识

2. 课程准备的思政融入

基于上述课程目标的调整，教师在课程准备中充分注重知识能力培养目标与思政教育目标的统一，积极调整教学内容。课程选用《剑桥国际商务英语》教材，该教材由浅入深地介绍了商务英语口语的多个话题，并要求学生自主进行对话设计、项目设计，能够增强学生的语言运用能力，并培养学生的创新精神。同时该教材融入了对西方商务文化的介绍，可帮助学生了解多元文化。教师在现有教材及参考书目的基础上增加了具有课堂思政价值的案例及材料，以视频、文本的形式收集了国际商务交流相关的案例及实践材料，不仅可以作为学生进行课程实操训练的参照，也可以直接作为教学材料或课后自学素材。改编后的教学内容与教学安排示例见表 2。

表 2　教学内容与教学安排示例

单元主题	思政映射与融入点	思政融入点所属层面	教学方法与授课形式	预期教学成效
Marketing; Business Meetings（调研市场、广告及营销；商务会议）	了解并介绍国内著名品牌的特色，尤其是与浙大相关的品牌及企业；培养文化自信，提高创新意识	家国情怀、浙大精神	案例分析＋教师讲解＋实操训练（推销、产品介绍、参与商务会议）	知识：引导学生掌握营销、产品介绍、商务会议等方面的规范用语；增强学生对国内著名品牌的认识 素养：增强其对浙大精神的领悟，提高创新意识
Jobs and Careers（应聘及招聘）	展示自信、专业、诚实、可靠的高素质大学生形象；展现浙大精神与风貌	道德修养、浙大精神	教师讲解＋实操训练（应聘及招聘）	知识：引导学生掌握应聘工作方面的规范用语 素养：增强其对浙大精神的领悟，在应聘过程中展现自信、诚实、可靠的风貌和专业素养
Sales and Negotiations（产品介绍、价格谈判）	开展国内优质产品、优秀品牌的国际推广	家国情怀、全球关切	案例分析＋教师讲解＋实操训练（产品介绍、价格谈判）	知识：引导学生掌握产品介绍、价格谈判方面的规范用语；增强学生对国内产品、品牌的认识 素养：拓宽全球视野，增强文化自信

学生端的课程准备同样重要，因此，教师会通过布置课前准备任务，将"学习＋育人"二元教学理念传递给学生。学生要主动利用线上资源，根据教师发布的任务要求，搜集相关资料，为线下课程教学活动做好准备。在此过程中，学生作为学习主体，可阅读自己感兴趣的国际新闻和商务英语材料，积累商务英语词汇等语言知识，同时拓宽国际视野，养成主动关注国际新闻的习惯，提高社会关切。

3. 课程实施的思政融入

课程实施是教学与思政二元目标能否实现的关键点。"商务英语口语"课程是基于不同的商务场景主题进行实时英语口语模拟活动的实践类课程，每节课都会插入新的主题词汇，并且将口语训练与听力训练相结合，同时课堂上会设定各种实用的商务活动场景进行模拟对话训练，使学生掌握基本的场景话语类型，能够流利地开展商务英语对话，逐步具备参与跨文化商务交流的能力。考虑到思政目标，教师除了坚持将基本功训练与语言实践相结合，还积极尝试将口语训练、思维训练、文化训练紧密融合，引导学生在商务交流中树立文化自信，提高自身素质。表 3 以 "Visitors and Travelers——国际商务接待与安排"单元为例，展现了课程教学的关键环节。

表 3　课堂教学示例

环节	任务		预期效果
	学生	教师	
导入	– 观看国际商务接待的视频，记录要点及有用的表达 – 开放式讨论：国际商务接待要注意哪些方面	– 根据课程内容选择合适的视频材料 – 在组织、引导及评论的过程中融入对国际商务接待注意点的认识	教师引导学生了解国际商务接待的基础知识
语言学习	– 通过听力练习、对话练习熟悉课本上的主要示范对话 – 结合杭州特色，加入新的内容，进一步进行对话练习与实操练习	– 讲解重点词汇及句型 – 引导学生进行对话练习与实操练习，点评表现	教师引导学生掌握国际商务接待的基本规范，掌握规范用语
实操练习	– 运用示范对话中的词汇、句型一对一进行新的对话设计，并在课堂上进行短对话展示	– 邀请 1–2 名学生对每组对话进行点评，给出建议 – 点评学生练习，重点关注规范用语及文化介绍，为进一步的文化教学做铺垫	教师通过实操练习，能够较为顺畅地进行国际商务接待及交流，培养对国际商务交流的热情
引申练习	– 翻译中国特色词汇 – 介绍家乡或某个熟悉城市的优秀传统文化，包括特色饮食、特色景点、特色产品 – 将传统文化介绍融入国际商务接待的对话，一对一合作设计新的国际商务接待场景，并进行实操口语练习及展示	– 点评学生翻译后讲解，融入"用英语讲好中国故事"的思政切入点 – 点评实操口语练习展示	教师引导学生在国际商务接待与安排中展示中华优秀传统文化，如介绍本地及国内节日传统、名胜古迹、饮食习俗等，讲好中国故事
总结	– 总结国际商务接待中的注意事项及规范用语	– 引导学生进行总结 – 在教学过程中，融入课堂思政的理念	教师让学生学习如何"用英语讲好中国故事"，培养其文化自信、民族自豪感及家国情怀

　　课堂教学中，教师通过视频观看和开放式讨论引入主要内容，激发学生兴趣；通过听力练习、重点词汇及句型讲解、对话练习、实操练习等方式提高学生商务英语水平，注重进行国际商务接待及交流的能力。在语言学习的基础上，教师进一步开展文化教学，引入如何向外宾介绍中华优秀传统文化的问题，让学生学习如何"用英语讲好中国故事"，深化学生对中华优秀传统文化的理解。教学内容的安排充分考虑了思政内容与商务英语学习的关联，思政要素潜移默化地融入教学的各环节，实现课程的学习目标与育人目标。

　　此外，基于教学目标与教学理念的调整，本课程对教学环节进行了创新性设计及调整，增加了新闻报告和商务展示两个特色学生训练项目。在新闻报告项目中，小组成员每人用英文汇报一条近期国际或国内商业新闻。一方面，学生在准备汇报的过程中需要主动浏览大量国内外新闻，加深自身对国内外产品、品牌和商务贸易的认识，增进对中国国际影响力、国际贡献的了解，增强民族自豪感。另一方面，学生需要将中文新闻翻译或改写成英语，其中涉及中国品牌、商业模式等中国特色内容，是"用英语讲好中国故事"的一次尝试。教师在学生汇报后会根据新闻内容进行补充，扩展学生的知识，例如新闻中品牌的发展路径和创新方式，鼓励学生主动创新。在特色项目展示中，学生 4—5 人小组准备一个约 15 分钟的项目在课堂展示。项目形式灵活，学生可以选择设计并介绍一个创业项目或产品，完成有关商业的脱口秀或采访，或者设计一场企业面试。学生用英语完成项目展示，完善项目构思及成果，灵活运用所学的商务英语口语的表达，同时任课教师基于自身在商务话语、创新创业等方面的科研训练及优势，有意识地指导学生在小组项目的设计、开发与展示中运用商务意识及创新创业思维，将语言训练与思维训练有机结合，提高其合作精神、创新精神，增强对浙大精神的领悟。

4. 课程考核的思政融入

思政目标的考核是外语课堂思政的难点，"商务英语口语"课程对此做了一定的探索，从成绩构成、考核标准和考核内容三个方面体现课程思政性。首先，鉴于课程思政"润物细无声"的特点，课程加强过程性考核，强化考核学生的课堂参与度以及课后口语练习的效果。成绩构成比例为：课堂参与占 20%，课堂讨论、课堂口语发言、课后口语练习检查占 20%，期末口试占 60%。其次，课程考核不局限于语言知识和能力，还增加了对学生课程思政内容理解深度的考察。譬如，将小组项目展示作为期末口试的一部分，加强对合作精神、创新精神的考察；在课堂参与、平时表现及期末口试中增强对思政方面的考察，如是否较好地体现道德修养、家国情怀、全球关切、浙大精神等。

期末考核中同样融入了思政元素。期末口试分为个人演讲与双人对话两部分。在演讲部分，学生被要求根据指定话题进行 1—2 分钟的英文发言，话题涵盖道德修养、家国情怀、全球关切、浙大精神四个方面，部分题目如下："你认为优秀导游最重要的品质是什么""如何向外国友人介绍杭州""介绍一位知名国外企业家""如何理解浙大'求是'精神"等。在评价指标中，除了英语的整体流畅度、叙述的连贯性、专业用语的准确度，还注重学生演讲的思想和内容，以检验"思政育人"的成效。为了提高学生在考核中的参与度，教师邀请每位同学给其他同学打分，并选出自己认为表现最好的 7 位同学，以促进多元化评价。对话部分，两位学生一组，根据要求完成商务英语对话，话题覆盖商务英语的多个场景，例如商务接待、处理订单、提出营销方案等，以考核学生是否掌握重要的商务英语概念和基本应用场景。该考核要求他们能够在典型商务场景下使用得体自然的商务英语进行交流、处理问题。同时，在对话过程中，学生需要和同伴共同完成任务，体现其合作意识，并要发挥创新精神，提出实际商务问题的解决方法。

结　语

本课程通过思政教育挖掘出商务英语的育人内蕴，结合课程专业培养计划，在提高学生商务英语口语能力的同时，融入道德修养、家国情怀、全球关切、浙大精神等层面的课程思政切入点，基于"专业＋英语"模式培养有家国情怀、有全球视野、有专业本领的复合型人才。"商务英语口语"课程改革的初步探索表明，外语课程思政应融入课程的全过程，包括课前教学理念和目标的调整、课程内容的选择和安排、课堂特色活动的设计和课程的考核。在此过程中，要注重教师和学生的互动，通过课堂讨论、项目展示、小组合作等方式促进学生自主学习。希望该课程的课堂思政建设改革能为英语通识类课程的思政建设提供一些借鉴和参考。

参考文献

高玉垒，张智义.大学英语教师课程思政教学能力的结构模型建构.外语电化教学，2022（1）：8-14+102.

胡杰辉.外语课程思政视角下的教学设计研究.中国外语，2021（2）：53-59.

李秀英，寇金南，关晓薇，刘靖.新时代大学英语课程思政："明德"与"思辨"——以《新时代明德大学英语综合教程3》为例.中国外语，2021（2）：39-46.

刘建达.课程思政背景下的大学外语课程改革.外语电化教学，2020（6）：38-42.

刘重霄，林田.《商务英语》课程思政教学模式建构及实践研究.外语电化教学，2021（4）：7+47-55.

史兴松，程霞.商务英语专业人才的社会需求分析.外语界，2019（2）：65-72.

孙有中.课程思政视角下的高校外语教材设计.外语电化教学，2020（6）：46-51.

唐慧利，崔萌筱，耿紫珍.课程思政融入商务英语教学的探索与实践.西安外国语大学学报，2021（3）：55-58.

文秋芳.大学外语课程思政的内涵和实施框架.中国外语，2021（2）：47-52.

习近平.决胜全面建成小康社会,夺取新时代中国特色社会主义伟大胜利——在中国共产党第十九次全国代表大会上的报告.人民日报,2017-10-28(5).

徐锦芬.高校英语课程教学素材的思政内容建设研究.外语界,2021(2):18-24.

尹晶.经典阅读与思政教育——英国文学课程思政体系之尝试性建构.中国外语,2021(2):84-90.

翟峥,王文丽.基于课程思政链的大学英语混合式教学实践探索——以英语通识课"媒介素养"为例.外语电化教学,2021(6):10+63-67.

张敬源,王娜.外语"课程思政"建设——内涵、原则与路径探析.中国外语,2020(5):15-20+29.

赵雁丽.探索"专业+外语"复合型人才培养模式.中国教育报,2021-08-23(3).

中华人民共和国教育部.高等学校课程思政建设指导纲要.(2020-05-28)[2022-07-03].http://www.gov.cn/zhengce/zhengceku/2020-06/06/content_5517606.htm.

作者简介

张慧玉,浙江大学外国语学院教授、博士生导师,商务英语口语课程主讲教师,主要研究方向包括外语教育、翻译政策、语言政策等。在《外语教学与研究》《中国翻译》以及 *Intercultural Pragmatics*、*Journal of Multilingual and Multilingual Development* 等期刊上发表学术论文 90 余篇,出版专著 2 部、译著 13 部。

石亚瑪,浙江大学外国语学院 2021 级外国语言学及应用语言学硕士研究生,商务英语口语课程助教,研究方向:外语教育、翻译政策、语言政策。

高校外语课程思政实践探索
——以"英语语言与社会"课程为例

林　晓

【摘　要】　本文从课程思政建设背景出发，挖掘外语课程思政的内涵本质，以"英语语言与社会"课程为例，参照2020年《大学英语教学指南》、2021年《大学外语课程思政教学指南》，从教学目标、教学内容、教学方法、教学评价四个方面阐释课程思政教学设计。教学设计明确理解、评价、应用与反思四大具体教学目标任务；挖掘提炼专业知识体系中所蕴含的思想价值和精神内涵；营造促进专业教育与思政教育融合的课堂学习共同体；优化学习评价指标体系，兼顾思想与语言表达。本教学探索将为课程思政融入外语课堂教学实践提供有益启示。

【关键词】　课程思政；英语语言与社会；教学设计；课堂学习共同体；高校

引　言

习近平总书记在全国教育大会上提出，"要把立德树人融入思想道德教育、文化知识教育、社会实践教育各环节，贯穿基础教育、职业教育、高等教育各领域，学科体系、教学体系、教材体系、管理体系要围绕这个目标来设计，教师要围绕这个目标来教，学生要围绕这个目标来学"[①]。2020年，教育部关于印发《高等学校课程思政建设指导纲要》（以下简称《纲要》）的通知（教高〔2020〕3号）明确提出，"全面推进课程思政建设是落实立德树人根本任务的战略举措"。落实

---

① 习近平. 培养德智体美劳全面发展的社会主义建设者和接班人.（2018-09-11）[2022-07-28]. http://edu. people.com.cn/n1/2018/0911/c1053-30285569.html.

立德树人这一根本任务，"必须将价值塑造、知识传授和能力培养三者融为一体，不可割裂"。《纲要》还指出，"全面推进课程思政建设，就是要寓价值观引导于知识传授和能力培养之中，帮助学生塑造正确的世界观、人生观、价值观，这是人才培养的应有之义，更是必备内容"。[①]

同年，《大学英语教学指南》（2020 版）（以下简称《教学指南》）明确指出，大学外语教育是我国高等教育的重要组成部分。大学英语课程"兼具工具性和人文性，人文性的核心是以人为本，弘扬人的价值，注重人的综合素质培养和全面发展，将社会主义核心价值观有机融入大学英语教学内容。大学英语课程的工具性是人文性的基础和载体，人文性是工具性的升华"[②]。2021 年，教育部高等学校大学外语教学指导委员会又制定了《大学外语课程思政教学指南》（以下简称《思政教学指南》），旨在更好地引导全国高校外语课程的思政教学建设。课程思政已经成为高校发起新一轮外语课程建设和课堂教学改革的着力点。如何结合各外语课程特点，开展外语课程思政建设，进一步提高人才培养质量，亟待系统探究。

"英语语言与社会"是浙江大学外语类通识课程，自 2016 年开设至今。该课程以语言与社会为专题，培养学生将理论与现实相结合的能力以及对语言问题的批判意识与分析能力，引导学生以科学的态度处理自身所面临的语言学习问题，激发学生对社会语言学的兴趣。同时，该课程也试图通过多媒体教学方式，围绕语言与社会的关系，培养学生高层次的英语表达能力。本文将阐释如何在深刻理解外语课程思政的基础上对该课程展开思政教学设计，探索课程思政新模式。

一、对外语课程思政的认识

《纲要》提出，课程思政建设的基本载体是专业课程。"要根据不同学科专业的特色和优势，深入研究不同专业的育人目标，深度挖掘提炼专业知识体系中所蕴含的思想价值和精神内涵，科学合理拓展专业课程的广度、深度和温度"，从而达到"有机融入课程教学，达到润物无声的育人效果"。同时，《纲要》还提出，要将课程思政融入课堂教学建设全过程，"要创新课堂教学模式……激发学生学习兴趣，引导学生深入思考"。只有这样，才能解决好专业教育和思政教育"两张皮"问题。[③]

---

① 中华人民共和国教育部. 教育部关于印发《高等学校课程思政建设指导纲要》的通知. (2020-05-28)[2022-07-28]. https://www.gov.cn/zhengce/zhengceku/2020-06/06/content_5517606.htm.

② 教育部高等学校大学外语教学指导委员会. 大学英语教学指南（2020 版）. 北京：高等教育出版社, 2020: 3.

③ 中华人民共和国教育部. 教育部关于印发《高等学校课程思政建设指导纲要》的通知. (2020-05-28)[2022-07-28]. https://www.gov.cn/zhengce/zhengceku/2020-06/06/content_5517606.htm.

何莲珍指出，"大学英语作为高校大多数非英语专业学生在本科教育阶段必修的公共基础课程和核心通识课程，在人才培养方面具有不可替代的重要作用，应该全面落实立德树人的根本任务"①。蔡基刚认为，"通识教育最基本的内容之一是开展内省的立德树人教育"②。他认为，在这一点上，通识教育和目前我国高校正在开展的课程思政教育是契合的，可以在专业课程中润物细无声地培养大学生的世界观、人生观和价值观。

根据《教学指南》，大学英语课程体系包括通用英语课程、专门用途英语课程和跨文化交际课程三大类课程。"英语语言与社会"属于跨文化交际课程，该类课程旨在实施跨文化教育，帮助学生了解中西方在世界观、价值观、思维方式等方面的差异，培养学生的跨文化意识，提高学生的社会语言能力和跨文化交际能力。③"跨文化交际类课程思政教学设计不仅要精选教学内容，而且要在课程讲授过程中对相关内容进行二次加工，注重采用中外对比、批判分析等具有鲜明外语课程教学特色的方法，在实现课程思政目标的同时，培养学生的批判性思维意识和能力。"④

基于此，本文认为：外语课程思政建设不应仅仅是在课程中增加一些思政的素材，而是要将其真正植入到教学文化之中，这就需要整体的设计，寓价值观引导于知识传授和能力培养之中，渗透于整个课堂教学组织之中，明确具体的课堂期望值。跨文化交际类课程更是具有其自身的鲜明特点和优势，在培养学生的跨文化意识、提高学生社会语言能力和跨文化交际能力的同时，也可以促进学生批判性思维的发展。

二、"英语语言与社会"课程思政教学设计

向明友依据《思政教学指南》的相关要求，结合大学英语课程的基本特征，提出可以从教学目标、教学内容、教学方法、教学评价四个方面明确大学英语课程思政教学设计应把握的关键问题和方向。⑤以下就以此为框架，从这四个方面阐释"英语语言与社会"课程思政教学设计。

---

① 何莲珍.新时代大学英语教学的新要求——《大学英语教学指南》修订依据与要点.外语界，2020（4）：15.
② 蔡基刚.课程思政视角下的大学英语通识教育四个转向：《大学英语教学指南》（2020版）内涵探索.外语电化教学，2021（1）：28.
③ 教育部高等学校大学外语教学指导委员会.大学英语教学指南（2020版）.北京：高等教育出版社，2020：22.
④ 向明友.基于《大学外语课程思政教学指南》的大学英语课程思政教学设计.外语界，2022（3）：25.
⑤ 向明友.基于《大学外语课程思政教学指南》的大学英语课程思政教学设计.外语界，2022（3）：20-27.

1. 教学目标设计

基于《教学指南》《思政教学指南》，"英语语言与社会"课程旨在将语言与社会之关系的理论知识传授与语言应用能力的培养有机结合，坚持以德树人这一中心环节，结合授课实践，在知识传授过程中强调价值引导，将思政建设融入整个课程教学过程，实现多方面的、多角度的教育，将大学外语课程的工具性和人文性有效结合，培养具有文化自信、德才兼备的人才。本课程在教学中确定了四大具体任务（见图1）：（1）理解。培养学生真正理解所阅读文本的思想内容的能力；（2）应用。培养学生运用恰当语言形式表达自己观点的能力；（3）评价。培养学生理智评价的能力；（4）反思。培养学生反思社会生活中的语言现象的能力。这些具体任务之间相互联系，始终贯穿整个课程的教学。

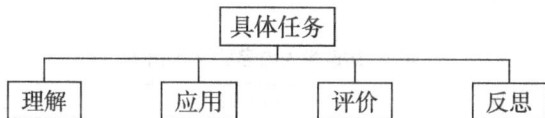

```
                    ┌─────────┐
                    │ 具体任务 │
                    └─────────┘
        ┌──────────┬──────────┬──────────┐
    ┌───────┐  ┌───────┐  ┌───────┐  ┌───────┐
    │ 理解  │  │ 应用  │  │ 评价  │  │ 反思  │
    └───────┘  └───────┘  └───────┘  └───────┘
```

图1 "英语语言与社会"课程思政四大具体任务

在实现这些任务的过程中，要促使学生有意愿、有能力去识别、分析和深刻理解他们所学内容的内在逻辑，即价值观引导、专业知识传授和能力培养之间存在内在的联系，引导学生透过现象看本质，深度挖掘提炼专业知识体系中所蕴含的思想价值和精神内涵，树立正确的人生观和价值观。将这种认识与英语口语、书面交际能力有意识地结合起来，才能适应未来跨文化交际的需要。

2. 教学内容设计

本课程自编讲义，将英语语言与社会知识、语言能力发展融于一体，设置了包括语言与社会总览、语言与社会变异、语言与方言、世界英语、语言与文化思维方式、格莱斯语用理论、言语行为、语体和语域、语言与礼貌、文化与语篇、语言与文化以及多模态交际等单元主题，反映了英语语言与社会的基本情况和特征。

思政培养是与特定的知识联系在一起的，只有将其有机结合，才能富有成效。本课程教学单元的思政元素丰富多样，其中专业知识传授本身具有明显的价值取向，教师可以在跨文化视野下，结合学生的社会语言能力、思辨能力以及跨文化交际能力培养，深度挖掘提炼专业知识体系中所蕴含的思想价值和精神内涵，以实现润物无声的思政教学效果。例如，在"语言与社会总览"单元，教师引入中国外文局于2018年首次发布的《中国话语海外认知度调研报告》，帮助学生认识到中国道路、中国方案日益为世界民众熟知，中国人的生活方式、思考方式和话语方式也正在悄然影响着世界；在"语言与文化"单元，介绍《习近平谈治国理政》英文版的翻译团队近些年来在《中国翻译》上分享的翻译过程中的基本考量及翻译原则，并且具体分析一些翻译实例，来展示翻译团队如何精益求精地将中国发展的不同方面全方位地展现给国外读者。

以下以"方言与我"为例，展示本课程的思政教学内容设计及效果（见表1）。"方言与我"为"语言与方言"单元的第一节课。通过话题导入、学生演讲、教师讲授《岳麓宣言》及其意义、介绍中国的方言保护举措、总结归纳等环节，本节课旨在提高学生对方言重要性的认识，了解中国开展方言保护方面可资借鉴的经验，促进学生更好地意识到传承与保护方言的路径与意义。同时，通过撰写演讲发言稿、演讲、班级讨论和教师指导、挖掘写作深度，学生的英语口语和书面交际能力都得到了实质性提高。

表1　思政育人内容及效果示例

阶段	授课内容	授课形式	育人效果
话题导入	例举方言在突出电视剧《山海情》主题中的重要性	教师讲解＋师生问答	学生认识到本课主题的重要性
学生演讲	主题为"我的方言对我意味着什么"（What My Dialect Means to Me）（要求：基于学生个人经历）	学生个人演讲＋教师点评	教师归纳学生演讲主题：乡愁记忆、乡土文化资源、归属感等等
话题展开	《岳麓宣言》背景、主要内容和意义；学习该宣言的共识和倡议的中英文对照版	教师讲授＋学生小组讨论	学生认识到《岳麓宣言》提供了中国开展语言资源保护可资借鉴的经验、模式和路线图，传递了中国声音，贡献了中国智慧和方案；学会核心概念的中英文表达
话题深入	中国的方言保护举措	教师讲授＋班级讨论	学生认识到教育部、国家语委于2015年启动的中国语言资源保护工程是目前世界上最大规模的语言资源保护项目，了解近年出现的新技术与手段
总结归纳	《回乡偶书》（贺知章）的英文版赏析；归纳、提炼、升华本课主题	教师讲授＋布置写作任务	教师强调每个人在方言传承与保护中的作用。学生在演讲草稿基础上，升华主题，挖掘写作深度

3. 教学方法设计

课程思政培养应有合适的载体，营造能促进专业教育和思政教育融合的课堂学习共同体是重要的培养途径之一。学习共同体是当代学习科学中的一个重要概念。"学习是一种社会参与"[1]，是一个逐渐成为某一实践共同体成员的过程，是一个归属问题，它与一个人的身份形成密切联系。实践共同体具有三个维度，即

---

[1]　Wenger, E. *Communities of Practice: Learning, Meaning, and Identity*. Cambridge: Cambridge University Press, 1998: 4.

共同的参与（mutual engagement）、共同的事业（a joint enterprise）和共享的资源（a shared repertoire）。简单来说，就是人们围绕着要做的事情保持着浓厚的共同参与关系；共同的事业是集体协商过程的结果；随着时间的推移，人们在共同追求事业的过程中创造了相互之间意义协商的资源。

爱丁纳·温格（Etienne Wenger）认为，学习不仅仅是技能和信息的积累，还是一个"成为"（becoming）的过程，它促进身份的形成。实践共同体（Community of Practice, CoP）的形成也是各种身份协商的过程。温格提出三种归属的方式，即介入（engagement）、想象（imagination）和联盟（alignment）。[①] "介入"是积极地介入意义协商的共同过程之中；"想象"是根据自己的经验推断，创立世界的形象，并且看到时空之间的联系；"联盟"是为了适应更广阔的结构和为更广阔的事业作出贡献，协调我们的精力和活动。一个学习体系结构必须为三种归属方式提供基本的条件，这样学习共同体才能得以构建。根据温格的三大归属方式所包括的基本因素，本课程在教学过程中设计并实施了以下有助于产生有效CoP的教学干预。

第一，开学之初进行课程简介时，教师引导学生理解 CoP，以及发展 CoP可以产生的附加值，如可能改进的能力、积累解决问题的新知识等。然后，教师采用课堂讨论的方式，逐步引导学生讨论、反思自己学习和使用英语的经历，帮助学生领会社会语言知识体系中所蕴含的思想价值和精神内涵的真谛，形成该CoP 的学习进程安排。这样得出的学习进程安排将激发学生的自我导向，因为它代表了 CoP 成员以及整个 CoP 认为重要的学习内容。

第二，教师分享对语言与社会之间关系的切身体会和感悟，旨在创造一个共享的理解以及反思的空间。通过这些经历故事，CoP 新成员可以更好地融入该共同体，共同培养某种看待、解决问题的视角和策略。此外，教师的分享可以促使学生反思他们自己的实践，使得这些共同关注的问题在不同的环境中呈现，这将有助于温格提到的"联盟"和"想象"的形成。

第三，聚焦实际案例，培养 CoP 成员将地方性实践与更广的（全局性的）实践联系在一起，这也是在行动中反思的要求。教师在布置思考题时，启发学生寻找自己身边的真实案例（他们听到、看到、经历的真实事件）来展开讨论。实际案例可以来自该 CoP 成员的亲身经历，也可以通过特定教学素材的选用。温格指出，学习者不仅通过介入实践共同体的方式，也通过想象他们自己在其中的位置来发展他们的身份。课堂能为之作出的一个贡献就是教学文本。在"语言与文化"单元，教师选择了爱德华·T.霍尔（Edward T. Hall）《无声的语言》（1959）

---

① Wenger, E. *Communities of Practice: Learning, Meaning, and Identity*. Cambridge: Cambridge University Press, 1998.

中探讨不同文化对时间观念不同理解的章节作为材料；在"多模态交际"单元，当讨论到当前盛行的表情包在人们交流中的角色时，教师选择2015年荷兰蒂尔堡大学交流与认知学教授尼尔·科恩（Neil Cohn）为BBC撰写的文章《表情包会成为一种新的语言吗》进行先期阅读。教师在这一过程中，引导学生对交流中的跨语言和跨文化现象的意识，以及对意义协商等重要性的认识，起到理论提升的作用。

第四，培育协作性课堂学习小组，不断增强学习小组活力。教师在课堂上合理安排各小组协商讨论，帮助各组就如何完成小组任务达成共识。教师也给予如何进行有效思考的明确提示，有助于各小组形成对高质量完成某项学习任务的集体性理解。在此基础上，教师布置各项课内外协作性任务，增强小组成员之间的有效协作。如在讲授"言语行为"和"语体与语域"单元时，各学习小组在学习J. L. 奥斯丁（J. L. Austin）的《如何以言行事》（1962）、马丁·裘斯（Martin Joos）的《五只钟》（1967）等著作的经典案例的基础上，在教师指导下共同搜集电影、电视剧或者书籍中的相关实例，进行小组讨论后进行班级汇报，获得了很好的学习效果。

第五，鼓励学生参与网上学习讨论组，突破所在课堂的局限，为持续、深入的学习提供更广的空间。这样，学生也就跨越了课堂界限，并进入了一个更大的学习共同体，这实际上就是温格称之为"联盟"的过程。如在"语言与思想文化模式"单元，教师在讲授萨丕尔—沃尔夫假说之前，布置学生自行观看电影《降临》，并且参与关于此电影的网上讨论。通过各种"联盟"，学生可以看到该电影在"语言决定人们感知周围世界的方式"方面所促发的广泛讨论，这样可以促进他们在课堂上的讨论。

第六，帮助学生反思本课程CoP的各个方面，这实际上也是对所设计的CoP进程进行评价。例如，为什么建立，它在学生学习中扮演什么角色，如何有效促进该共同体发展，该共同体产生的结果（如产生的新知识以及更加完善的学习进程）等等。在课堂上定期组织学生反思课堂的实践，思考课堂上的活动与校外的真实活动之间的关系，这些活动能培养温格提及的支持学习的社会支持之一——"想象"。

4. 教学评价设计

《思政教学指南》指出，课程思政教学评价的目的是检验课程思政教学内容、教学设计、教学方法等与现有课程体系的融合度和课程思政教学目标的达成度，以更好地推进和深化大学外语课程思政教学。这就需要进行整体设计，优化学习评价指标体系，将课程思政内容自然融合进入教学评价的方方面面，即让学生在提高专业知识水平和语言技能的同时，实现思想的提升，达到"春风化雨、润物无声"的效果。

加强形成性评价是本课程的重要特点，这主要通过课堂个人演讲、班级讨论以及学术论文研读及小组汇报等形式展开。对于课堂个人演讲、班级讨论，一般都选取生活中与语言相关的、饱含思政元素的现实话题，鼓励学生走向语言生活本身，激发学生的思考，然后通过相应的背景知识积累，形成对该语言现象的体悟的书面文本初稿并在教师的指导下对其进行完善，再将其以口头表达的形式在课堂上分享；全班同学参与讨论，鼓励对他人发言进行有分量的评价和质疑等，教师对讨论情况进行点评，对存有的疑问进行解答或评论；在此基础上，学生再对文本进行完善，最终建立一个在深入思考、反复推敲文字的基础之上形成的有内容、有深度的文本。例如，学生们表示，通过对"方言与我"这一主题的演讲、讨论、写作，不仅加深了自己对保护方言的重要意义和价值的认识，也提高了自身的英语语言表达能力。同样，期末笔试讨论题也并非拘于课堂知识的死记硬背，而是要求学生根据所学知识灵活、思辨地分析社会语言现象，做出正确的价值判断且树立正确的人生观和价值观，成绩评定兼顾思想与语言表达。

结　语

习近平总书记在全国高校思想政治工作会议上指出，"各门课都要守好一段渠、种好责任田，使各类课程与思想政治理论课同向同行，形成协同效应"[①]。"英语语言与社会"课程改革的初步探索表明，因课制宜，确定课程思政教育目标，明确课程教学内容中的思政元素融入点，积极构建课堂学习共同体，以建立有效融合这些思政元素的教学策略，同时建立多维度的学习评价体系，有助于更好地将课程思政融入课堂教学整个过程。希冀本研究能为外语课程的思政建设提供一些借鉴和参考。

[①]　习近平在全国高校思想政治工作会议上强调　把思想政治工作贯穿教育教学全过程　开创我国高等教育事业发展新局面 . (2016−12−08)[2022−07−28]. http://www.moe.gov.cn/jyb_xwfb/s6052/moe_838/201612/t20161208_291306.html.

参考文献

Wenger, E. *Communities of Practice: Learning, Meaning, and Identity*. Cambridge: Cambridge University Press, 1998.

蔡基刚 . 课程思政视角下的大学英语通识教育四个转向:《大学英语教学指南》（2020 版）内涵探索 . 外语电化教学 , 2021（1）: 27-32.

高等学校课程思政建设指导纲要 .（2020-05-28）[2022-07-28]. http://www.moe.gov.cn/srcsite/A08/s7056/202006/t20200603_462437.html.

何莲珍 . 新时代大学英语教学的新要求——《大学英语教学指南》修订依据与要点 . 外语界 , 2020（4）: 13-18.

教育部高等学校大学外语教学指导委员会 . 大学英语教学指南（2020 版）. 北京 : 高等教育出版社 , 2020.

教育部高等学校大学外语教学指导委员会 . 大学外语课程思政教学指南 . 北京 : 教育部 , 2022.

习近平 . 培养德智体美劳全面发展的社会主义建设者和接班人 .（2018-09-11）[2022-07-28]. http://edu.people.com.cn/n1/2018/0911/c1053-30285569.html.

向明友 . 基于《大学外语课程思政教学指南》的大学英语课程思政教学设计 . 外语界 , 2022（3）: 20-27.

作者简介

　　林晓，浙江大学外国语学院副教授、硕士生导师，博士。研究领域涉及社会语言学、语言政策与规划、外语教育政策分析等。本文系浙江大学本科课程思政建设项目 "英语语言与社会" 的阶段性成果。

专门用途英语（ESP）课程思政的教学设计与实践
——以"旅游英语与文化"课程为例

张　昀

【摘　要】 "旅游英语与文化"课程属于专门用途英语（English for Specific Purposes, ESP）。文章以"旅游英语与文化"课程为例，探讨了专门用途英语课程融入思政教育的新模式和实践操作策略。主要包括三个方面：一是从立德树人出发，根据课程特点明确思育人目标，深入挖掘课程内容的思政元素，针对不同教学主题确定混合式、翻转课堂、案例研讨等教学方法，提升课堂教学效能；二是增加课程实践环节，拓展课程外延，理论联系实际，强化实践能力；三是确立新的评价模式，增加思政考核比例，从而实现课程思政育人目标，并为其他 ESP 课程提供参考和借鉴。

【关键词】 专门用途英语；旅游英语；课程思政；教学实践

引　言

专门用途英语（English for Specific Purposes, ESP）课程是把英语与专业相结合，通过学习与专业知识相关内容来提高语言在某专业学习上的运用的课程。ESP 课程教学是我国英语教学的发展趋势，但不同院校不同专业之间的人才培养实践具有差异性。作为国内知名的 985 高校，浙江大学有三大办学定位，一是综合型，就是构建一流引领、综合交叉的学科生态体系；二是人才培养特色，即培养具有国际影响力的高素质人才；三是创新型大学的定位，就是要聚焦形成创新驱动发展的生态系统，在创新人才培养方面，培养拔尖创新创造型人才，在创新驱动发展方面，服务经济社会及全球，挑战重大需求，培育重大文化传承与创新成果。

"旅游英语与文化"课程属于 ESP 课程，开设这门课程是为了满足培养复合型应用型人才的需求。课程专业目标要求学生了解和掌握旅游英语，具备较强的英语语言表达能力、社交能力、应变能力，通过介绍和讨论旅游接待业务和策略以及中西文化差异知识，提高自身的综合水平，成为具有全球意识的高素质有文化的涉外交际应用型人才。

"育人为本，德育先行"是人才培养的主导思想。因此，在"旅游英语与文化"的教学中，不仅要培养学生的专业知识，还要培养学生的综合能力，以及正确的价值观和社会责任感。旅游英语课程思政建设的目标就是培养学生对中国文化的英语表达能力，践行中国文化的传播和发展，将价值塑造、知识传授、能力培养融为一体，寓价值观引导于知识传授和能力培养中，帮助学生塑造正确的世界观、人生观、价值观。

就目前来说，"旅游英语与文化"课程在具体的教学中还存在一定的不足，主要表现在该课程以专业知识理论为主要教学内容，其教学方法、教学理念未能做到与思政内容有机融合，导致思政元素植入生硬，教学效果低下。如何将课程思政元素隐性融入教学内容，实现知识传授、能力培养和价值引领是本文主要探讨的内容。

一、课程思政元素的挖掘

教学资源是课程教学的主要载体和依据，教学资源中的思政内容建设是实现课程思政的重要前提。通过整合教学资源，挖掘主题单元的思政元素，并选取合适元素，重构教学内容，才能实现教学内容与思政元素的有机融合。表1列举了与课程各个章节教学内容相结合的思政融入元素及预期教学成效。

表1　与"旅游英语与文化"教学内容相结合的思政元素及预期教学成效

教学周次	授课要点	思政映射与融入点	授课形式与教学方法	预期教学成效
1	旅游业与导游工作	涉外导游应具备的道德品质与职业形象	课堂讲授、案例研讨	培养职业道德和素养
2、3、4、5	接待宾客、去往宾馆并致辞、宾馆入住、行程安排	模拟旅游接待各个环节进行语言应用；上网进行在线酒店预订	角色扮演、混合式教学	培养团队合作精神
6、7	景点介绍	自然景观，如西湖十景；历史文化景观，如岳坟，了解岳飞精忠报国的事迹	旅游推介、小组演示	培养学生爱国精神
8	实景模拟（户外）	实地现场导游	技能实训	理论联系实际

续表

教学周次	授课要点	思政映射与融入点	授课形式与教学方法	预期教学成效
9	就餐	就餐礼仪、文化差异，以及中华饮食文化和特色食品的挖掘	翻转课堂	激发学生民族自豪感
10、11	购物体验、娱乐活动	丝绸、玉、书画、景泰蓝等大量具有中国特色的物品，以及春节、中秋节等中国民俗文化；针对导游收取购物回扣这一热点问题进行讨论，融入思政教育	专题活动、文化比较	传承优秀传统文化、培养精益求精的工匠精神；培养社会主义核心价值观
12、13、14	应付琐事、遭遇意外、处理投诉	宾客在景点走失、证件丢失、突发疾病等情况的处理	案例教学、PBL教学	锻炼运用知识解决问题的能力；培养正确的价值观
15	送别宾客并致辞	送别礼仪	情景会话、课堂讨论	传承中华民族礼仪规范和热情好客的传统美德

二、课程思政的教学设计和实施策略

（一）采用多元教学方法，实现思政价值引领

课程从立德树人出发，贯彻课程思政核心理念，在教学设计和教学进程中有机融入专业教育和思政教育。教师采用混合式教学法、翻转课堂教学法、案例教学法、问题讨论法等多元教学方法，激发学生的学习积极性，引导学生进行深入的思考和探究，提升教学效能，最大程度发挥专业课程内容渗透和思政价值引领作用。

1. 采用案例研讨法，培养职业道德和行为规范

"旅游英语与文化"课程的教学内容之一是要了解涉外旅游接待的重要性，培养涉外旅游接待人员必备的职业道德，了解国家相关的涉外政策与法规等。这类职业道德与行为规范类主题内容的教学，可采取案例教学法、课堂讨论法，以生动具体的案例，将学生带入特定情景展开讨论。同时还可以采取问题教学法，例如导游员的职责是什么，好的导游员应该具备哪些品质等问题，以帮助学生思考如何在涉外旅游接待工作中遵守国家相关政策法规，培养职业道德素养，实现职业道德与素养的行为规范思政化。

2. 采用混合式教学培养语言能力，掌握知识同时实现价值观引领

了解并掌握旅游接待各环节所涉及的专门英语术语、得体地进行英文表达是"旅游英语与文化"课程内容的一个重要方面。"旅游英语与文化"课程必然涉及一些专业性比较强的词汇和句式，这些词句的学习是培养学生语言运用能力非

常重要的一部分。词句学习需要在一定语境中才能被有效习得，因此需要进行大量的词句语境练习。旅游接待主要语境包括选择交通工具、酒店入住、餐厅点餐等。学生可参与模拟订房、前台入住登记、外币兑换，模拟餐馆订位、点菜、结账，模拟导游接待外宾等。另外，教师可采用线上线下结合的混合式教学法，利用信息化手段和学在浙大、钉钉群等现代化智慧教学工具，增加课堂互动。混合式教学还能引导学生在互动合作学习中，通过互助培养团队合作意识和责任意识。教学中，教师不仅关注语言学习，还坚持价值性和知识性相统一，即在帮助学生掌握知识的同时，实现价值观的引导。例如，教师在教授中西餐相关词汇，例如，中国菜的烹饪方法的英文表达时，可以引导学生感受中国食品烹饪方法的多样性；在讨论"民以食为天"和"闻香下马，知味停车"等俗语翻译的同时，让学生感受其背后所蕴含的中国文化。

3. 利用翻转课堂开展系列主题活动，培养家国情怀，传承民族精神

"旅游英语与文化"课程的学习内容包括旅游线路策划、旅行计划安排、景观介绍、就餐、购物体验、娱乐活动等。这类含专业知识点较多的主题是思想政治教育教学的极佳切入点，教师可以根据教学内容安排系列主题活动。例如，购物体验主题的知识点涉及丝绸、玉、书画、景泰蓝等大量具有中国特色的物品的英文表达，在教学时可采用翻转课堂教学法，通过观看课程资源、相关资料收集和整理、制作PPT课件、专题演讲、同学提问、教师点评、学生网上互评等环节，向学生映射中国的优秀传统文化，培养和传承精益求精的工匠精神和民族精神。另外，景观介绍也可融入思政元素，历史文化景观可让学生了解中国历史，培养家国情怀。例如，在教学岳飞墓的历史时，可通过旅游推介、小组演示的教学方式，使学生深刻了解岳飞精忠报国的事迹，培养学生的爱国精神。

4. 应对问题所涉及的立场、观点、态度植入思政教育

如何认识、分析专业领域的各种问题，并形成观点、立场、态度、解决方法，是思政教学的一个主要方面。课程中"应付琐事、遭遇意外、处理投诉"章节主要是探讨旅游接待中可能遇到的问题及处理方案，所讨论的问题包括在旅游接待过程中，如何应对宾客在景点走失、证件丢失、突发疾病等情况。在分析解决问题时，教师可引导学生注重运用辩证思维和创新思维，采用问题教学法，抛出问题，让学生主动思考，培育和践行"和谐""公正""友善"的社会主义核心价值观。

5. 通过文化比较，增强文化自信

语言与文化密不可分，培育和弘扬社会主义核心价值观必须立足中华优秀传统文化。课程思政视域下的"旅游英语与文化"课程，不仅要了解西方文化，还

要培养对中国文化的英语表达能力，实现对中国文化的传播和发展。因此，在"旅游英语与文化"课程中，既要注重学习西方文化，又要增强使用英语表达中国文化的能力，培养学生用英语介绍中国春节、中秋节等中国民俗文化的技能。课堂上，教师采用了文化比较法，针对西方文化价值观，从本土文化实际出发，输入相应的中国文化元素，并进行对比，实现思政的价值引领。此外，还通过专题活动文化比较，培养学生对中国文化的认识以及中国文化的英文表达能力，提升双文化素养，提高跨文化交际能力。例如，组织学生对西方歌剧和中国戏剧进行对比，对比西方的"罗密欧与朱丽叶"和中国的"梁山伯与祝英台"，由此提升学生的文化自信，激发民族自豪感。

（二）增加实践环节，培养实践能力

除了课堂教学外，还要通过大量的课外实践活动，培养学生结合运用专业技能和语言技能的能力。

1. 实操体验

组织实操体验能够调动学生的学习积极性。通过参与各项活动，理论联系实际，既巩固了所学知识，锻炼了实际运用能力，又培养了团队合作精神。例如，让学生了解如何填写英文报关单，并进行模拟填写；点击航空公司网址（www.united.com），模拟在线预订国际机票；点击全球酒店预订网站（www.booking.com），模拟预订酒店。再例如，要求学生预订一晚巴黎第13区的双人房，价格在50—300欧元，查看有哪些酒店，是几星级酒店，是否含餐，设施有哪些，包含哪些服务等等；模拟举办美食节，以小组为单位组成当地美食一条街，运用生动流利的英语介绍中国美食，并评出最美味食品；浏览著名旅游网站，通过当地景点实地采风，采集相关旅游知识，建立旅游资料库，筹建旅游网站。通过这些实操开展语言运用，在检验学生对专业知识掌握的同时，还锻炼了他们的实践能力。

2. 旅游市场调查

理论联系实际、善于调查研究是人才培养的一个重要方面。教师可以结合教学内容，进行旅游市场调查，指导学生对杭州旅游市场进行社会调研，调研内容包括当前人们的旅游动态、旅客的旅游动机、旅游公司如何进行旅游推介等。学生要设计问卷调查表，对回收的问卷调查表进行分析和总结，然后在此基础上指出问题、提出建议，并撰写调查报告。通过该社会实践，既让学生掌握了进行旅游市场调查的方法，锻炼了能力，同时又提高了他们的学习积极性，增加了学生对国情、民情的了解。

3. 外景实训

杭州具有丰富的旅游资源，为开展实训提供了良好的条件。教师可以带领学生参观茶园、辨识茶叶、动手采摘茶叶、介绍茶叶品种和茶叶等级、观看炒茶演示；利用杭州的景观资源，组织学生进行西湖景点现场讲解，把课堂搬到景区，让学生事先做好准备，然后用英语进行现场讲解，提高导游能力；与当地旅行社、景区、宾馆、饭店联系，建立校外实训基地，为学生提供在旅行社担任导游的训练，让学生亲身感受工作环境。带领学生运用所学旅游知识为学校师生提供导游服务，增强学生的社会责任感、专业成就感。训练的最终目的是指导学习者将所获得的知识和技能应用到实际生活中去。

4. 课赛结合

举办各种与教学内容相结合的比赛，可以提高学生的学习积极性，培养其实践能力。教师可以指导学生举办导游讲解大赛，选出最佳讲解员。该大赛不但考察选手的气质形象、肢体表达、语言知识内容，更重视讲解主题的聚焦、对景点核心价值及独特魅力的把握，以及对推介对象内在文化与精神的领悟与共情引导。另外，教师也可以结合教学内容，开展旅游推介或演讲大赛，让学生通过熟练介绍中国传统文化，例如中华书法、杂技、民族服装、古建筑等，弘扬中华优秀传统文化。教师还可组织学生进行导游知识竞赛、翻译比赛，让学生在提高知识储备、锻炼口语表达能力、提升专业技能的同时，提升文化素养和爱国情操等。

（三）确立新的评价模式，增加思政考核比例

课程考核评价立足学生知识、能力、情感、态度、价值观方面的发展情况，将思想政治教育知识与专业知识相结合，培养系统认识、分析问题和形成具体应对态度、行为、言论的能力。一是采用多主体参与的评价模式，评价主体包括教师、同学、助教，教师可要求学生自评和互评。二是采取以形成性评价为主的方法。教师基于学生的学习表现，从不同维度进行记录、描述和评价。评价中融入课程思政指标，在考核知识的同时，对学生的价值取向、团队精神、家国情怀等指标进行综合评价，以准确反映学生的变化。此外，小组讨论记录、小作业、发言记录、结合课程所开展的专题活动、文化比较活动都可作为评价依据。三是将理论联系实际的社会实践活动表现也纳入评价体系。最后，增加热点问题应对和案例分析试题的比例，培养学生的社会责任感。

三、典型课例展示

案例主题：就餐

课程专业目标：了解中西餐相关词汇，能够流利介绍中国著名特色美食，了解中西餐桌礼仪和餐饮文化，会用相关旅游英语专业词汇进行餐饮类话题的交际。

思政育人目标：深入了解中国餐饮文化，培养中国餐饮文化的英语表达能力，增强民族自豪感和认同感。

设计思路：从词句学习、主题内容、文化比较三个方面融入思政元素，培养学生的跨文化意识以及中国文化传承与输出的能力，实现立德树人和价值引领。

教学策略：采取多元教学策略。一是采用混合式教学法，利用信息化手段和学在浙大、钉钉群等现代化智慧教学工具，增加课堂互动，开展"线上＋线下"混合式教学；二是采用翻转课堂，通过观看课程资源、相关资料收集和整理、制作PPT课件、专题演讲、同学提问、教师点评、学生网上互评等环节，实现翻转课堂；三是采用问题教学法，提高学习兴趣，提高课堂教学效果。

教学实施流程：

1. 词汇学习。将3—4名学生分成一个小组，首先学习中西餐相关词汇，例如中国菜的烹饪方法的英文表达，感受中国食品烹饪方法的多样性。讨论"民以食为天"和"闻香下马，知味停车"等俗语的翻译及其背后所蕴含的文化。

2. 视频导入。通过视频和图片，了解西方点葡萄酒礼仪，以及如何给小费。

3. 课堂讨论。在观看西方点葡萄酒礼仪和小费习俗的视频后，讨论中西方餐桌礼仪、餐饮文化，并对比中西方餐饮差异。例如，中国菜数量多，讲究色香味俱全、药膳同食，注意菜品热性凉性等阴阳原则，饭桌上还有为客人夹菜等餐桌习俗。

4. 问题引入。例如，当今社会部分导游会收受餐饮回扣、向游客索取小费，你怎么看待这个问题。

5. 口头报告。问题提出后，以小组为单位开展讨论，然后小组派代表上台进行口头报告。通过这些活动，学生的代入感和社会责任感得以提高。

6. 专题演讲。以小组为单位，选择自己家乡的特色食品作为中国美食的代表，收集资料，制作PPT，进行专题演讲，介绍、挖掘中国对人类饮食文化的独特贡献，激发学生热爱祖国的情怀。

结　语

　　ESP 课程强调英语与专业结合，通过学习专业知识提高语言表达与运用能力，而立德树人是人才培养的主导思想。因此，在 ESP 教学中，不仅要培养专业知识，更要传授正确的价值观。"旅游英语与文化"课程结合专业特色和课程特点，将思政内容与专业知识内容有机融入，探索出该课程的思政建设模式和方法：一是关注学生的多元诉求，尊重学生的主体性，充分挖掘蕴含在旅游英语各个环节中的思政元素。二是优化教学设计，重构旅游英语课堂思政教学环境，通过对中西文化的讨论，增强文化自信；通过案例教学培养家国情怀与民族精神；引导学生关注社会热点问题，增强职业道德和素养，提高社会责任感和使命感；处理和应对旅游中出现的问题时，在所涉及的立场、观点、态度中植入思政教育。三是注重实践能力的培养，将价值观引领融入旅游英语教学与实践能力培养体系中，并在课程教学评价中注重过程性评价，增加思政考核比例。"旅游英语与文化"课程的思政教学模式取得了很好的教学效果，可供其他 ESP 课程借鉴并推广应用。

参考文献

刘正光，岳曼曼．转变理念、重构内容，落实外语课程思政．外国语，2020（5）：21-29.
陆道坤．论课程思政的教学设计与实施．思想理论教育，2020（10）：25-31.
文秋芳．大学外语课程思政的内涵和实施框架．中国外语，2021（2）：47-52.
习近平．习近平谈治国理政．北京：外文出版社，2014.

作者简介

　　张昀，浙江大学外国语学院副教授，硕士。研究方向：旅游英语教学，课程思政。发表一级、核心论文 10 余篇，主持多个省部级项目，编写教材 40 余本。本文系浙江大学本科课程思政建设项目"旅游英语与文化"的阶段性成果。

"四新"建设背景下大学英语课程思政实践探索

陈伶俐

【摘　要】　大学英语课程是非英语专业学生的必修通识课，是高等教育的重要基础部分，也是"四新"人才建设的重要一环。本文基于外语课程思政建设的内涵和目标，以英语通识课"大学英语Ⅲ"为例，参照2020版《大学英语教学指南》，从课程的教学理念、教学内容、教学模式、课例展示和教学评价等方面，探索思政教育自然融入大学英语课堂教学的路径与方法，促进"四新"人才的全人教育培养。

【关键词】　课程思政；大学英语Ⅲ；教学实践；全人教育

引　言

发展的第一动力是创新，创新的第一资源是人才。创新型人才的培养是国家战略发展的需要和社会全面发展的需求，也是个人成长追求的目标。大学作为文明薪火的传承者、科技发展的引领者和人才资源的聚集地，根本任务是立德树人。2020年《高等学校课程思政建设指导纲要》提出，要"引导学生深入社会实践、关注现实问题，培育学生经世济民、诚信服务、德法兼修的职业素养"。《大学英语教学指南》（2020版）的"课程定位与性质"部分明确提出："大学英语教学应主动融入学校课程思政教学体系，使之在高等学校落实立德树人根本任务中发挥重要作用。"

一、"四新"背景下外语课程思政建设的内涵和目标

作为创新型人才培养的重要基地，高校推进新工科、新医科、新农科、新文科的"四新"建设，已成为中国自主培养新时代高素质一流人才的核心保障。面

向非英语专业学生开设的大学英语课程，是"四新"人才建设的重要一环。学界对外语教学中课程思政的内涵和实践进行了多维度的研究和探索。何莲珍提出，作为量大面广的一门公共基础课程，大学英语课程既要有效落实立德树人的根本任务，又要服务国际化人才培养和国家发展战略，重构教学内容与方式。[①] 罗良功认为，课程思政并非仅指传统意义上的"思想政治"教育，而是现代大学保障和服务育人育才的根本。育人涵盖道德人、中国人和现代人三个维度；育才除专业能力之外还包括思辨能力、社会参与和引领能力、专业才能指导能力。[②] 文秋芳将外语课程思政的内涵解读为"以外语教师为主导，通过外语教学内容、课堂管理、评价制度、教师言行等方面，将立德树人的理念有机融入外语课堂教学各个环节，致力于为塑造学生正确的世界观、人生观、价值观发挥积极作用"[③]。肖琼和黄国文指出外语课程思政的关键是教师。[④] 张庆华分析了高校外语教师在课程思政教学实践性知识的系统性和丰富性方面存在的不足。[⑤] 范黎坤等以具体的外语通识课为例，探究和分享了高校外语课程思政实践活动。[⑥]

基于外语课程思政建设的内涵和目标，本文聚焦大学英语教学实践，以浙江大学"大学英语Ⅲ"课程为例，从该课程的教学理念、教学内容、教学模式、课例展示和教学评价等方面，探索思政教育自然融入大学英语教学的路径，以促进基础学科拔尖人才培养，为大学英语课程思政建设提供借鉴。

二、大学英语课程思政实践

（一）课程现状

"大学英语Ⅲ"课程是面向浙江大学所有非英语专业学生开设的通识课，共3个学分，64学时，授课对象包括新工科、新医科、新农科、新文科的本科生。本课程旨在通过以学生为中心的教学方法，以体现和拓展学生的知识、智力、情感和个性需求的教学手段，围绕学生共同关心的话题，以形式多样的阅读、听力、视频、讨论、专题演示等课堂活动，培养学生听、说、读、写和译的英语综

---

① 何莲珍. 准确识变，科学应变 变局中的大学英语教学. 外国语，2020（5）：2-7.
② 罗良功. 外语专业课程思政的本、质、量. 中国外语，2021（2）：61.
③ 文秋芳. 大学外语课程思政的内涵和实施框架. 中国外语，2021（2）：48.
④ 肖琼，黄国文. 关于外语课程思政建设的思考. 中国外语，2020（5）：1+10-14.
⑤ 张庆华. 高校外语教师课程思政教学实践性知识的质性分析. 外语研究，2022（3）：58-63.
⑥ 范黎坤. 高校外语课程思政实践探索——以"基础德语"为例. 外语与翻译，2021（3）：71-76；翟峥，王文丽. 基于课程思政链的大学英语混合式教学实践探索——以英语通识课"媒介素养"为例. 外语电化教学，2021（6）：63-67+10.

合应用能力，有利于促进学生的道德修养、人文素质和科学素养，全面提高学生熟练运用英语、深化专业学习的能力。

"大学英语Ⅲ"课程原先使用第三版教材，这版教材多以英美文化为基础，以介绍西方价值观为主，教材内容缺少中国元素。同时，教师在备课过程中容易忽略思政视角，课程知识体系蕴含的思想价值难以被充分挖掘和利用，教学中较少发挥思政育人功能。

为了适应课程发展需要，经过多年耕耘和编校，浙江大学大学英语教学团队于2021年出版了第四版《新编大学英语教材》。新版教材的主题紧扣时代脉搏，涵盖"四新"学科，既介绍外国文化，又包含中国故事，有利于挖掘单元主题的思政元素，进行中外文化对比和中国文化阐释。本课程采用线下和线上混合式教学，既能提升学生用英语讲好中国故事、传播中华优秀传统文化的能力，又能让学生了解世界先进文化，积极主动地学习和借鉴优秀文明成果[①]，将课程思政贯穿于整个教学过程。

（二）教学理念

2016年12月，习近平总书记在全国高校思想政治工作会议上强调，高校要坚持把立德树人作为中心环节，实现全程育人、全方位育人。浙江大学将一流本科教育作为"双一流"建设的战略性基础工程，注重培养德智体美劳全面发展、具有全球竞争力的高素质创新人才和领导者。

本课程作为通识课，植根于立德树人这一中心环节，将课程专业目标和思政育人目标紧密结合。本课程专业目标是帮助学生提高英语综合应用能力，提升国际视野，增强全球竞争力，为迎接新时代挑战和机遇做好准备；思政育人目标是帮助学生提升跨文化交际能力，提高用英语讲好中国故事、传播中华文明的能力，培养创业、创新、融通中外的能力，提升投入中华民族伟大复兴事业、参与全球治理、构建人类命运共同体的能力。本课程旨在培养科学的思维方式，鼓励独立思考和多角度分析问题，提高学生的综合素质和探究能力；同时，致力于传承中国精神，培养文化自信、独立思辨和跨文化交际能力的高素质创新人才。

本课程教学理念为"以语言训练为重点，以多学科交叉为视角，以社会主义核心价值观引导为目标"，实现课程协同、全程育人和全方位育人。本课程在教学中选择合适的切入点，融入德育内容，积极贯彻浙江大学培养"具有全球竞争力的高素质创新人才和领导者"目标，提升教学质量，实现德融课堂，努力培养服务国家战略的高素质专业人才。教学基本要求是提高学生英语语言能力，增强

---

① 何莲珍.从教材入手落实大学外语课程思政.外语教育研究前沿,2022（2）:18-22.

学生知识创新和科学探究能力。

（三）教学内容

1.教材更迭

本课程采用浙江大学编著教材《新编大学英语（第四版）综合教程 2 智慧版》和《新编大学英语（第四版）视听说教程 2 智慧版》。另外，将《新编大学英语（第四版）综合教程 1 智慧版》和《新编大学英语（第四版）视听说教程 1 智慧版》作为课程补充教材，由学生课外自学。该教材在设计编写过程中注重立德树人，将知识传授、能力培养与价值塑造紧密结合。教材采用单元编写模式，每个单元安排不同主题的课文。这些主题涵盖社会、经济、历史、科技、文化、商业等领域，体现从个人生活和校园生活到社会生活和职场生活的过渡。课程教学过程中，教师可以依据每个单元不同主题选择不同的切入点，结合学生的认知水平和专业发展需求，把价值观培养自然融入到语言学习中。本课程德融课堂设计涵盖新工科、新医科、新农科和新文科中的多个学科，各单元主题、德融课堂切入点以及相关学科如表 1 所示。

表 1　大学英语 II 单元主题和德融课堂切入点

章节	单元主题	设计方案	相关学科
Unit 1 Mind the gap	差异	开学第一课：浙大人之"我的梦"	新文科
Unit 2 On the road	旅游	元宇宙与大学生"宅"现象	新文科和新工科
Unit 3 Just relax!	休闲	辩论："为了生活而工作"还是"为了工作而生活"	新文科和新医科
Unit 4 Does gender matter?	性别	大讨论：性别平等	新文科和新医科
Unit 5 The power of words	语言	小组演讲：腾飞中的中国和我	新文科
Unit 7 Nature's gifts	自然	项目展示：我的紫金港自然之旅	新农科
Unit 8 Technology: Controllers or helpers?	科技	科学发展和技术伦理之大讨论	新工科

2.思政框架

黄国文提出，在外语课程思政建设和实施中，基本点是"有利于学生的德智体美劳全面发展"，三条原则是"价值取向原则""问题导向原则"和"语言为本原则"。[①] 本课程从道德修养、家国情怀、全球关切和浙大精神四个层面展开，挖掘思政育人元素，把价值引领、知识传授和思维训练融为一体。本课程德融课堂的各个单元思政元素和实现过程如表 2 所示。

---

① 黄国文.挖掘外语课程思政元素的切入点与原则.外语教育研究前沿，2022（2）：10-17+90.

表2 大学英语 Ⅱ 思政元素和实现过程

章节	实现过程	思政元素
Unit 1 Mind the gap	一分钟演讲: 对比中国梦和"美国梦",请学生结合个人追求和时代需要,以"我的梦"为题做1分钟演讲,描绘自己的专业发展和人生目标	通过文化对比和课堂分享,学生对比他人,反思自我,设定契合个人的奋斗目标
Unit 2 On the road	专题讨论: 按照时间线梳理科技发展对人类旅游方式的影响,深度挖掘大学生"宅"现象背后的原因,探讨虚拟世界对真实世界的冲击,定义健康的生活方式	了解中西方不同的旅游文化和背景,倡导"放下电子产品、多出门走走"的健康生活和旅游方式,培养国际视野和探索精神
Unit 3 Just relax!	课堂辩论: 事先设定主持人,其他同学分为正方反方2组,进行3轮辩论	理解中西方不同的职业和休闲文化,探讨不同学科和专业背景对休闲活动偏好的影响,有助于学生根据自己的专业发展和个性特点做好时间管理,科学进行学业、生活和职业规划,从容应对无处不"卷"的世界
Unit 4 Does gender matter?	小组辩论: "女士优先"是否有助于性别平权?各小组成员可以自由选择正方反方,进行10分钟自由辩论。之后,观看TED演讲《性别平等对每个人都有好处——包括男性》,各小组进行归纳和总结	通过小组辩论和视频观看,了解职场对性别角色的刻板印象和性别歧视,深刻理解性别平等的重要性,同时了解国内外有利于性别平权的政策和举措
Unit 5 The power of words	三分钟课堂演讲: 学生以小组为单位,结合各自学科背景,讲述国家和个人同步发展的故事	学生体验用英文讲中国故事,总结讲好故事的经验和要点。同时理解个人与时代、社会和国家关联的重要性,提升新一代浙大人的责任感和使命感
Unit 7 Nature's gifts	项目设计: 以自然探索者的视角,以小组为单位,组织一次浙大紫金港校区的"自然之旅",设计1小时探索路线	自然之旅的设计和分享,有助于学生打开一扇观察自然的窗,关心身边的自然世界,重视自然生态的持续发展,关注人与自然的和谐共处
Unit 8 Technology: Controllers or helpers?	案例分析: 由"基因编辑婴儿""人工智能作恶"等案例,从技术伦理的角度对科学发展进行反思	让学生辩证地看待科技的利弊,课后完成小论文

(四)教学模式

本课程关注世界前沿发展和社会热点,注重多学科融合,不断更新教学技术,精心设计教学活动,以新颖活泼、贴近生活的方式增强德育效果。本课程通过育人素材的收集和甄选,以及课堂活动的设计、调整和反馈,推动形成师生互动的学习共同体,注重开放式问题的小组交流和班级讨论,培养同伴学习和小组学习的合作式学习方式。

为了提升学生专业素养、体现全球关切、培养学生的人文精神和思辨能力，本课程精选视听说和读写材料，结合当代中国和世界发展前沿，引导学生进行故事讲述与分享、专题讨论与辩论，同时结合最新社会和学界热点，引导学生进行独立调研、分析和判断，培养学生的创新思辨能力。本课程教师不断探索教学方法，精心设计教学活动，采用专题讲授、案例分析、项目设计、汇报展示、情景模拟、正反辩论等形式，倡导启发式、探究式、讨论式、参与式教学。教学时数和授课内容分配方面，教师增加了英语视听说比例，训练学生团队协作和口头表达能力。在成绩考核与评定方式方面，增加课堂表现和学生互评等比例和环节，以评促教，以评促学。

（五）课例展示

教学设计以第五单元 "The power of words" 为例，对德融课堂进行具体说明。

1. 教学目标

第五单元共四次课，主题是语言的力量。课文 "恋爱，交友，还是阅读？" 提到，治愈孤独有三种方法可选：恋爱、交友和读书。然而，唯有书籍，可以伴随我们终生。人们何以如此珍视书籍？答案在于故事的力量。以适宜的语音、语调和语气，配上收放有度的语速、精心准备的内容，生动地讲述故事，打动听者，赢得对方的支持，甚至改变他们的想法，以这样的方式体现语言的力量，显然更有效！因此，本单元的德育目标为用英语讲好中国故事。

2. 教学环节

基于上述目标，本单元设计了以 "Rising China and I"（腾飞中的中国和我）为演讲主题的单元项目。学生要结合个人的学科和专业发展，讲述 "中国和我" 的故事。

（1）前期准备

第五单元第一次课，教师把单元项目主题 "Rising China and I" 介绍给学生，同时明确 3 分钟小组课堂演讲的进行时间在本单元第四次课，确保学生有充足的时间做准备。演讲名额为 4 个，另选 1 个小组作为主持组，在钉钉群开放报名，同时约定，除去演讲组和主持组，其他组默认为提问和点评组。

4 个演讲组根据各自组员的学科背景，选定演讲的聚焦点，并提前一周把演讲提纲发给教师，经过师生的沟通和调整后由教师转给主持组，主持组根据演讲内容事先安排各组出场顺序，并准备好主持串场词。所有演讲组提前 3 天把 PPT 发给教师，教师就个别 PPT 中的语言错误或版式设计不妥之处与各组沟通并促其完善。

（2）小组演讲

第五单元第四次课，小组演讲前，安排配套视听说教程的两个英语听力训练：一个是有关汉语影响力和中国文化实力不断提升的新闻报道，另一个是有关"说服"的对话，讨论如何激发观众的情感共鸣从而赢得观众的演讲技巧。第一个听力的主题很契合演讲题目"Rising China and I"，第二个听力诠释了公共演讲的成功之道，为各演讲组预先酝酿情绪、营造气氛，同时提供现学现用的技巧支持。

主持组安排并组织演讲组出场演讲。因为预设了每个小组演讲时间最多为3分钟，所以还安排了专人负责计时以及倒计时提醒服务。每小组结束演讲后，主持组邀请其他组进行即兴提问和点评。

主持组、演讲组、提问和点评组各司其职，每个小组、每位成员都积极投入其中，各组的不同视角和演讲内容、提问环节的思想交锋，体现了年轻一代的浙大人对祖国发展的切身体会、对专业学科的理解和个人追求的灵魂思考。同学们激情澎湃的英语演讲不仅展示了他们的英语口语水平和多维度思考，更体现出新浙大人肩负责任与使命、心怀无限的爱国情怀和专业追求。

（3）小组评价

演讲和点评结束后，教师在钉钉群发起"我最喜欢的演讲组"投票。投票结果出来后，教师进行简要点评，并指出本次活动的亮点。

（4）课后作业

除了常规作业，教师还布置学生课后观看 TED 演讲 "Why we need to pay attention to the Chinese millennials?"。演讲者是一位大学生，讲述了中国千禧一代的故事。教师让学生进一步观摩如何用英文讲好故事，同时，将比较中国千禧一代和美国千禧一代的异同点作为口语作业，在下次课上分享。

总之，本节课的教学设计从小组展示"腾飞中的中国和我"开始，到对中国千禧一代人生追求的思考结束。教学设计时，教师应让各个小组在一定的范围内自主选择任务，保证各组的准备时间和发挥空间，在引出演讲主题的同时激发学生作为新一代浙大人的责任感和使命感，鼓励学生结合本人的学科背景和发展前景，真切体验用英文讲好中国故事，切身体会个人与时代和国家关联的重要性。

（六）课程评价

本课程积极贯彻浙江大学培养"具有全球竞争力的高素质创新人才和领导者"的目标，坚持"以人为本，多元创新"，在课堂活动、教学模式和评价方式等方面开展了多元化、全方位的教学改革，有效地拓展了学生的国际视野、思辨和创新能力，推进了新时代国际化专业人才培养。通过积极的课内训练和课外拓展，学生能够对大数据时代各种信息传递的价值观或思想倾向进行独立的批判性反思，树立正确的世界观、人生观和价值观；同时，通过中西方思想文化对比，学生能够更加全面而辩证地看待中国传统文化，自觉融入社会主义核心价值观和中华优秀传统文化。

本课程不断更新教学技术和方法，积极应对世界之变和高等教育之变，满足国家战略需求和学生个人成长需求，结合线上和线下教学，利用多维度评价方式，努力培养具有国际视野、能担大任的高素质"四新"人才。教师应积极贯彻教改理念，培养学生爱国爱校、求是创新、团结协作的精神，激发学生自主学习、积极创新以及多学科交融的思辨能力。

结　语

"四新"建设背景下，对于不同学科的学生，爱国主义的夯实、人文素养的熏陶、专业发展的思考、国际视野的培养和多学科的交融，更加需要"润物细无声"式的持续滋养。配套阅读和视听说材料、教学设计和思政切入点均需结合社会发展、学生的学科特点、课堂实际效果和反馈，每学期不断调整，以达到全人教育的最佳效果。同时，德融课堂的教学效果很难用具体的量化指标来衡量，有待进一步考量，但学生对课堂的全情投入和师生的良好互动可以反映出其对学生的正面导向作用。

为保障思政实践，教师需不断提高信息技术素养，紧跟当今世界发展前沿和社会现实，结合选课学生的专业特色和个性需求，不断更新最契合德融课堂的素材和教学方法，同时加强基层教学组织的教学研共同体作用，发挥教师团队的集体智慧和个性特色，争取达到更好的教学和育人效果。

参考文献

范黎坤.高校外语课程思政实践探索——以"基础德语"为例.外语与翻译,2021(3):71-76.

何莲珍.准确识变,科学应变 变局中的大学英语教学.外国语,2020(5):2-7.

何莲珍.从教材入手落实大学外语课程思政.外语教育研究前沿,2022(2):18-22.

黄国文.挖掘外语课程思政元素的切入点与原则.外语教育研究前沿,2022(2):10-17+90.

教育部高等学校大学外语教学指导委员会.大学英语教学指南(2020版).北京:高等教育出版社,2020.

教育部关于印发《高等学校课程思政建设指导纲要》的通知.(2020-06-01)[2022-07-01].http://www.moe.gov.cn/srcsite/A08/s7056/202006/t20200603_462437.html.

罗良功.外语专业课程思政的本、质、量.中国外语,2021(2):60-64.

文秋芳.大学外语课程思政的内涵和实施框架.中国外语,2021(2):47-52.

习近平.把思想政治工作贯穿教育教学全过程 开创我国高等教育事业发展新局面.人民日报,2016-12-09(1).

肖琼,黄国文.关于外语课程思政建设的思考.中国外语,2020(5):1+10-14.

张庆华.高校外语教师课程思政教学实践性知识的质性分析.外语研究,2022(3):58-63.

翟峥,王文丽.基于课程思政链的大学英语混合式教学实践探索——以英语通识课"媒介素养"为例.外语电化教学,2021(6):63-67+10.

作者简介

陈伶俐,浙江大学外国语学院讲师,硕士。研究领域包括二语习得、教育语言学和媒体语言分析等,关注英语教学、外语教师发展研究和实践。主持并参与多项省部级课题;主持中央其他部门社科研究项目2项、国际合作研究项目3项。本文系浙江大学本科课程思政建设项目的阶段性成果。

基于 POA 理论的特色类英语写作课程思政改革之探索

——以"托福写作"课程为例

傅 莹

【摘 要】 课程思政是当前改革的必然趋势。本文尝试基于"产出导向法"（POA）的理论框架构建融入思政教育的"托福写作"课程"多元混合式"教学—学习体系，使专业教学目标与思政教育目标融为一体。在提升学生写作能力的同时，帮助学生以全球视野了解世界的新发展和新问题，增强文化自信；培养学生的逻辑思维和批判性思维，塑造正确的价值观和世界观。

【关键词】 产出导向法（POA）；课程思政；"多元混合式"教学—学习体系；托福写作

引 言

2016 年，习近平总书记在全国高校思想政治工作会议上指出，"要坚持把立德树人作为中心环节，把思想政治工作贯穿教育教学全过程，实现全程育人、全方位育人，努力开创我国高等教育事业发展新局面"[①]。自此，高校各类课程与思想政治理论课拉开了"同向同行、形成协同效应"的序幕。2020 年，教育部印发的《高等学校课程思政建设指导纲要》（以下简称《纲要》）指出，"全面推进课程思政建设，就是要寓价值观引导于知识传授和能力培养之中，帮助学生塑造正确的世界观、人生观、价值观，这是人才培养的应有之义，更是必备内容"[②]。具体到专业课和通识课的思政教育上，就是要依托专业课和通识课程，将思想政治教育融入课程专业知识的传授过程中，培养具有正确的世界观、人生观和价值观的

---

① 习近平. 全国高校思政工作会议上的讲话. 人民日报，2016-12-09（1）.
② 高宁，王喜忠. 全面把握《高等学校课程思政建设指导纲要》的理论性、整体性和系统性. 中国大学教学，2020（9）：17-22.

专有人才。

国内不少大学开设了特色类英语课程。特色类英语课程中的"托福写作"与"英语专业写作"课程有相似之处，但也有不少差异。虽然它们都是语言输出类课程，但与"英语专业写作"教学相比，"托福写作"课程教学更注重对特定写作任务的写作技巧和篇章结构的训练，容易忽略创造性思维的培养、人文素养的提升和价值观的塑造。此外，"托福写作"课程的学生在主观上更愿意接受各种西方文化和价值观念。因此，"托福写作"的课程教学更应该响应《纲要》的要求，将思政教育融入写作知识传授之中，在提升学生写作能力的同时，帮助学生增强文化自信，培养批判性思维，塑造正确的世界观、人生观和价值观。

一、文献综述

近年来，学者们对课程思政在外语教学中的理论建构进行了诸多探索。肖琼和黄国文明确了课程思政是一种教育、教学理念，是实现全员、全程、全方位育人理念的重要途径，将思想政治内容融入教育的过程是弹性的、隐性的。[①] 文秋芳提出了"四横三纵"的理论框架，为外语课程思政的具体操作提供了建议。[②] 刘建达从课程背景、课程内容、教学过程、教学评价四个维度建构了大学外语课程思政建设 BIPA 模型。[③] 岳曼曼和刘正光从理论基础的融合性、使用环境的兼容性和知识的重组性三个方面讨论了混合式教学和思政教育的内在一致性。[④]

目前对课程思政的研究呈现出从理论转向具体实践的趋势，很多一线教师进行了思政元素融入专业课程内容的教学实践。例如，翟峥和王文丽以"媒体素养"课程为例，开展混合式教学实践，从内容链、管理链、评价链及教师言行链四个维度探讨外语通识类课程中融入思政教育的路径与方法。[⑤] 范黎坤以"基础德语"为例，重构了教学内容，建立了思政元素框架，并结合思政元素设定了课程内容优化评价指标。[⑥] 文旭和司显柱分别以"语言学"课程和"翻译"课程为例，进行了思政元素融入课程的实践教学。[⑦]

---

① 肖琼，黄国文. 关于外语课程思政教育的思考. 中国外语，2020（5）：1+10-14.
② 文秋芳. 大学外语课程思政的内涵和实施框架. 中国外语，2021（2）：47-52.
③ 刘建达. 课程思政背景下的大学外语课程改革. 外语电化教学，2020（6）：38-42.
④ 岳曼曼，刘正光. 混合式教学契合外语课程思政：理念与路径. 外语教学，2020（6）：15-19.
⑤ 翟峥，王文丽. 基于课程思政链的大学英语混合式教学实践探索——以英语通识课"媒介素养"为例. 外语电化教学，2021（6）：63-67+10.
⑥ 范黎坤. 高校外语课程思政实践探索——以"基础德语"为例. 外语与翻译，2021（3）：71-76.
⑦ 文旭. 语言学课程如何落实课程思政. 中国外语，2021（2）：71-77；司显柱. 翻译教学的课程思政理念与实践. 中国外语，2021（2）：97-103.

　　尽管课程思政的相关论文不少，但是将思政教育与英语写作课程相融合的研究不多，主要有以下尝试。严明贵挖掘了"英语写作"课程中的中国元素。[①] 徐薇从文化自信的角度进行了英语专业写作课程的思政改革行动研究，提出采用多元教学方式在专业课程教学中渗透文化自信元素。[②] 王颖基于"产出导向法"（production-oriented approach，以下简写为 POA）的理论框架，从驱动、促成和评价三个角度将课程思政融入英语专业写作教学中，将价值塑造、知识传授和能力培养融为一体。[③] 仇艳探讨了新文科背景下英语专业写作教学中思政融入的三种策略。[④]

　　与英语专业写作相比，特色英语写作受众众多。然而，目前还没有关于如何将思政教育与特色英语写作教学进行有机融合的研究。鉴于此，本文拟在文秋芳提出的 POA 理论框架基础上，构建融入思政教育的"托福写作"课程"多元混合式"教学—学习体系并开展教学实践，从教学目标设定、教学模式构建、教学内容重组这三个方面来探讨思政教育融入"托福写作"课程的教学路径，以期为特色类英语写作课程思政建设提供借鉴。

二、理论框架

　　POA 是文秋芳在"输出驱动假设"[⑤] 的基础上发展而来的具有中国特色的外语教学理论，主要针对中高级外语学习者。POA 的理论体系包括三个部分：教学理念、教学假设和教学流程（见图 1）。[⑥] 其中，"教学理念"是整个体系的指导思想；"教学假设"是"教学流程"的理论支撑；"教学理念"和"教学假设"通过"教学流程"来实现，教师则在"教学流程"的各个环节中起到中介作用。POA 中的"教学理念"由"学习中心说""学用一体说"和"全人教育说"组成。"学习中心说"主张课堂教学的一切活动均以有效学习为目的；"学用一体说"中的"学"是指包括听和读在内的输入性学习，"用"包括说、写与口笔译在内的"产出"，提倡输入性学习和产出性运用无缝对接；"全人教育说"主张通过选题、选材和教学活动达成人文性目标，契合了习近平总书记提出的高校思政工作要"实现全程育人、全方位育人"[⑦] 的指示。

① 严明贵 . "英语写作"课程中中国元素的挖掘和呈现 . 台州学院学报，2019（1）：79-83.
② 徐薇 . 文化自信与英语写作教学改革之行动研究 . 南通职业大学学报，2020（3）：44-48+52.
③ 王颖 . "产出导向法"视阈下"课程思政"在英语专业写作教学中的体系构建 . 外国语文，2021（5）：147-156.
④ 仇艳 . 新文科背景下英语专业课程思政——以"英语写作"为例 . 现代英语，2021（2）上：80-82.
⑤ 文秋芳 . 输出驱动假设与英语专业技能课程改革 . 外语界，2008（2）：2-9.
⑥ 文秋芳 . 构建"产出导向法"理论体系 . 外语教学与研究，2015（4）：547-558.
⑦ 习近平 . 全国高校思政工作会议上的讲话 . 人民日报，2016-12-09（1）.

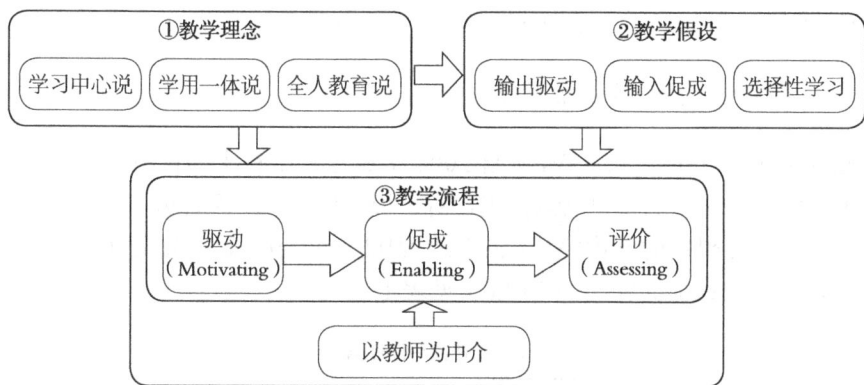

图 1　POA 理论体系

"教学假设"包含"输出驱动""输入促成"和"选择性学习"三个部分。"输出驱动"假设认为，产出既是语言学习的驱动力，又是语言学习的目标；"输入促成"假设提出，在输出驱动的条件下，适时提供能够促成产出的恰当输入能取得更好的学习效果；"选择性学习"假设指的是根据产出需要，从输入材料中挑选有用的部分进行深度加工、练习和记忆。在三个假设的理论指导下，教师可以设计涵盖"驱动—促成—评价"三个阶段的教学流程，教师在三个阶段中始终起到中介作用。在"驱动"环节中，教师通过设计合适的"热身"活动，说明教学目标和产出任务，为学生接受输入做好准备；在"促成"环节中，教师需要向学生清楚阐述完成产出任务的步骤和每一步的具体要求，学生进行选择性学习并将学习结果立即运用于产出之中；"评价"环节包括"即时评价"和"延时评价"，教师对学生在课内、课外的产出任务进行评价。

三、基于 POA 理论的特色类（托福）英语写作课程思政的体系构建

（一）特色类（托福）英语写作课程的设置

浙江大学于 2016 年首次将特色类英语课程（托福类课程，含"托福听力""托福口语""托福阅读"和"托福写作"）纳入大学英语通识课体系，每门课的学时为八周，每周三节课，1.5 个学分。本文中的特色类大学英语写作课程是指"托福写作"课程，修读该课程的同学业已完成一年的"大学英语 III"和"大学英语 IV"学习，符合 POA 体系对学习者的要求。"托福写作"课程安排在多功能教室进行，课上教师可以使用"凌级"智能教学系统进行教学活动，课下教师可

107

以依托"学在浙大"平台，布置学生进行线下拓展。

（二）特色类（托福）英语写作任务

托福考试（TOEFL iBT Test）自 2006 年 8 月开始在中国推行。新托福测试是基于网络的全面英语能力测试，包含听、说、读、写四个部分。在托福写作部分，学生需要在限定时间内完成综合写作测试（Integrated Writing Task）和独立写作测试（Independent Writing Task）（见表 1）。

表 1　托福写作任务

托福写作任务	任务完成流程	考查能力
综合写作测试	1. 阅读一篇学术文章，时间 3 分钟。 2. 听一篇与阅读文章话题相同的学术文章，记录主要内容。 3. 根据听、读内容，写一篇 150—220 词的概要作文，阐明听力文章如何反驳阅读文章，时间 20 分钟。	学术阅读能力 学术听力能力 听讲座记笔记能力 归纳总结能力 语言表达能力
独立写作测试	给定写作话题，学生根据自己的知识和经验来陈述、解释自己对该问题的看法，在 30 分钟内写一篇 300 词左右的议论文。	分析能力 逻辑思维能力 语言表达能力

托福考试官方机构 ETS（Educational Testing Service）为参加托福考试的学员提供了一个全真模拟托福网考平台 TPO（TOEFL® Practice Online），便于学生在线进行托福考试练习。TPO 目前已有 72 套考题，这些题目与真实考题的出题思路、取材、考点、难易程度都基本一致，在托福备考的过程中有着不可忽视的学习价值。

（三）基于 POA 理论的思政融入的特色类（托福）英语写作课程体系构建

POA 理论体系为"托福写作"课程的教学目标设定和教学实施提供了科学的理论基础，以下将从教学目标设定、教学体系构建、教学内容重组这三个方面来探讨思政教育融入"托福写作"课程的教学路径和方法。

1. 教学目标设定

"托福写作"思政课程以 POA 理论中的"教学理念"作为课程体系的指导思想，以期实现专业目标和思政目标（见表 2）。

表 2 POA 理论指导下的"托福写作"思政课程教学理念

理念	内容
学习中心说	课堂教学的一切活动均以有效学习为目的
学用一体说	"学":阅读相关材料,听讲座录音及教师课堂教授写作技巧,为"用"做好知识和技能两方面的准备 "用":提高速记能力,学会利用总结、提取、综合、分析等技能对材料进行加工,使用条理清晰、选词正确、句法规范的语言陈述观点并进行合理布局谋篇
全人教育说	培养学生的逻辑思维和批判性思维能力;引导学生树立正确的人生观、价值观,提升个人的品德修养;在培养家国情怀的同时,拓宽国际视野,培养开放包容的跨文化态度,树立起正确的世界观

如表 2 所示,"托福写作"课程以促成学生有效学习为己任,使学生在修读该课程之后,能够提高英语写作能力,达到"学用一体"的目的。教师选择 TPO 中涉及思政、育人话题的听、读材料和话题作为授课内容,并根据写作任务要求,选择课堂讲授、音频播放、拓展阅读、小组讨论、线上线下写作实践相结合的教学方式,实现线下学习和线上拓展、输入学习和产出性应用的无缝对接。在教学过程中,教师不再以语言能力作为单一的教学目标,而是注意培养学生的逻辑思维和批判性思维能力,倡导"超越语言教学的知识、能力、素质教育"[①] 的培养。

2. 教学体系构建

为了实现专业教学和思政教育目标,"托福写作"课程充分利用现有技术优势,从 POA 理论的"输出驱动""输入促成""即时 / 延时评价"三个方面构建思政融入的"多元混合式"教学—学习体系(见图 2)。在线下教学中,教师主要依托"凌级"智能教学系统,将学习素材发放到学生的电脑并收取学生完成的写作任务;在线上拓展过程中,教师根据课程教学目标,依托"学在浙大"、钉钉群等平台,将教学视频、教学 PPT、听读素材等各种教学文档上传,同时,在学习平台上布置学习任务,负责在线答疑与指导,并审查学生整合上传的新资源,确保内容可靠。

---

① 常俊跃,赵永青. 内容语言融合教育理念(CLI)的提出、内涵及意义——从内容依托教学到内容语言融合教育. 外语教学, 2020(5):49-54.

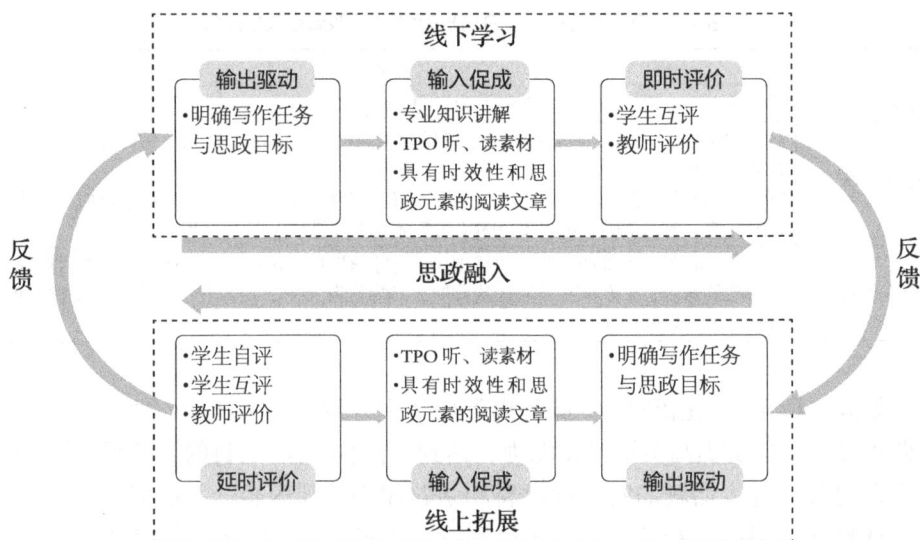

图 2　基于 POA 理论的"多元混合式"教学—学习体系

（1）"输出驱动"为导向

在这个"多元混合式"教学—学习体系中，教师以 POA 理论中的"输出驱动"为导向，在介绍写作专业知识之前，先呈现 TPO 中涉及思政、育人话题的写作任务，激起学生的兴趣，明确学习目标。

ETS 编入 TPO 的写作任务都是专家在考虑学术英语写作影响因素的基础上精心设计的，选取的材料涉及各个领域，具有时效性、前沿性、教育性、可读性。此外，这些任务均与学生的生活和学习密切相关，符合学生的智力因素和情感因素，能帮助学生从全球视角看待世界的新发展和新问题并形成自己的观点，达到专业教学和育人目标。

（2）"输入促成"为手段

在这个体系中，教师以 POA 理论中的"输入促成"为手段，整合教学素材，以达到学生有效学习的目的。

在线下"输入促成"阶段，教师通过传授写作知识，让学生了解高质量完成综合写作和独立写作所需的语言形式、话语结构、布局谋篇等方面的知识；精选 TPO 中的听读素材或具有时效性和正能量而又与任务关联度高的文章作为输入内容，促进有效产出。学生通过听课、阅读、听力、交流、讨论，更好地掌握专业知识、梳理文章观点，完成写作任务。

在线上"输入促成"阶段，教师在"学在浙大"平台上传写作任务和要求，提供相关 TPO 素材和补充材料，学生也可以提交自己整合的、与任务相关的资源并进行"选择性学习"，完成写作任务提交到"学在浙大"平台。

"输入促成"阶段是将思政元素融入专业知识学习的重要节点。经过教师筛选的具有时效性、关联性和思政元素的文章以及 TPO 中的素材及话题均涵盖科技、社会、文学等各个领域的最新发展和热点话题。通过合理利用资源以及学生间的交流讨论，可以帮助学生在学习写作知识的同时，培养独立思考能力和提升批判性思维能力，并树立正确的世界观、人生观和价值观。

（3）"多元评价"促进步

POA 理论中的"评价"包括"即时评价"和"延时评价"两种。在这个体系中，课程评估采用过程性评估和终结性评估相结合的方法。学生和教师以 ETS 的评分标准为基础，多次对两种写作任务进行即时和延时评价。评价结果均计入过程性评估。

"即时评价"是指线下完成写作任务后，学生进行互评或者教师进行评价与指导。它可以帮助教师把握教学节奏和进度，有助于学生的知识深化。

在线上拓展和线下限时写作时常采用"延时评价"。学生在线上完成写作任务后，将成果提交到"学在浙大"平台，在平台上进行自评、匿名互评或者教师评价。学生可以根据同学和老师的评价结果，修改完善自己的写作后再上传到"学在浙大"平台。教师可在"学在浙大"平台推荐优秀范文，供学生学习和欣赏。线下限时写作任务完成后，学生将习作提交到"凌级"智能教学系统，由老师课后进行"延时评价"。通过"延时评价"，教师对线下教学的效果进行检查，了解学生学习的薄弱环节并给予及时帮助；同时，学生在进行自评、匿名互评的过程中，也会利用课上所学知识，提高自己分析问题的能力和批判性思维的能力。

在思政评估方面，线上"延时评价"与线下"即时评价"具有很强的操作性。这是因为，学生对于思政融入点的思考均通过课堂讨论与写作实践展现出来，讨论与作文均计入过程性评估。

综上所述，在这个"多元混合式"教学—学习体系中，思政教育始终贯穿于线下学习和线上拓展的"输出驱动—输入促成—多元评价"的过程中，实现了专业教学目标与思政教育目标的有机融合。

3. 教学内容重组

教学内容是课程的灵魂与核心，也是课程思政的起点与抓手。[①]下面以一个线下教学案例来说明如何进行教学内容重组、凸显思政目标。

---

① 文秋芳. 大学外语课程思政的内涵和实施框架. 中国外语，2021（2）：47-52.

教学目标：

1. 专业教学目标：学会提取综合写作中阅读文章与听力文章中的重要信息，学习速记技巧。

2. 思政教育目标：通过听、读 TPO 中多篇有关环境及人与自然的材料，让学生了解环境恶化的现状，提高环境保护意识；让学生了解人与自然和谐相处的基本原则，提高保护动物生态系统的意识。

实施过程：

1. 输出驱动：

（1）明确专业学习任务，即提取并记录听读材料中的观点、概念、重要细节；

（2）明确思政目标

2. 输入促成：

（1）教师讲解如何提取阅读文章与听力文章中的重要信息和速记技巧；

（2）学生阅读 TPO14、15、42、53 等多篇有关环境及人与自然的材料，如美国西北部森林大火的原因和后果等，进行提取阅读材料观点、概念、重要细节并速记的实践；

（3）教师播放与阅读文章讨论同一话题、持相反论点的听力材料，学生进行提取听力材料观点、概念、重要细节并速记的实践。

3. 即时评价：

（1）学生与小组成员比较记录的信息并互评；

（2）教师进行评价；

（3）学生修改并加以完善。

4. 讨论拓展：

利用听读材料中的观点和细节，引导学生讨论环境恶化的现状并提出相应对策，完成思政目标。

教学效果：

通过结合专业教学和思政教育，学生不仅学会了辨别阅读文章与听力文章中的重要信息并利用速记技巧加以记录，而且了解了环境恶化的现状。通过讨论，1）学生交流了维护森林健康生态的正确方法，提高了环境保护意识；2）学生了解了人与自然和谐相处的基本原则，提高了尊重自然规律、保护生态系统的意识。

"托福写作"课程没有特定教材，在教学过程中，教师要根据综合写作和独立写作中涉及的写作能力要求，整合相关专业知识和能力培养的教学内容，挑选

TPO 中的听读材料以及具有时效性和思政元素的文章作为教学素材，引导学生进行讨论和思考，将专业教学目标和思政教育目标有机结合起来。

结　语

POA 理论是根据我国外语教学的实际情况提出的创新型外语教学理论。在 POA 理论的基础上建立的"多元混合式"教学—学习体系将思政元素融入写作知识与实践之中，通过对 TPO 中的听读素材及话题进行思政元素挖掘，辅以具有时效性和思政元素的相关时文，采用科学合理的教学活动设计，使教学的专业目标和思政目标有机结合起来。在提升学生写作能力的同时，"多元混合式"教学—学习体系还帮助学生以全球视野了解世界的新发展和新问题，增强文化自信；自觉培养批判性思维，塑造正确的世界观、人生观和价值观。

参考文献

常俊跃，赵永青.内容语言融合教育理念（CLI）的提出、内涵及意义——从内容依托教学到内容语言融合教育.外语教学，2020（5）：49-54.

翟峥，王文丽.基于课程思政链的大学英语混合式教学实践探索——以英语通识课"媒介素养"为例.外语电化教学，2021（6）：63-67+10.

范黎坤.高校外语课程思政实践探索——以"基础德语"为例.外语与翻译，2021（3）：71-76.

高宁，王喜忠.全面把握《高等学校课程思政建设指导纲要》的理论性、整体性和系统性.中国大学教学，2020（9）：17-22.

刘建达.课程思政背景下的大学外语课程改革.外语电化教学，2020（6）：38-42.

仇艳.新文科背景下的英语专业课程思政——以"英语写作"为例.现代英语，2021（2）：80-82.

司显柱.翻译教学的课程思政理念与实践.中国外语，2021（2）：97-103.

王颖."产出导向法"视域下"课程思政"在英语专业写作教学中的体系构建.外国语文，2021（5）：147-156.

文秋芳.输出驱动假设与英语专业技能课程改革.外语界，2008（2）：2-9.

文秋芳.构建"产出导向法"理论体系.外语教学与研究，2015（4）：547-558.

文秋芳 . 大学外语课程思政的内涵和实施框架 . 中国外语，2021（2）：47-52.

文旭 . 语言学课程如何落实课程思政 . 中国外语，2021（2）：71-77.

习近平 . 全国高校思政工作会议上的讲话 . 人民日报，2016-12-09（1）.

肖琼，黄国文 . 关于外语课程思政教育的思考 . 中国外语，2020（5）：1+10-14.

徐薇 . 文化自信与英语写作教学改革之行动研究 . 南通职业大学学报，2020（9）：44-
　　48+52.

严明贵 . "英语写作"课程中中国元素的挖掘和呈现 . 台州学院学报，2019（1）：79-83.

岳曼曼，刘正光 . 混合式教学契合外语课程思政：理念与路径 . 外语教学，2020（6）：
　　15-19.

作者简介

　　傅莹，浙江大学外国语学院高级讲师，博士。目前主要承担大学英语及托福写作教学，多次获得校优质教学一等奖、二等奖及竺可桢学院"最受欢迎的老师"称号，荣获"外研社杯"浙江省赛区阅读、写作指导教师一等奖。在科研方面，主要从事二语习得和教学法方面的研究，主持了多项省教育厅项目、校曙光项目、校思政项目，参与了多项国家社科基金项目、教育部项目、校重点改革项目，在国内杂志和会议上发表论文多篇。主编或参编了《新编大学英语》等 10 余本教材及教辅类图书。本文系浙江大学"托福写作"课程思政建设项目的阶段性成果。

"英语演讲艺术"课程思政教学实践探索

俞建青

【摘　要】 全面推进课程思政建设是落实立德树人根本任务的战略举措。外语教学作为我国高等教育的有机组成部分，应融入课程思政元素，实现显性教育与隐性教育的统一。本文立足课程思政的内涵，以通识课"英语演讲艺术"为例，从课程理念、课程内容、课程教学、课程效果等方面入手，探索价值塑造、知识传授和能力培养三者融为一体的教学实践，以期为外语课程的课程思政建设提供启示和借鉴。

【关键词】 课程思政；英语演讲艺术；教学实践

引　言

高等院校是人才培养的主阵地，肩负为党育人、为国育才的光荣使命，承担立德树人的根本任务。全面推进课程思政建设是落实立德树人根本任务的战略举措。课程思政的概念出现在 2014 年前后，源于高校对思想政治教育工作的探索。近年来，课程思政已成为教育界的一个热词。习近平总书记多次对高校的思想政治教育工作做出重要指示。2020 年，教育部印发了《高等学校课程思政建设指导纲要》（以下简称《纲要》）。文件明确指出，"把思想政治教育贯穿人才培养体系，全面推进高校课程思政建设，发挥好每门课程的育人作用，提高高校人才培养质量"[①]，从而实现价值塑造、知识传授和能力培养三位一体的育人目标。这为高校课程思政建设指明了方向。

[①]　高等学校课程思政建设指导纲要.（2020-06-01）[2022-08-10]. http://www.moe.gov.cn/srcsite/A08/s7056/202006/t20200603_462437.html.

一、课程思政的研究现状

近年来，学界对课程思政给予了极大关注。首先，多位学者从不同视角探索了"课程思政是什么"的问题。肖琼和黄国文从理念的角度定义课程思政，认为"课程思政是一种教育教学理念，即在（非思政）专业课程（如综合英语、英语视听说、英语文学导论）中贯穿思想价值引领的主线，发挥各门课程的育人功能"[①]。韩宪洲将课程思政定义为创新，认为"课程思政是以习近平新时代中国特色社会主义思想为指导的高等教育的理念创新、制度创新和实践创新……"[②]。罗良功界定了课程思政的内涵与外延，指出"课程思政并非仅指狭义的'思想政治'教育，而是要促成个体的接受和吸收符合时代潮流、社会全面发展、人的全面发展的主流意识形态和价值观念，涉及政治思想、道德情操和家国情怀等诸多方面"[③]。赵继伟则更多是从教学的视角定义课程思政，认为课程思政是"依托、借助于专业课、通识课而进行的思想政治教育实践活动，或者是将思想政治教育寓于、融入专业课、通识课的教育实践活动"[④]。文秋芳更具体地针对外语课堂教学，将外语课程思政的内涵解读为"以外语教师为主导，通过外语教学内容、课堂管理、评价制度、教师言行等方面，将立德树人的理念有机融入外语课堂教学各个环节，致力于为塑造学生正确的世界观、人生观、价值观发挥积极作用"[⑤]。尽管上述定义的视角有所不同，但学者们均认同，课程思政是一种新的教学理念，需将其融入各类课程，以实现立德树人的育人目标。

除了确定课程思政"是什么"，学界的关注焦点还日益转向课程思政"怎么做"，尤其是在外语课堂场景中，课程思政该"怎么做"。肖琼和黄国文就此提出了总体要求，认为"外语课程思政就是要把价值观引领与语言知识的传授和语言应用能力的培养有机地结合起来，就是要有意识地在知识传授和能力培养的过程中，始终重视价值观的引领，并把价值观引领摆在重要的位置"[⑥]。目前，外语课程常用的做法也是如此，即在外语教学中融入思政元素。文秋芳基于对外语课程思政的内涵解读，提出了具体实施的四条思政链，即内容链、管理链、评价链、教师言行链，对外语课堂中课程思政的实施框架给出了明确的答复，贯穿了教学

---

① 肖琼，黄国文．关于外语课程思政建设的思考．中国外语，2020（5）：10.

② 韩宪洲．论课程思政建设中的几个基本问题——课程思政是什么、为什么、怎么干、怎么看．北京教育（高教），2020（5）：48.

③ 罗良功．外语专业课程思政的本、质、量．中国外语，2021（2）：61.

④ 赵继伟．"课程思政"：涵义、理念、问题与对策．湖北经济学院学报，2019（2）：115.

⑤ 文秋芳．大学外语课程思政的内涵和实施框架．中国外语，2021（2）：48.

⑥ 肖琼，黄国文．关于外语课程思政建设的思考．中国外语，2020（5）：10.

内容、教学治理、学习评价和教师言行四个维度。^① 此外，还有一些研究专门针对英语演讲的课程思政建设，主要涉及演讲中的价值引领和思辨能力培养等具体内容。

总体而言，当前对于"怎么做"的研究多为从教学内容入手，挖掘思政元素，开展课程思政建设，而对具体教学实践的研究则相对较少。本文试图以"英语演讲艺术"课程为例，从教学实践的视角，全方位探索将课程思政有机融入外语课程的有效路径和方法。

二、"英语演讲艺术"课程思政教学实践

"英语演讲艺术"是浙江大学的一门外语通识课，迄今已开设十余年。课程面向全校学生开设，每个长学期开设一次，每周两个课时，持续十六周。课程深受学生欢迎，除了中国学生，先后已有来自加拿大、意大利、马来西亚、韩国等多国的留学生选课。课程向学生系统介绍演讲准备过程、演讲基本类型以及演讲的基本技能，帮助学生锻炼英语表达能力、提高沟通及领导才能。课程通过分析演讲实例等，要求学生了解演讲语言、演讲稿谋篇的基本特点，不仅能在语言上达意，而且要充分调动各种非语言因素，如眼神、动作等，以达到有效沟通的目的，成功地说服听众；学会演讲稿的写作方法；学会利用现代技术进行演讲；通过分析中外名家的演讲，了解演讲中的中西文化差异。

《纲要》指出，"高校课程思政要融入课堂教学建设，作为课程设置、教学大纲核准和教案评价的重要内容，落实到课程目标设计、教学大纲修订、教材编审选用、教案课件编写各方面……"^②。长期以来，"英语演讲艺术"课程一直重点关注学生英语演讲技能的培养和语言能力的提升。课程一直在课程思政方面进行探索，尤其是在被列入"浙江大学2021年第一批校级本科'课程思政'建设项目"之后，课程开展了一系列改革，更加系统地梳理了课程思政内容及建设路径，在教学实践中全方位融入课程思政理念，取得了良好效果。

1. 课程理念

课程理念是课程的灵魂，有了理念的牵引，课程方能充分发挥潜力。一方面，课程须确立先进的理念，为课程改革奠定扎实的基础；另一方面，一门课程的理念不是孤立的，需要置于整个课程体系，乃至学校育人理念的大背景下进行

① 文秋芳.大学外语课程思政的内涵和实施框架.中国外语，2021（2）：48.
② 高等学校课程思政建设指导纲要.（2020-06-01）[2022-08-10]. http://www.moe.gov.cn/srcsite/A08/s7056/202006/t20200603_462437.html.

界定。

浙江大学的人才培养目标可以概括为"培养具有国际视野的创新人才和未来领导者"。该目标包含三层含义，即国际视野、创新人才、未来领导者。在新的时代背景下，"英语演讲艺术"更多被定位为一门培养学生领导力的课程，对标学校的人才培养目标，笔者从以下三个层面重塑了课程目标。首先，在国际层面，培养学生的国际视野和正确的世界观；其次，在国家层面，树立社会主义核心价值观、家国情怀、文化自信，讲好中国故事；最后，在语言层面，融入创新意识和精益求精的工匠精神，鼓励学生不断提升英语沟通和公共演讲能力。由此可见，课程本质上依然是一门语言课程，但又不仅仅是一门纯粹的语言课程，在培养学生英语演讲素养和演讲能力的同时，将世界观、社会主义核心价值观、人文素养、科学精神、创新意识和精益求精的工匠精神等有机融入其中。课程要求学生树立正确的世界观，培养讲好中国故事的责任感和使命感，从而实现理论学习、实践创新、人格塑造，以及价值塑造、知识传授和能力培养的有机统一，充分践行立德树人的育人理念。

2. 课程内容

课程内容是课程的核心，也是践行课程理念的主要抓手。课程需要充分挖掘内容中的思政元素，以实现课程目标。为实现价值塑造、知识传授和能力培养三位一体的目标，课程设计了相应的内容。

首先，价值塑造。课程深入挖掘演讲资源中的思政元素，主要分为三个层次：第一，在国际层面，选用经典的英文演讲，帮助学生培养国际视野、树立正确的世界观；第二，在国家层面，增加中方人士的英语演讲，并让学生讲述中国主题，助其树立社会主义核心价值观，培养国家意识、家国情怀和文化自信，并通过信息性演讲，将讲好中国故事、分享中国视角的内容融入其中，加深学生对中国文化的理解；第三，在语言层面，讲解演讲准备步骤，尤其是在演讲稿撰写和演讲语言环节，强调创新意识和精益求精的工匠精神，鼓励学生不断打磨内容和语言，提升演讲的质量。

其次，知识传授。教学的本质是传道授业解惑，而课程思政就是要将塑造正确价值观等育人隐性目标与扩大学生知识面等显性目标有机统一。"英语演讲艺术"课程中，演讲相关知识是实现课程思政目标的载体，主要涉及四方面内容：（1）演讲的基础知识：演讲的力量、演讲与日常对话的比较、怯场等演讲中存在的问题、演讲的道德准则等；（2）演讲的准备过程：主题选择、目的定义、中心思想确定、受众分析、材料收集等；（3）演讲稿的撰写：演讲开头、主体与结尾、演讲的组织、演讲的语言、演讲中的非语言因素等；（4）四种演讲基本类型：介绍性演讲、信息性演讲、说服性演讲和特殊场合演讲。课程的关键在于将知识传授与价值塑造紧密结合。例如，课程教学过程中，在讲解信息性演讲部分时，要求学生选择与中国相关的主题，通过深挖中国国情、社会、文化等领域特色内容，向假设的国际受众以其可接受的语言讲述中国主题，从而培养学生家国情怀和文化自信，学习如何讲好中国故事。

最后，能力培养。长期以来，演讲一直被视为领导力的重要组成要素。在全球化的今天，英语演讲便成了具有国际视野的未来领导者讲好中国故事不可或缺的能力。"英语演讲艺术"作为一门外语课程，旨在培养学生的三方面能力：一是语言能力，即英语沟通和公共演讲能力；二是跨文化能力；三是思辨能力。首先，课程向学生系统介绍演讲准备过程、演讲基本类型以及演讲的基本技能，通过演讲可以锻炼英语表达能力、提高沟通及领导才能。课程通过分析演讲实例等，要求学生了解演讲语言、演讲稿谋篇的基本特点，不仅在语言上能达意，而且要充分调动各种非语言因素，如眼神、动作等，以达到有效沟通的目的，成功地说服听众；学会演讲稿的写作方法；学会利用现代技术进行演讲。所有这些，均旨在培养学生的沟通和演讲能力。其次，课程通过分析中外名家的演讲，让学生了解演讲中的中西文化差异，培养其跨文化能力。最后，课程强调演讲逻辑的严谨性，即演讲者的思辨能力，这是英语语言的要求，也是有效演讲的前提。三者相辅相成、缺一不可。语言能力是基础，但需要得到跨文化意识和思辨能力的支撑，才能实现跨文化背景下有效的跨语言沟通。

3. 课程教学

课程教学主要是指教学方式，是基于课程内容实现课程目标的路径和方式。在课程理念的指导下，课程内容需要通过有效的教学方式，实现价值塑造、知识传授和能力培养三位一体的目标。"英语演讲艺术"课程探索了线上线下与课内课外教学结合的方式，全方位融入课程思政元素，取得了良好效果。

对于演讲课程而言，面对面沟通非常重要。传统线下课堂教学基本满足了这一要求，但也面临时空限制、效率低下等问题。因此，有必要引入线上教学作为对课堂教学的补充。尤其是在疫情时代，线上教学可以在一定程度上克服线下教学的局限性，让学生能便捷地学习。此外，课外教学也是课堂教学的有益补充，可有效巩固和检验课堂教学的成果。

为实现价值塑造目的，课程将正确的世界观、社会主义核心价值观、创新意识等有机融入教学过程，使学生在学习演讲的过程中，"润物细无声"地接受价值塑造的隐性教育。例如，"怯场"是英语演讲课程中一个重要的主题，也是演讲初学者中普遍存在且难以解决的问题，正确处理怯场是出色演讲表现的前提。

在关注该主题的课堂上，教师首先进行引导，学生随后分组讨论怯场的成因、表现及解决方案。但这些知识点的传授显得相对抽象，需要辅以沉浸式教学。教师邀请学生在课堂上分享怯场的体验，学生分别从演讲者和受众的视角分析成因，得出结论：演讲者的怯场常常是由受众挑剔的眼神和肢体语言造成的，但受众的上述反应又是由演讲者的表现造成的。如果双方能做出一些改变，比如受众对演讲者采取友好的态度、认真聆听，演讲者就能从中获得更多鼓励和信心，更加关注演讲本身，表现也会更加出色。在双方的努力下，和谐、平等的沟通环境得以诞生，教师可以由此引出"和谐""平等""敬业""友善"等社会主义核心价值观。但线下教学受时空限制，参与怯场体验练习的学生人数相对有限。因此，除了课堂教学，课程还以课外小组练习为补充，并利用"学在浙大"等线上教学平台进行讨论。课外，学生以课堂课桌为单位，组成5人学习小组，线下轮流体验怯场、分析成因，并共同讨论解决方案；小组还在浙大钉等平台建立学习群，就有效管理怯场进行讨论。在此基础上，学生需要在"学在浙大"提交反思心得，将学习成果进行固化。

为实现知识传授目的，课堂采用沉浸式教学，发挥学生在课堂中的主体作用，教师介绍主题，并引导学生讨论、体验和反思。演讲知识多为常识性知识，但如何将知识付诸演讲实践是课程的重点和难点。课程鼓励学生形成由聆听、观察、记录、反思和实践组成的螺旋上升的良性循环。聆听包含聆听课内讲解、同学演讲等；观察是指观察他人的演讲，包括名人演讲、同学演讲以及自身演讲；记录是指将自身理解的知识点和观察结果整理成文字；反思是就观察演讲，结合课堂知识点，反思演讲人的演讲表现；最后是将所听、所看、所记、所思的内容付诸实践，接受实践的检验。就知识传授而言，课堂不是唯一的学习途径。除了线下课堂，学生还可通过"学在浙大"以及各类网上资源，观看经典演讲，自学课外内容，并提交作业，在课外进行演讲练习。

为实现能力培养目的，课程除了课堂教学，还引入了课外实践教学。习近平总书记也多次强调，要加强和改进国际传播工作，推进中国故事和中国声音的全球化表达、区域化表达、分众化表达。英语演讲本身就是讲好中国故事、进行国际传播的一种方式。演讲非常强调实践，仅凭课堂教学，很难真正实现能力培养的目标，更多的是需要通过实践提升演讲能力。由于课堂上学生人数众多，实践机会有限，在课内实现能力培养的目标面临重重困难。为此，课程鼓励学生课外参加一系列演讲类学科竞赛，如"外研社·国才杯"全国英语演讲大赛、中国日报社"21世纪杯"全国英语演讲比赛等。这些演讲赛事，就主题而言，均旨在讲好中国故事，如2022年"外研社·国才杯"全国英语演讲大赛的定题演讲题目"China's Wisdom for the World"（构建人类命运共同体：中国向世界贡献的智慧）、2021 年的定题演讲题目 "Red Star Over China"（红星照耀中国）等。这些赛事为学生提高讲好中国故事的能力提供了绝佳的机会，同时也锻炼了学生的综合演讲能力。课程鼓励学生参加英语演讲比赛，通过演讲实践，发现问题、探索原因、解决问题，塑造正确的世界观，培养家国情怀、文化自信和讲好中国故事的能力。

总之，课程通过线上线下与课内课外教学的良性互动，实现价值塑造、知识传授和能力培养三位一体的目标。

4. 课程效果

课程效果是指学生通过课程学习取得的成效及相关的考试评价。课程思政不仅需要贯穿于课程理念、课程内容、课程教学，而且需要融入考试评价，以验证课程效果。"英语演讲艺术"课程采用形成性评价，主要包括信息性演讲、说服性演讲和特殊场合演讲等 3 次演讲，以及随堂测验和课堂表现等。课程思政元素有机融入课程的各个环节，课程为此优化了评价指标。评价指标涵盖多个维度，不仅包含演讲能力等显性的教学目标达成度，而且包括思想性、价值观、团队合作意识等隐性目标的实现程度。首先，"英语演讲艺术"课程打破了传统外语课程仅聚焦语言能力培养和考核的局限，在形成性评价过程中新增了思想性、价值观等评价指标。例如，在前文提到的信息性演讲中，学生需要讲述中国主题，练习如何讲好中国故事。除了传统和语言和结构等评价标准，针对学生在信息性演讲中的表现，课程新增了两条评价标准，即演讲开头部分体现出来的创新意识以及主体部分中表现的家国情怀和文化自信等。

此外，课程还重视隐性育人功能，促进学生在价值观、团队合作意识等方面的持续进步。课程依托"学在浙大"平台，要求学生在每次小组练习及演讲后撰写反思报告，反馈自身演讲学习过程中的经验、困难、疑惑、思想，以及每次演讲后反思需要改进的地方。教师可借此了解学生在价值、态度、团队合作等方面的变化，同时给予相应的评价、建议和指导。此外，学生的反馈也有助于提升教学效果。

结　语

《纲要》指出，"要紧紧抓住教师队伍'主力军'、课程建设'主战场'、课堂教学'主渠道'……使各类课程与思政课程同向同行，将显性教育和隐性教育相统一，形成协同效应，构建全员全程全方位育人大格局"①。由此可见，课程思政建设不仅涉及课程内容，要挖掘其中包含的思政元素，更重要的是要从教学实践的角度将思政元素有机融入教学过程。本文以"英语演讲艺术"课程为例，在教学内容和教学实践中融入课程思政元素，探索了外语课程开展课程思政建设的有效途径。

参考文献

高等学校课程思政建设指导纲要.（2020-06-01）[2022-08-10]. http://www.moe.gov.cn/srcsite/A08/s7056/202006/t20200603_462437.html.

韩宪洲.论课程思政建设中的几个基本问题——课程思政是什么、为什么、怎么干、怎么看.北京教育（高教），2020（5）：48-50.

何莲珍.大学外语课程思政之"道"与"术".中国外语，2022（4）：1+12-14.

胡杰辉.外语课程思政视角下的教学设计研究.中国外语，2021（2）：53-59.

黄国文，肖琼.外语课程思政建设六要素.中国外语，2021（2）：1+10-16.

刘正光，岳曼曼.转变理念、重构内容，落实外语课程思政.外国语，2020（5）：21-29.

罗良功.外语专业课程思政的本、质、量.中国外语，2021（2）：60-64.

文秋芳.大学外语课程思政的内涵和实施框架.中国外语，2021（2）：47-52.

肖琼，黄国文.关于外语课程思政建设的思考.中国外语，2020（5）：1+10-14.

徐锦芬.高校英语课程教学素材的思政内容建设研究.外语界，2021（2）：18-24.

张引.英语演讲课课程思政教学探索.高教学刊，2022（14）：181-184.

赵继伟."课程思政"：涵义、理念、问题与对策.湖北经济学院学报，2019（2）：114-119.

作者简介

　　俞建青，浙江大学外国语学院讲师，硕士。长期从事演讲和口译等沟通类课程教学与研究。曾主持省级教改项目，参与《英语口译》国家级一流本科课程、省级课程思政示范课程建设等。本文系浙江大学本科课程思政建设项目的阶段性成果。

---

① 高等学校课程思政建设指导纲要.（2020-06-01）[2022-08-10]. http://www.moe.gov.cn/srcsite/A08/s7056/202006/t20200603_462437.html.

"英美概况"课程思政改革探索

袁 靖

【摘 要】 外语类课程与思想政治理论课同向同行是当前高校外语教育改革和人才培养的指导方针。本文分析在外语通识课"英美概况"课程中实施思政融入的重要性，提出通过"多维互动""多点融入"的模式路径有效落实课程的思政命题，引导学生思索中西文化差异背后的价值观差异，从而培养学生的思辨能力、弘扬社会主义核心价值观与家国情怀、提升"四个自信"，潜移默化地达到"三全育人"的目的。

【关键词】 课程思政；英美概况；多维互动；多点融入；"三全育人"

引 言

在习近平总书记"坚持显性教育和隐形教育相统一，挖掘其他课程和教学方式中蕴含的思想政治教育资源，实现全员全程全方位育人"[①]的新时代中国特色社会主义教育理念的指引下，课程思政已成为近年来高校外语改革的重中之重。2019年，《教育部关于深化本科教育教学改革全面提高人才培养质量的意见》第一条就强调了构建高校思想政治教育体系、发掘课程中的思政教学资源的重要性。[②]2019年底，中宣部组织了《习近平谈治国理政》多语种版本进高校、进教材、进课堂（以下简称"三进"）试点工作。教育部高等学校大学外语教学指导委员会颁布的2020版《大学英语教学指南》亦明确指出了大学英语的课程思政目标："大学英语教学应融入学校课程思政教学体系，使之在高等学校落实立德树

---

① 习近平. 习近平谈治国理政（第三卷）. 北京：外文出版社，2020: 328.
② 关于深化本科教育教学改革 全面提高人才培养质量的意见. (2019-10-08) [2022-08-15]. www.moe.gov.cn/srcsite/A08/s7056/201910/t20191011_402759.html.

人根本任务中发挥重要作用。"[①] 研制中的《大学外语课程思政教学指南》提出 "在教学内容中有机融入《习近平谈治国理政》多语种版本和 '四史' 等外译资料，将价值塑造、知识传授和能力培养有机融合，寓价值观引导于知识传授和能力培养之中"[②]。在此背景下，如何在外语类课程中结合思政内容、实现 "立德树人" 的目标，是当前高校外语教师必须要研究的重要课题之一。

作为高校英语通识课程之一的 "英美概况" 课程涉及英美社会生活的各领域，旨在传授跨文化交流的知识，增强学生的人文素养。课程本身蕴含较多德育元素，理应承担提高大学生政治思想素质的重任。面对外来文化思想，教师若能在传授有关英美政治、历史、文化等知识的同时更注重立场、观点、价值观的导向，引导学生通过中西文化的比较，思索文化差异背后的价值观差异，在对外交流中秉持互学互鉴的态度，则更有利于训练学生的思辨能力，弘扬社会主义核心价值观与家国情怀，提升 "四个自信"，培养国际视野，从而达到 "三全育人" 的目的。

一、研究现状

当前高校外语教师针对外语类课程思政已开展了较多研究。王雪梅和霍炜将外语课程思政相关的研究内容大致归为 "立德树人的理论阐释、外语课程思政元素来源与挖掘方式、外语课程思政实施路径、外语课程思政评价研究" 四类。[③] 针对英美文化类课程中的思政融入，也有部分学者与教师进行了尝试与探讨。郑兰森从爱国情怀、文化自信、形势与政策认知三个方面阐述 "英美文化" 课程中思政的切入点，并提出课堂的三个实施路径。[④] 毕鹏晖提出课程思政融入 "英美文化概况" 课程的在线教学构想。[⑤] 邹小弈通过问卷调查和访谈，分析英语专业学生对 "英美文化" 等外语类课程思政的认可度。[⑥] 杨金才探讨了英语类专业核心课 "英国社会与文化" 的课程思政教学内涵。[⑦] 这些文章从理论与实践角度为思政元素融入英美文化类课程提供了研究思路，但现有的研究主要聚焦于针对英语专

① 教育部高等学校大学外语教学指导委员会. 大学英语教学指南：2020 版. 北京：高等教育出版社，2020：3-4.
② 赵雯，刘建达.《大学外语课程思政教学指南》内容重点研制与阐释. 外语界，2022（3）：17.
③ 王雪梅，霍炜. 高校外语课程思政研究综述（2018—2021）. 上海理工大学学报（社会科学版），2021（4）：311.
④ 郑兰森. 英美文化课程中的 "课程思政" 路径研究. 湖北工程学院学报，2020（3）：26-28.
⑤ 毕鹏晖. "一体两翼" 式课程思政在线教学研究——以 "英美文化概况" 课程教学为例. 当代教育理论与实践，2021（1）：12-16.
⑥ 邹小弈. 新文科视域下课程思政在外语专业课程中的协同育人路径研究——基于成都某高校英美文化课程思政的调研分析. 现代英语，2021（7）：107-109.
⑦ 杨金才. "英国社会与文化" 课程思政教学探讨. 中国外语，2022（2）：85-88.

业学生的专业必修课，而对"英美概况"作为非英语专业学生外语通识课的研究鲜有报告。"英美概况"通识课程面对的是全校各专业的学生，存在教学学时紧、学生语言水平参差、投入课程学习的精力有限等问题，在本已信息量较大的课程中融入思政内容，对于怎样提高学生的学习投入度、如何合理安排课程进度以达到预期效果等都提出了巨大的挑战。本文探索通过"多维互动""多点融入"的模式路径在课程中潜移默化地开展德育教育，以期为同类课程深入实施课程思政改革提供一些思路。

二、课程思政的实施

（一）课程基本情况

浙江大学外国语学院开设的"英美概况"课程是面向全校非英语专业本科生的通识课，共 32 学时，依托的教材为《英语国家社会与文化入门》。课程的专业目标是系统介绍英美两国的社会与文化概况，使学生全面了解两国的人文地理、政治历史、教育经济等背景知识，帮助学生开阔视野，扩大知识面，提高英语语言运用能力，增强人文素养。由于授课内容知识点较庞杂，课本包含的语汇量对非英语专业学生来说负担较重，所以传统的课堂多采取以输入知识点为主的教学方式，对学生的思辨性思维训练较少，不能满足思政教学改革的需要。近年来，本课程团队人员在教材的基础上，凝练课本的知识点，精心筛选补充教学素材，利用文本、音频、视频等多模态资源促进学生课内外的探究式学习，这些先前工作为课程的思政融入铺垫了基础。目前，在课程中潜移默化地进行德育教育，是本课程进一步深化改革的迫切需要，也是培养新时代具有爱国情怀和国际视野人才的紧迫要求。当下的课程改革需有更清晰的课程育人目标、更精心设计的模式、更合理的路径。这些就是本研究要重点论述的内容。

（二）课程思政改革探索

1. 思政育人目标

本课程面向全校各专业的本科生，课程授课面广，对学生的思想建设及素质培养有一定的影响。在课程设计过程中，团队成员始终以本校"全面落实立德树人根本任务，培养具有全球竞争力的高素质创新人才和领导者"的办学定位为指导，探讨课程目标与思政目标的深度融合，为培养德才兼备、全面发展的人才提供知识与能力方面的储备。在原课程专业目标的基础上，当前的课程改革提出以下育人目标：注重中西比较，培养学生思辨能力；关注英美社会的现状，引导学生思索中英、中美文化差异背后的价值观差异；弘扬社会主义核心价值观与家国情怀，提升四个自信；培养学生跨文化交际能力，引导学生以求同存异、开放包容的心态对待不同文化；在中西体系互为观照的基础上构建有关人类命运共同体的意识。

2. 思政建设模式

本课程团队依托浙江大学开发的"学在浙大"系统以及课程"钉钉群"，探索"多维互动"的教学模式。"多维互动"指的是通过课前、课内和课后师生、生生之间的线上线下互动，对课程蕴含的专业与德育内容进行协作学习与深度探讨。"多维互动"的教学模式有助于强化输入输出相结合的认知过程、增强学习的主动性、提高学习效率、拓展学习深度，从而更好地发挥课程的思政赋能。

（1）课前互动。课前互动是课内互动的铺垫。鉴于本校学生学习自觉性和自学能力较强的特点，教师通过"学在浙大"系统在课前一周发布学习任务（包括课本相关章节与蕴含思政元素的拓展资料），学生通过自学的方式初步了解章节的相关信息。教师在钉钉群设置以本章节主题命名的共享文档，鼓励全班学生留言，共同探讨对章节相关内容的初步理解和思考。教师在课前收集学生共有的问题作为课堂授课的重点，归类学生的观点作为课堂探讨的主题。课前互动弥补了因课时紧张而影响授课深度的不足。学生可以自主安排课前预习的进度，并以线上协作学习的方式对课堂上要学习探讨的内容进行初步消化。此外，课题组成员精心设计了蕴含思政主题的小组学习模块，例如"以'脱欧'为切入点探讨英国政治制度的利弊""中美贸易战的启示""中美教育公平政策对比""美国校园枪击案问题"等等。学生自主组成课外学习小组，对选定的模块进行深度协作学习，完成资料检索、整合等学习任务，为课堂汇报做准备。教师通过钉钉群对各小组的学习进展给予全程指导与关注。在小组协作学习的过程中，学生对相关模块进行了主动探究、辨析探讨，模块任务中所蕴含的思政内容也在研习的过程中自然地被学生消化吸收。例如，选择"以'脱欧'为切入点探讨英国政治制度的利弊"的小组在教师的指导下，检索英国议会辩论的相关材料，通过对"脱欧"相关辩题、思路的学习，不仅提高了语言运用能力，对英国的政治制度运作也有了深入的了解。教师还引导选择此模块的小组以中英比较的视角探究问题，学习《习近平谈治国理政》（英文版）中有关"完善和发展我国国家制度和治理体系"的讲话内容、观看新华网上全国人大会议后国务院总理答中外记者提问的视频。学习小组通过对两国制度、政策的比较，深刻体会中国政治制度在维护国家稳定、保持经济平稳发展、保障民生等方面的优势，从而增强了"道路自信"与

"制度自信"。这些正能量的观点通过课堂汇报传递给其他学生，比教师灌输式教学更能让学生信服。

（2）课内互动。课内互动是在课前互动的基础上，将课本内容和思政内容进行深度融合，是对课程蕴含的德育主题的发掘升华。首先，教师将分模块协作学习的成果在课堂上以小组展示的方式分享给全班同学，展示过程中鼓励学生之间的互动学习。一方面，听众对自己感兴趣的话题提出问题，展示者给予解答；另一方面，听众对展示的方式、内容等做出评价反馈。随后的教师授课环节中，教师聚焦各主题单元的知识要点、理解难点和学生课前讨论的热点，组织情景模拟、个案分析、小组讨论、小型辩论等活动以培养学生的思辨能力，促进学生对授课内容的深度理解和灵活应用。例如，在学习"美国经济"这一章节时，首先由负责"中美贸易战的启示"学习模块的小组对中美贸易战的原因、性质和影响以模拟访谈的方式进行汇报，其余学生以记者采访的形式提问，由"访谈嘉宾"答"记者"问。在学生互动环节之后，教师抽取课本中的重点语汇引导学生回顾美国经济的发展历程，启发学生深刻认识推动经济发展对于国家实力的重要性。同时也鼓励学生对美国经济扩张过程中的不良现象提出批判，探讨中美经济政策差异背后的文化价值动因。随后以抢答小游戏的形式切入"新四大发明"等热词的英文表达，以听力的形式再次学习课前发布的补充材料——《习近平谈治国理政》（英文版）中有关"一带一路"的讲话内容的重点句。在语汇与知识输入的基础上组织学生分组讨论近年中国在经济与技术方面的国际影响力，弘扬"和而不同""包容共存"的中国传统文化价值，加强人类命运共同体的意识。在最后的课堂总结中，教师从贸易战的启示出发，鼓励学生潜心科研，坚持自主创新、勇于攻坚克难，大力发展核心技术。课堂互动环节根据不同的主题内容灵活运用互动方式，使学生在"内化"英美文化知识的基础上，以辩证的眼光看待历史与时政问题，在国际交流中既能秉持开放包容的态度，亦能讲好中国故事。

（3）课后互动。课后互动是课内互动的延伸。学生在"学在浙大"上提交反思笔记，然后进行线上同学互评和教师反馈。例如，在学习了"英国的教育"这个章节后，教师在"学在浙大"上布置当天课程的反思题："根据课堂展示或结合自己专业领域的学习谈谈中英交流合作的必要性"。从学生的反思笔记可见，学生通过之前的课堂互动学习，对中英教育理念的异同及国际交流合作有了更深的认识，他们认识到由于中英文化背景和教育体制等因素的差异，培养的人才在思维、视野和学术范式上也会有很多区别。学生以新的眼光解析本专业的交流合作项目，有法学专业的同学指出，"参与中英交流合作项目有利于本专业同学掌握英美法系和大陆法系的不同特点，在将来的工作中帮助企业在参与世界竞争时规避各种法律风险"。电子科学与技术专业的学生认为通过与国外的同学、教授进行交流，进行思想碰撞，对其未来在芯片技术方面的学习研究有帮助。同学互评促进了不同专业的学生之间信息与观点的交流。教师在评阅、整合学生的反思笔记后再次凝练课程的主题，强调不同国家之间的合作交流让我们更好地与世界接轨，在学习其他国家优秀文化的同时也能将自身文化的优秀之处推广出去。课后通过反思笔记对课堂进行回顾、评估，是相对课前课内来说又一次在认知方面螺旋上升式的互动，是融汇了课程的知识与思政内容的多层次互动。

3. 思政融入路径

课程思政不能是架空的命题，合理的融入路径才能使"多维互动"得到有效落实。课题组成员结合教学单元主题，通过图书馆与互联网检索收集相关思想政治教学素材，在原有教材的基础上补充《习近平谈治国理政》相关话题，补充《中国日报》、中国国际电视台、新华网等中国官方媒体关于英美时政和中国国情的文字、图片和音视频材料，采取从学生需求点、时政热点、文化异同点等"多点融入"的路径方式来实现教学内容与思政元素的内在融合。

（1）学生需求点融入。本课程是面向全校非英语专业的通识课程，在学期初对于学生需求的调查中，我们了解到学生对选修课程有不同的需求，因而在课程设计时，关注学生的需求点导入德育内容则更容易达到"润物细无声"的效果。例如，部分同学选课的目的是想为今后出国交流学习奠定基础。课题组在"英国的教育"这一章节，以"英国部分高校承认中国高考成绩"为切入点，组织学生讨论中英两国基础教育、考核制度、教育改革等方面的异同，思索两国在教育方面互相学习，取长补短的可能性。学生在比较中理解了中英教学理念的异同，对中国教学理念有了更多的认同。在小组学习模块设置"评介浙江大学与英国高校的合作交流项目"这一模块。选择此模块的小组在教师的指导下通过学校官网与其他官方媒体报道了解本校与英国共建的各项合作交流、联合培养项目，包括申请要求、教学目的、教学成果等内容。组内不同专业的学生结合自己专业领域的学习讨论了国际交流合作的必要性。此模块的学习也为学生宣传或参加学校的项目提供语汇与知识储备，提升学生对学校的自豪感，增强学生参与国际交流与合作的能力。

（2）时政热点融入。时政的融入让课程中的知识点更具体，学生通过对热点案例的分析讨论，更易于接受教师意图传达的内涵。例如，"美国的社会问题"这一章节介绍美国的多民族情况以及美国存在的一些社会问题。课程从时事热点"弗洛伊德事件"导入，引导学生理解和思考美国种族问题的根源、历史与现状；通过美国"枪支问题"相关报道，帮助学生了解该问题的根源、造成的校园悲剧与社会问题。这些时政热点的切入使学生对于课程的理解不仅仅停留在课本知识面浅层认识的水平，通过对美国社会问题根源及现状的探讨，还能培养学生的批判性思维能力。在此基础上，教师还鼓励学生对我国"平安校园""平安中国"建设进行思索，这样就更为自然地树立了家国情怀、弘扬了和平发展的时代主题。

（3）文化异同点融入。传统的"英美概况"课程知识点侧重英美文化与社会，但是要真正实现文化交流、文明互鉴，必须充分了解与尊重不同的文化。例如，"美国的体育"这一章节介绍美国人喜爱的体育运动。通过学习，学生了解到中美两国崇尚的体育运动以及两国的体育文化有一些不同之处。课程以"乒乓外交"为切入点启发学生思考体育运动在国际交流中所起的作用。通过观看"乒乓外交"50周年新闻，学生了解到不同文化的人们通过体育运动能够增进沟通了解、建立友好的竞争关系，因而对本章节的学习有了更强的动力。"乒乓外交"诠释的"友谊第一、比赛第二"的体育精神，还启发了学生围绕"美国体育文化是否过分强调竞争"问题展开辩论，同时思索中华体育精神的内涵及其与"和谐、公正、爱国、敬业"等社会主义核心价值观的联系。

综上所述，"多点融入"的思政路径着力于将课程思政与学生的实际学习生活产生关联，并取当代社会生活的热点为课本知识的补充，在东西方文化互为观照的基础上，培养学生正确的价值观取向与跨文化交流的真实能力。

4. 思政教学改革效果

德育素质的培养是一个日积月累的过程，很难以量化指标来衡量，但我们可以从学生课内外的参与度、对课程的认可度以及课程论文的完成质量略窥思政融入的初步成效。

课题组教师普遍反映课内外的多维互动大大增加了学生的参与度。无论在自主学习、小组模块学习还是课堂活动中，学生都比在传统课程中更积极主动。学生期末对课程的评价也反映出他们对课程的满意度较高。学生普遍认为课程弘扬了社会主义核心价值观，教学具有启发性和挑战性，引导他们自主学习，培养思辨能力。课堂内外的各项活动为他们储备了语言和人文知识、提升了人文底蕴，从而增强了他们的文化自信与跨文化交际能力。从课程论文的选题来看，大部分学生是在消化吸收课程内容的基础上结合自己的专业领域来发掘研究兴趣。例如，物理专业的学生探究中美物理系本科教育的异同；体育教育专业的学生展开中英足球训练模式的对比；社会学的学生讨论中西养老观念的异同等。学生在教师的指导下对相关话题进行深入研究，撰写论文提纲并在课堂上进行汇报，由教师和同学提出修改意见，最终形成学期论文。从论文完成的质量来看，学生对中西文化的差异有了更深层的认知，能够运用跨文化的知识分析具体问题，在文化比较中也反映出他们对社会主义制度与价值观具有了更坚定的信念。

结　语

外语类课程"与思想政治理论课同向同行，形成协同效应"① 是当前高校外语教育改革和人才培养的指导方针。在面向全校本科生的"英美概况"通识课程中开展课程思政，是促使文化素养提升与政治思想教育相辅相成的全新尝试。课程探索"多维互动"的思政融入模式，尝试"多点融入"的实施路径，通过比较、辨析的方式，以英美文化知识的习得为依托对学生进行跨文化能力综合训练，开展"四个自信"、社会主义核心价值观、人类命运共同体等思政教育，为显性教育与隐性教育相统一提供了一些思路。任何教育改革都不是一蹴而就的，在目前研究的基础上，教师还应不断加强理论知识，丰富课程思政的资料库，尝试拓展第二、第三课堂，继续为"铸魂育人"作出贡献。

参考文献

Xi, J. P. *The Governance of China III*. Beijing: Foreign Languages Press Co. Ltd., 2020.

毕鹏晖."一体两翼"式课程思政在线教学研究——以"英美文化概况"课程教学为例. 当代教育理论与实践，2021（1）：12-16.

关于深化本科教育教学改革　全面提高人才培养质量的意见.（2019-10-08）[2022-08-15] www.moe.gov.cn/srcsite/A08/s7056/201910/t20191011_402759.html.

教育部高等学校大学外语教学指导委员会. 大学英语教学指南：2020版. 北京：高等教育出版社，2020.

王雪梅，霍炜. 高校外语课程思政研究综述（2018—2021）. 上海理工大学学报（社会科学版），2021（4）：310-314.

习近平：把思想政治工作贯穿教育教学全过程.（2016-12-08）[2022-08-15] http://www.xinhuanet.com/politics/2016-12/08/c_1120082577.htm?isappinstalled=0.

习近平. 习近平谈治国理政（第三卷）. 北京：外文出版社，2020.

杨金才."英国社会与文化"课程思政教学探讨. 中国外语，2022（2）：85-88.

赵雯，刘建达.《大学外语课程思政教学指南》内容重点研制与阐释. 外语界，2022（3）：12-19.

郑兰淼. 英美文化课程中的"课程思政"路径研究. 湖北工程学院学报，2020（3）：26-28.

---

① 习近平. 把思想政治工作贯穿教育教学全过程.（2016-12-08）[2022-08-21]. http://www.xinhuanet.com/politics/2016-12/08/c_1120082577.htm?isappinstalled=0.

邹小弈.新文科视域下课程思政在外语专业课程中的协同育人路径研究——基于成都某高校英美文化课程思政的调研分析.现代英语,2021(7):107-109.

作者简介

袁靖,浙江大学外国语学院讲师,博士。主讲课程为英美概况、大学英语、中西文化精粹等。主要研究方向为英语语言文学及典籍翻译。参编《新编大学英语》《创新应用大学英语综合教程》等教材。发表"诗学中的'并置'——从西方到东方的考察"等论文。本文为浙江大学本科课程思政建设项目"英美概况"的阶段性研究成果。

惠人、立身、成事、兴邦

——基于价值引领的"英语视听说"课程思政探索与实践

张　璐

【摘　要】　本文介绍"英语视听说"课程的思政教学探索，以《新一代大学英语（发展篇）视听说教程》为例，面向高阶学习者，依托产出导向法的"驱动—促成—评价"三个环节，以公民层面的社会主义核心价值观"爱国、敬业、诚信、友善"为引领，从课程思政元素的选择，以及教学内容、方法和标准等方面进行了课程思政教学的思考与实践。

【关键词】　英语视听说；社会主义核心价值观；公民；产出导向法

引　言

《高等学校课程思政建设指导纲要》（以下简称《纲要》）指出，高等学校人才培养是育人和育才相统一的过程。建设高水平人才培养体系，必须将思想政治教育贯通其中，发挥好每门课程的育人作用，提高高校人才培养质量，从而落实立德树人这一新时代教育的根本任务。[①]

新时代的课程思政对培养高水平人才提出了新要求。本文探讨在"英语视听说"这门课程的教学过程中，通过强化课程育人，"将价值塑造、知识传授和能力培养三者融为一体"，"帮助学生塑造正确的世界观、人生观、价值观"，并讲好中国故事的实践与思考。

[①]　中华人民共和国教育部．教育部关于印发《高等学校课程思政建设指导纲要》的通知．（2022–06–01）[2022–08–01]. http://www.moe.gov.cn/srcsite/A08/s7056/202006/t20200603_462437.html.

一、价值引领的课程思政元素

"英语视听说"课程在社会主义核心价值观引领下开展课程实践。《纲要》指出，课程思政需要"培育和践行社会主义核心价值观"三个层面的价值要求，即"引导学生把国家、社会、公民的价值要求融为一体，提高个人的爱国、敬业、诚信、友善修养，自觉把小我融入大我，不断追求国家的富强、民主、文明、和谐和社会的自由、平等、公正、法治"。在教学中，应把这三个层面的价值要求与教学内容有机融合，内化于心，外化于行，加强使命意识和责任担当。[1] 在全球化和知识经济时代背景下，培养人才要"更加突出思想品德和人格魅力塑造"[2]。

课程以社会主义核心价值观为引领便是基于以上因素。同时，课程将核心价值观中公民层面的价值准则放在最核心的位置，是基于以下两大考量。

（一）思政元素的系统性

外语学科的材料中蕴含丰富的思政元素，其人文属性决定了在教学中融入课程思政教育理念具备一定的学科优势。[3] 教师需要按照《大学英语教学指南（2020版）》（以下简称《指南》）的要求和教学对象的特点，着力挖掘这些思政元素，并将其有机融入教学活动。[4] 有机融入，意味着"课程思政应当具有课程的基本要素"[5]，课程需要：

> 一个时段的发展目标（而非仅仅一节课的目标）、一个完整的内容架构（而非某些零碎、随意的内容拼接在一起）、一个合理的活动体系（而非某些新型活动插播到已有活动序列里）和一个促学的评价方案（而非为验证、展示学习效果采集一些成果样例）。

这意味着课程设计中需要体现思政内容的系统性，避免出现"两张皮"现象，更好地实现思政内容的有机融入。"爱国、敬业、诚信、友善"这四个词中，爱国是民族精神的核心，敬业是职业道德的灵魂，诚信是公民道德的基石，友善是

① 赵雯，刘建达.《大学外语课程思政教学指南》内容重点研制与阐释. 外语界，2022（3）：12-19.
② 吴朝晖. 努力构建以立德树人、全面发展为导向的人才培养体系. 中国高教，2019（3）：3.
③ 谢森. 以赛促教 课程育人——首届全国高等学校外语课程思政教学比赛综述. 中国外语，2021（2）：110-111.
④ 何莲珍. 从教材入手落实大学外语课程思政. 外语教育研究前沿，2022（2）：18-22+90.
⑤ 徐浩. 专栏引言：课程思政的教育实践属性. 外语教育研究前沿，2021（4）：9.

公民德行的阳光①，这四个词都是从公民个人层面对社会主义核心价值观基本理念的凝练。通过对这四个关键词的学习，形成将"小我"融入"大我"的意识和行动，惠人、立身、成事、兴邦，从而实现课程的育人功能。

（二）思政元素的联结性

《指南》明确大学英语课程兼具工具性和人文性，"人文性的核心是以人为本，弘扬人的价值"②。以学生作为公民的个人行为和思想为起点，引导他们关注身边人身边事，容易产生共鸣，引发思考，产生联结，从而进一步加强学生对"爱国、敬业、诚信、友善"这四项公民个人层面价值准则的理解，是"以学生为主体"教学理念的体现。

综上所述，课程把价值观引领放在最重要的位置，以公民层面的价值准则为主线，结合教材单元主题，聚焦生活细节与需求，落细、落小、落实公民价值准则教育。通过一个学期的持续学习和思考，学生能够系统探索它们的内在意义和彼此联系，从而强化课程的育人功能。

二、课程思政教学实践情况

（一）课程概览

1. 教学对象：面向高阶学习者

本校"英语视听说"课程面向全校修完大学英语四级课程、学有余力且有更高听说能力需求的非英语专业本科生，是《指南》中最高级别，即"发展"级别的通用英语课程，从语言知识技能、跨文化交际能力、思辨能力和学习策略等几方面进一步提高学生能力。高阶学习者对"分析、综合、评价"③等高阶思维能力的需求更为突出，因此课程设计特别注重将这些能力的培养融入课程育人育才目标与教学内容的设置中。培养高阶思维能力对培养高水平人才具有重要作用。

2. 教学内容：公民价值准则引领的课程学习

与"发展"级别相对应，课程使用《新一代大学英语（发展篇）视听说教程》第一、二册。该系列教材分为基础篇、提高篇、发展篇三个阶段，是第一套对

---

① 任仲平. 凝聚当代中国的价值公约数——论培育和践行社会主义核心价值观.（2015-04-20）[2022-08-01]. http://theory.people.com.cn/n/2015/0420/c49154-26870453.html.

② 教育部高等学校大学外语教学指导委员会. 大学英语教学指南（2020版）. 北京：高等教育出版社，2020.

③ Bloom, B. S., Engelhart, M. D., Furst, E. J., Hill, W. H. & Krathwohl, D. R. *Taxonomy of Educational Objectives, Handbook I: The Cognitive Domain*. New York: David McKay Co Inc., 1956.

应《指南》基础、提高、发展三个级别的教学目标而编写出版的大学通用英语教材。[1]

课程共 32 个学时，需完成 7 个单元的教学任务，每个单元都设有课程专业目标与思政育人目标。"爱国、敬业、诚信、友善"这四项公民层面价值准则对应并串起了课程中 4 个单元（B1U8, B2U2, B1U7, B1U1）的学习。倡导爱国，就是把个人梦想与国家梦想紧密结合；倡导敬业，为社会发展进步注入活力；倡导诚信，即坚守做人做事道德底线，增强社会的凝聚力和向心力；倡导友善，即与人为善，与物为善，为社会和谐提供润滑剂。学生通过系统探索它们的内在意义和彼此联系，实现惠人、立身、成事、兴邦的思政育人目标，并通过两次小组短视频作业汇报其中 2 个单元的学习成果。

课程通过科学设计教学活动，聚焦学生生活细节与需求，基于课本，基于小事、具体事、身边事，不断整合与更新信息，在包括讲授、讨论、汇报、评价等在内的教学全过程激发学生自主意识，引导学生发现并体会公民个人层面的价值准则；要求学生能用英语进行较深层次的讨论与交流，引导学生思考并内化公民层面价值准则，强化语言学习的价值目标。

课程回应了学生对高阶思维能力的需求，在授课过程中力图"强调批判包容思想与解决综合问题的能力"，"强调能力、素质与人格塑造的结合"，服务全人教育。[2]

3. 教学方法：产出导向法与育人育才目标的实现

"产出导向法"（production-oriented approach，以下简称 POA）[3] 旨在克服中国外语教学中"学用分离"的弊端。[4] 其显性目标是提高学生的英语产出能力，隐性目标是提高人的素质[5]，与大学英语课程"兼具工具性和人文性"[6] 这一课程性质呼应。

课程教学过程按照 POA "驱动—促成—评价"三个环节进行。各单元以完成口语产出为目标、为产出。学生从输入的听力材料中学习词汇短语、句法语用、篇章结构，并能有目的、有策略地将其应用到口语活动中；学生通过分析、综

① 外研社高等英语资讯. 全国高等学校大学英语教学创新与发展研讨会暨《新一代大学英语》出版发布会.（2015-04-25）[2022-08-01]. https://mp.weixin.qq.com/s?_biz=MjM5MTM3OTY1NQ==&mid=205942837&idx=1&sn=11dd585675174db6f52f312e5dede8d0#rd.
② 吴朝晖. 努力构建以德树人、全面发展为导向的人才培养体系. 中国高教，2019（3）：1-6+29.
③ 文秋芳. 构建"产出导向法"理论体系. 外语教学与研究，2015（4）：40+547-558.
④ 文秋芳. "产出导向法"与对外汉语教学. 世界汉语教学，2018（3）：387-400.
⑤ 文秋芳. "产出导向法"教学材料使用与评价理论框架. 中国外语教育，2017（2）：17-23+95-96.
⑥ 教育部高等学校大学外语教学指导委员会. 大学英语教学指南(2020版). 北京：高等教育出版社，2020.

合、评价不同来源的信息，形成自己的观点或认识[①]，并能有效地就公民层面价值准则这一领域的相关话题进行深入交流和讨论，表达规范、清晰、得体。产出成果由师生共同评价。

课程通过强化学习实践，"实现产出驱动、输入促成和产出评价的教学流程，达到以用促学、以学助用的效果"[②]。思政体验贯穿于语言习得之中[③]，促进学生将公民层面价值准则转化为情感认同与行为习惯，提高学生用英语讲好中国故事的能力，完善人格，从而实现立德树人的教育目标。

4. 教学标准：对标一流课程建设的"两性一度"

《指南》指出，大学英语课程应对标一流课程建设的要求，体现课程的高阶性、创新性和挑战度[④]。本课程按"两性一度"要求进行探索和实践，具体如下。

高阶性。教学过程中学生需要分析、综合、评价不同来源的信息，形成自己的观点或认识，在输出中呈现对公民层面价值准则的思考，并使用相关话题关键词和表达法，增强讲述力，提高行动力，从而"培养学生解决复杂问题的综合能力和高级思维"[⑤]，增强学生的是非观念和价值明辨能力[⑥]。

创新性。课程特别加强了实践引导，关注知行合一，关注小组的成长。第一，教师引导组内高年级学生传授小组活动相关经验，鼓励团队成员发挥个人专业优势和特长，增进交流形成友爱互助的氛围，协同团队成员形成并展示创造性思维成果。这本身就是对公民层面价值准则之一"友善"知行合一的实践过程。第二，督促小组复盘活动得失，提升能力，增强责任感，将新经验应用到下一次小组活动中，这本身就是对公民层面价值准则之一"敬业"知行合一的实践过程。课程通过两次短视频作业的实践活动，加深学生对课程内容的认识，切实提高交流的有效性，增强团队的认同感和协作能力。

挑战度。课程思政部分的考核主要体现在两次小组短视频作业中。短视频是"外语讲述中国"中最具大众参与性的日常实践活动，可以在很大程度上提升大学生的价值认同和文化自觉[⑦]。

短视频作业因其可回放性，对逻辑准确性、思想深度、语言精度和优美性有更高的要求，又因其多模态性，对制作者的百科知识、跨学科技能以及综合统筹

① 教育部高等学校大学外语教学指导委员会. 大学英语教学指南 (2020 版). 北京：高等教育出版社，2020.

② 常小玲."产出导向法"的教材编写研究. 现代外语，2017（3）：361.

③ 孙有中. 课程思政视角下的高校外语教材设计. 外语电化教学，2020（6）：46-51.

④ 教育部高等学校大学外语教学指导委员会. 大学英语教学指南 (2020 版). 北京：高等教育出版社，2020.

⑤ 吴岩. 建设中国"金课". 中国大学教学，2018（12）：5.

⑥ 蔡满园."课程思政"视域下大学英语金课的创意理性及实践路向. 外语电化教学，2022（1）：3-7+101.

⑦ 杨华. 大学生外语数字化叙事能力的理论与实践研究：课程思政的新探索. 外语教育研究前沿，2021（4）：10-17+91.

调度能力有更高的要求，不仅需要参与者应用已有知识和技能，还需他们主动学习新的知识和技能。

短视频作业体现的是学生外语非虚构叙事能力，需要学生们能够结合外语数字化叙事的具体语境，有效使用各种语言知识，包括组构知识（语法知识和篇章知识）和语用知识（功能知识和社会语言知识）。短视频促进了在校大学生学习成果的多模态化，也为课程思政的教学改革提供了全新的学业成果形式。① 课程通过这个方式提升学业挑战度，从而提高课程质量。

（二）案例实践：以教材 B2U2 Leisure & Work 为例

Leisure & Work 是教材第二册第二单元的主题。该单元中的思政元素对应了公民层面价值准则的"敬业"精神，是课程中学习的第四个公民价值准则，以"成事"为育人目标。本单元完成的短视频作业是课程两次计分作业中的第二次作业。本单元以两次课完成教学内容。

1. 教学目标

通过本单元学习，学生能够：（1）通过整理并复述输入材料主旨与细节，有针对性地学习词汇短语、句法语用、篇章结构，综合、对比、分析输入材料，形成自己的观点或认识，并灵活运用于短视频作业。（2）列举一到两位时代楷模或先锋模范人物，较为清晰地通过讲述他们的敬业事迹说明敬业是实现梦想的动力之源，能通过榜样的"成事"历程说明将个人理想与国家需求紧密结合起来的重要性以及对当代大学生的意义，并恰当地引入到短视频作业。（3）与团队成员协作制定短视频作业方案，完成制作过程，做到主旨清晰，观点明确，语言有较强的感染力；在小组协作、短视频作业形式与内容方面较上一次有提升。

2. 教学流程

（1）驱动

（a）在第一次课上进行听力输入，完成练习。第一篇听力提到不同文化的休闲时间均有延长；第二篇听力提到尽管数据显示在美国人们拥有更多休闲时光，很多人却感到工作更多且更劳累了。（b）由听到说，初步尝试。通过复述和提炼听力材料，总结以上现象的原因。第一，经济发展让人们试图做更多事情；第二，科技发展让人们无法把工作和生活彻底分开，竞争也更激烈，因此精神上感到更为疲惫。这是大家想要避免的局面。由此提出问题，梦想的职业是什么，在追寻梦想过程中可能会碰到什么困难，如何克服困难以成事，现在可以做哪些准

---

① 高照，吴珏燕，钟夏利. 基于模糊层次分析法的中英双语短视频评价体系构建——《文化传播英语》课程思政学业成果评估. 外语电化教学，2022（1）：15–19+26+103.

备？这一环节由学生在小组内进行初步讨论，目的是通过尝试而意识到自身的不足，从而激发学生学习新知识的积极性和产出的意愿。[①]（c）设定交际场景，明确产出任务。以本校学生的身份，通过短视频的方式向本校学生传递观点和实现路径，坚定大学生追求理想职业、勇于克服困难、敬业乐业的信念，展现敬业"为个人安身立命奠定基础，为社会发展进步注入活力"[②]这一"成事"命题的思考。

（2）促成

第一，教师协助学生理解并细分产出任务。教师提示学生可以做什么（通过搜索并阅读新闻报道与文献、观看《功勋》等剧集与《乐业中国》等纪录片，了解劳动模范、共和国勋章获得者、年轻创业者、本校优秀毕业生、本校优秀教职员工的想法和经历）；短视频可以从哪些方面讨论（探索榜样的行为和心路历程，分析本校毕业生面临的机遇与挑战等），以及预期观看效果（能够更好地理解爱岗敬业、乐业奉献等信念；更好地理解成事兴邦的重要性，只有将个人理想与国家需求紧密结合起来才能最终成就一番事业的意义）。第二，教师提供更多输入。要让学生回归听力材料，关注语言内容、结构、观点。带领学生进一步理解与"敬业"这一主题相关的输入，有针对性地弥补和拓展学生的思路以及语言形式和内容。比如，通过介绍劳模精神与工匠精神引导同学们思考什么是好工作，如何做好工作，如何做好准备；通过习近平主席2013年在"实现中国梦、青春勇担当"主题团日活动中激励中国年轻人敢于梦想，勤奋工作，实现梦想，为民族振兴作出贡献的演讲，引导学生思考"青年一代有理想、有担当，国家就有前途，民族就有希望"[③]的重要意义。第三，教师给出产出任务的"视频评价量规"与"小组合作量规"。"视频评价量规"从内容（思辨性与完整度）、语言（文本与韵律）和视频效果（组构与风格）这三个维度给学生提出了内容和形式上的要求，要求短视频作业呈现对课程主题的思考，言之有物、言之有理；"小组合作量规"从参与度、责任感与组员协作这三个维度给学生提出了合作层面的要求。第四，教师督促学生通过课堂内小组讨论进行选择性学习，并在课后继续并深入这一学习，寻找更多材料，将输入材料从接受性知识转换为产出性知识[④]。教师通过线上方式答疑；学生在规定时间内通过线上方式提交视频，教师进行检查。

---

① 文秋芳."产出导向法"与对外汉语教学.世界汉语教学,2018（3）：387-400.
② 任仲平.凝聚当代中国的价值公约数——论培育和践行社会主义核心价值观.（2015-04-20）[2022-08-01]. http://theory.people.cn/n/2015/0420/c49154-26870453.html.
③ 习近平.在同各界优秀青年代表座谈时的讲话.（2013-05-04）[2022-08-01]. http://cpc.people.cn/n/2013/0505/c64094-21367227.html.
④ 文秋芳."产出导向法"与对外汉语教学.世界汉语教学,2018（3）：387-400.

（3）评价

评价是学生学习强化和升华的关键节点，是教学循环链中必不可少的环节。① 本单元第二次课上，按小组顺序播放短视频作业后，首先由学生撰写评语，随即点名学生朗读评语，完成学生互评。在所有视频播放完毕后，由教师点评整体情况，依照两个量规要求，抓突出问题，谈主要提升；课后形成针对各小组的评价，并将结果通过线上方式发送，完成教师评价。在收到教师评价后由组长组织线上讨论，总结本次小组活动经验得失。

3. 教学效果

本次活动通过团队讨论与小组产出作业引导学生深入思考"敬业"这一主题，力图在教学全过程中"将价值塑造、知识传授和能力培养三者融为一体"②。通过了解劳动模范、共和国勋章获得者、年轻创业者、本校优秀毕业生以及本校优秀教职员工的心路历程和实践经历，让学生学习敬业所体现的责任感、敬业所带来的能量，知道敬业关乎个人发展与成就感，也关乎国家发展。通过完成短视频产出活动，提升学生将"小我"融入"大我"的自觉意识，为今后踏上工作岗位后服务人民，服务社会，成事兴邦做好准备。

本次短视频作业是小组第二次合作。课程特别关注小组活动的成长性，鼓励组内高年级学生发挥传帮带的引领作用。在布置任务时，老师会提示学生以"视频评价量规"与"小组合作量规"为标准，要注重量规中对内容的思辨性与完整度、文本与韵律的要求，以及对组员参与度与责任感的要求，吸取小组完成第一次短视频作业过程中的经验得失，以小组能更好地完成这次短视频作业为目标进行准备，切实提高团队合作能力。

另外，本次短视频作业特别鼓励各小组实践在讲述榜样经历时"讲好中国故事"。"讲好中国故事"的重要性是课程上一个单元 Culture & Identity 结尾时讨论的。在这一次小组活动中鼓励学生学以致用，在实践中体会讲述的方式和内容，切实增强讲述力，提高行动力。

---

① 文秋芳."产出导向法"与对外汉语教学.世界汉语教学，2018（3）：387–400.
② 中华人民共和国教育部.教育部关于印发《高等学校课程思政建设指导纲要》的通知.（2022–06–01）[2022–08–01]. http://www.moe.gov.cn/srcsite/A08/s7056/202006/t20200603_462437.html.

结　语

本课程基于课本设定课程专业目标与思政育人目标，以产出导向法为理论支持，以小组产出任务为契机，输入输出环环相扣，活动形式、目标、内容相匹配，强化语言学习的价值目标。课程引领学生通过一学期的持续思考，系统探索"爱国、敬业、诚信、友善"的内在意义和彼此联系，将"惠人、立身、成事、兴邦"深化为情感认同与行为习惯。

目前，"英语视听说"课程已按这个模式开展教学实践，教师在教学过程中不断反思与调整教学内容，总结经验与不足，为下一轮教学实践做好准备。

首先，课程将系统思考整体布局，加强课堂内容设计，结合视听说课程性质特点，完善细化育人目标，优化课程思政的融入点、载体途径和成效评价，加强师生互动、生生互动。第二，深入学习理论，加强课程内涵建设，进一步深化对"爱国、敬业、诚信、友善"等四项公民层面的价值准则的理解，为课程提供精神文化与思想动能。第三，创新教学方式，结合课程教学，尝试开拓校内实践与社会实践，促进学生进一步关注身边群体的具体事，关心社会热点、地方文化、非遗文化等身边事，不断整合与更新信息，积极引导学生思考并内化课程内容，更好地实现立德树人的教育目标。

参考文献

Bloom, B. S., Engelhart, M. D., Furst, E. J., Hill, W. H. & Krathwohl, D. R.. *Taxonomy of Educational Objectives, Handbook I: The Cognitive Domain*. New York: David McKay Co Inc., 1956.

蔡满园."课程思政"视域下大学英语金课的创意理性及实践路向.外语电化教学，2022（1）：3-7+101.

常小玲."产出导向法"的教材编写研究.现代外语，2017（3）：359-368+438.

中华人民共和国教育部.教育部关于印发《高等学校课程思政建设指导纲要》的通知.（2022-06-01）[2022-08-01].http://www.moe.gov.cn/srcsite/A08/s7056/202006/t20200603_462437.html.

高照，吴珏燕，钟夏利.基于模糊层次分析法的中英双语短视频评价体系构建——《文化传播英语》课程思政学业成果评估.外语电化教学，2022（1）：15-19+26+103.

何莲珍.从教材入手落实大学外语课程思政.外语教育研究前沿，2022（2）：18-22+90.

教育部高等学校大学外语教学指导委员会. 大学英语教学指南 (2020 版). 北京：高等教育
出版社，2020.

任仲平. 凝聚当代中国的价值公约数——论培育和践行社会主义核心价值观.（2015-04-
20）[2022-08-01]. http://theory.people.com.cn/n/2015/0420/c49154-26870453.html.

孙有中. 课程思政视角下的高校外语教材设计. 外语电化教学，2020（6）：46-51.

外研社高等英语资讯. 全国高等学校大学英语教学创新与发展研讨会暨《新一代大学英
语》出版发布会.（2015-04-25）[2022-08-01]. https://mp.weixin.qq.com/s?_biz=MjM5
MTM3OTY1NQ==&mid=205942837&idx=1&sn=11dd585675174db6f52f312e5dede8d
0#rd.

文秋芳. 构建"产出导向法"理论体系. 外语教学与研究，2015（4）：547-558+640.

文秋芳. "产出导向法"教学材料使用与评价理论框架. 中国外语教育，2017（2）：17-
23+95-96.

文秋芳. "产出导向法"与对外汉语教学. 世界汉语教学，2018（3）：387-400.

吴朝晖. 努力构建以立德树人、全面发展为导向的人才培养体系. 中国高教，2019（3）：
1-6+29.

吴岩. 建设中国"金课". 中国大学教学，2018（12）：4-9.

谢森. 以赛促教　课程育人——首届全国高等学校外语课程思政教学比赛综述. 中国外
语，2021（2）：110-111.

习近平. 在同各界优秀青年代表座谈时的讲话.（2013-05-04）[2022-08-01]. http://cpc.
people.com.cn/n/2013/0505/c64094-21367227.html.

徐浩. 专栏引言：课程思政的教育实践属性. 外语教育研究前沿，2021（4）：9.

杨华. 大学生外语数字化叙事能力的理论与实践研究：课程思政的新探索. 外语教育研究
前沿，2021（4）：10-17+91.

赵雯，刘建达.《大学外语课程思政教学指南》内容重点研制与阐释. 外语界，2022（3）：
12-19.

作者简介

张璐，浙江大学外国语学院讲师，硕士。主要研究方向为语音学与二语习得。本文
系浙江大学本科课程思政建设项目"英语视听说"的阶段性成果。

文学类课程篇

文学涵养，润泽人文情怀

论"英语文学名著精读"课程思政的内涵、模式与特点

高　奋

【摘　要】"英语文学名著精读"课程思政的内涵是：以立德树人为根本任务，关注政治思想教育与知识传授的有机融合，立足中国，树立"以我为主、为我所用"的立场，在中西互鉴的视域中提升学生的思想、知识和能力，培养德智体美劳全面发展的时代新人。课程思政的四种基本模式是：中西对比模式、用中西文论观照英美文学作品、在中外对比语境中用中国诗学观照英美文学、将中国特色批评方法融入英美文学教学中。课程思政的三大特点是：坚持"立足中国，学习研究英语文学"的教学理念；采用"思政资源＋作品分析＋批评实例"三合一教学框架和价值塑造、知识传授、能力培养有机结合模式；坚持教学科研相结合原则，将前沿学术成果融入课堂教学中。

【关键词】 英语文学名著精读；课程思政；教学模式

引　言

"英语文学名著精读"是浙江大学英语专业的必修课程，已经经历了40年的发展历程。主要可分为三个阶段：（1）文本细读阶段（1978—2005年）：课程名称为"英美文学作品选读"，学生通过细读文学文本，提高自身的英语领悟能力和表达能力。（2）课程建设阶段（2006—2014）：课程名称为"英语文学名著精读"，开展教学内容、方法、考试改革，建立课程网站，2009年被认定为"省级精品课程"。（3）课程推进阶段（2015—2023年）：推进知识、能力、素养、育人的有机融合，推进教学内容、方法、考试的改革，2019年被认定为"省级线下一流课程"，2023年被认定为第二批"国家级线下一流本科课程"。本课程的演变在一定程度上反映了中国高校外国文学必修课程的发展史，我们在课程思政的理念、模式和特点上进行了探索，旨在拓展和提升外国文学课程教学的内涵和

境界。

本文以国内学界对"课程思政"理念的探讨为出发点，通过思考课程思政和立德树人、外国文学与中国文化之间的关系，阐明包括本课程在内的高校外国文学课程思政的内涵，然后归纳和分析"英语文学名著精读"课程思政的模式和特性，旨在探索外国文学课程思政的共通特性。

一、课程思政的内涵

关于课程思政的内涵，国内学界已经做了较多的界定。例如，课程思政就是"将思想政治教育元素，包括思想政治教育的理论知识、价值理念以及精神追求等融入到各门课程中去，潜移默化地对学生的思想意识、行为举止产生影响"[①]；课程思政就是"更加自觉、更加有效地把知识教育和理想信念教育、道德品格教育有机结合起来，充分发掘各类课程的思想政治教育元素，把思想引领和价值观塑造融入每一门课程的教学之中，让所有的课程都承载起育人的功能"[②]；课程思政"实质上是一种课程观……是将高校思想政治教育融入课程教学和改革的各环节、各方面，实现立德树人润物无声"[③]；课程思政是指"通过运作整个课程，即显性课程（包括思想政治教育理论课程和各学科课程）和隐性课程（包括物质层面的、精神层面的、行为层面的、制度层面的隐性课程），在全员参与下，对学生予以全方位、全过程的思想政治教育的活动和过程"[④]。

上述定义主要从课程观出发，重点阐明了政治思想理论教育与知识教育之间"同向而行"和"协同效应"[⑤] 的有机融合关系以及融合方式。但是，我们对课程思政的思考不应局限在思想与知识的内在有机融合上，还需要将其放置于"百年未有之大变局"的世界视野中进行观照，放置于培养担当中华民族复兴大任的时代新人的中国视野中进行观照，放置在"培养什么人、怎样培养人、为谁培养人"这一根本问题的教育视角中进行观照。这样一来，我们就会意识到，课程思政是以立德树人为根本任务的，我们不仅要关注政治思想价值与知识之间的融合关系，更需要依据立德树人的内涵，全面而深入地领会课程思政的立场、内涵与目标。

---

① 王学俭，石岩. 新时代课程思政的内涵、特点、难点及应对策略. 新疆师范大学学报（哲学社会科学版），2020（2）：51.

② 刘承功. 高校深入推进"课程思政"的若干思考. 思想理论教育，2018（6）：63.

③ 高德毅，宗爱东. 从思政课程到课程思政：从战略高度构建高校思想政治教育课程体系. 中国高等教育，2017（1）：44.

④ 何玉海. 关于"课程思政"的本质内涵与实现路径的探索. 思想理论教育导刊，2019（10）：131.

⑤ 习近平谈治国理政（第二卷）. 北京：外文出版社，2017: 378.

人才培养是育人和育才相统一的过程，育人是本，人无德不立，育人的根本在于立德。立德树人的主要内涵包括：

（1）阐明"德"的重要意义，重视从中华优秀传统文化中挖掘"德"的深层内涵。

（2）培养学生"德智体美劳全面发展"，特别重视劳动教育的时代价值。要教育学生"明大德、守公德、严私德"，"求真理、悟道理、明事理"，"增强体质、健全人格、锤炼意志"，"提高审美和人文素养"，"崇尚劳动、尊重劳动、尊重劳动者"。

（3）培养"时代新人"的独特品质，在坚定理想信念、厚植爱国主义情怀、加强品德修养、增长知识见识、培养奋斗精神、增强综合素养等多个方面下功夫。[①]

以立德树人为根本任务，我们这样阐述课程思政的基本内涵：课程思政的根本任务是立德树人。它采用政治思想教育与知识传授有机融合的课堂教学方式，立德为先，从中华优秀传统文化出发深入阐明"德"之内涵；育人为本，培养学生德智体美劳的全面发展，培养具有坚定理想、爱国情怀、优秀品德、丰富知识、奋斗精神和综合素养的时代新人。

不同学科的课程思政的基本内涵相通，但依据学科的不同特性，又具有特殊性。

外国文学教学涉及中外文学的关系问题，我们需要依据新时代中国特色社会主义文化建设的要求来确定我们的立场，始终牢记"培养什么人、如何培养人、为谁培养人"这一教育的根本问题。我们需要以"立足中国、借鉴国外，挖掘历史、把握当代，关怀人类、面向未来"，"建设具有中国特色、中国风格、中国气派的哲学社会科学"[②] 为目标，遵循"中华民族是一个兼容并蓄、海纳百川的民族……对各国人民创造的优秀文明成果，都应该采取学习借鉴的态度，都应该积极吸纳其中的有益成分。要坚持从本国本民族实际出发，坚持取长补短，择善而从，在不断汲取各国文明养分中丰富和发展中华文化"[③] 的原则。因此，我们对"英语文学名著精读"等外国文学类课程提出了下面的课程思政内涵：

立足中国，树立"以我为主、为我所用"的立场，从中华优秀文化传统出发学习和研究外国文学，在中西互鉴的视域中提升学生的想象、审美、批判、创新能力，旨在培养和提升学生的理想信念、家国情怀、文化自信、道德修养、人文素养、奋斗精神、综合素养。

---

① 本书编写组．习近平总书记教育重要论述讲义．北京：高等教育出版社，2022: 45-69.
② 中共中央宣传部．习近平新时代中国特色社会主义思想学习纲要．北京：学习出版社，2019: 142.
③ 中共中央宣传部．习近平新时代中国特色社会主义思想学习纲要．北京：学习出版社，2019: 148.

依据这一课程思政内涵，"英语文学名著精读"等外国文学类课程需解决的核心问题包括：

（1）如何将家国情怀融入外国文学教学中，建立从本民族的问题、思想和方法出发去学习外国文学的立场、方法和路径？

（2）如何将文化自信融入外国文学教学中，提升学生的文化自信，培养学生从中国哲学和文论出发阅读外国文学作品的能力和素养？

（3）如何将中国诗学融入外国文学分析中，提升学生的创新意识，培养学生形成有中国特色的全球视野？

（4）如何将中国方法融入外国文学作品分析中，以提升学生对中国思维的创新性认识和运用？

二、"英语文学名著精读"课程思政的模式

针对上述四个核心问题，我们在"英语文学名著精读"教学实践的基础上，提出课程思政的四种基本教学模式。我们将分别以理论和作品教学为例，阐明这四种教学模式。

1. 中西对比模式

针对上述第一个问题，我们以中国文化立场、中国思维、中国审美批评法等博大精深的中华文化思想为思政教育资源，采用中西对比模式，通过对比中西思维、批评模式等，让学生深入浅出地了解和把握对待外国文化的立场、态度和方法，深入理解中华文化的精粹，提升家国情怀。该模式主要包括下面三个部分：

（1）阐明"以我为主、为我所用"的中国外国文学研究立场。围绕"什么是'以我为主，为我所用'的立场"这一问题，以鲁迅的"汉唐气魄"为例，阐述主体性内涵；以中国"禅宗"的形成为例，阐述创造性特质。

（2）阐明中西互鉴的重要性。通过对比中国"象思维"与西方"概念思维"，阐释中西思维的异同。在此基础上，进一步阐明中西互鉴/中西对话创新的内涵和重要性。

（3）阐明中西批评的异同。首先详述西方认识性批评的本质、特性、例证、局限，然后详述西方审美性批评的本质、观点、发展史、特性，接着详述中国审美性批评的本质、观点、特性、例证（知人论世、以意逆志、知音说、整体观照法等），最终阐明中西批评方法的异同，中国审美批评方式的优势。①

① 详见：高奋.论新时代中国外国文学批评的立场、导向和方法.浙江大学学报（人文哲学社科版），2019（2）：177-188.

　　这是导论性的课堂教学，以中西思维和批评方法的对比来确立学生学习外国文学的立场和方法，为后续的作家作品学习奠定基础。当然，中西对比是多维度的，它既可以是中西文论与批评模式对比，也可以是中西作家作品对比，可依据不同的课程目标作相应调整。通常情况下，适度的中西比较相较于单纯的外国文学讲解来说，会更好地让学生在异同思辨中形成自己的独立观点，培养从本民族思维出发的立场、态度、方法和判断力。

2. 用中西文论互鉴的方式观照外国文学作品

　　针对上述第二个问题，我们以中国传统文化典籍和中国现当代文论为思政教育资源，用中西互鉴的方法观照外国文学作品，重点剖析三方面内容：通过小说人物分析，让学生领悟外国文学作品中人性的真善美；通过实证研究，让学生了解外国作家认识中国文化的路径和方法；通过整体分析，让学生领悟外国作家作品对中国思想的领悟和对西方思想的反思。下面以英国作家弗吉尼亚·伍尔夫的小说《达洛维夫人》的教学为例，阐明具体的教学模式，本模式主要包括下面三个部分：

　　（1）细读《达洛维夫人》小说文本，不仅分析意识流小说的叙事特色、技法和结构，而且深入分析主人公达洛维夫人对生活的热爱、对自然的喜爱和对他人的善意。重点聚焦：a）达洛维夫人意识流中对爱情的深层次理解，以及对婚姻的理解；b）她所推崇的"既深入其内又飘然其外"的为人处世方式；c）她对自我的认识：吾忘我；d）她忘却和超越仇恨的态度等。通过人物分析，加深学生对爱情、婚姻、为人处世、自我、善的认识和理解。

　　（2）深入剖析现代作家伍尔夫接受中国的道家思想的文化背景（20世纪两次世界大战期间西方知识分子对中国之"道"表现出异乎寻常的关注）和途径（通过到访中国的亲朋好友了解中国，通过阅读各类描写中国的著作和中国典籍的英译本领悟中国文化的深层内涵）。

　　（3）系统分析《达洛维夫人》中的显性之"道"（街道）和隐性之"道"（处事方式和生命之道），以老子《道德经》中的"道"的内涵解读小说深层的伦理思想，以英国哲学家罗素在《中国问题》中对中西之道的对比为依据，阐明小说如何以中国之"道"（无为之道，贵生之道）为镜，反思和批判西方伦理观（占有"possession"、独断"self-assertion"和主宰"domination"），最终深入阐明小说中蕴含的生命伦理观（珍爱生命、尊重生命和联结生命）。[①]

　　外国文学作品分析是外国文学课堂教学中最主要的内容。以往课堂教学中常

---

① Gao, F., chen, S. Ethical choice in Virginia Woolf's *Mrs. Dalloway* and Chinese "Way". *Interdisciplinary Studies of Literature*, 2019（2）：295-307.

常专注于文本细读：第一层面以字、词、句、段落的语言讲解为主要内容；第二层面进入作品背景、叙事视角、情节、人物、风格、主题等文学元素和技法的知识性分析，但较少进入人性、精神、思想、价值观、伦理道德等深度分析层面。因此有学者提出，外国文学教学应该"从传授外国文学知识向挖掘外国文学精神价值转化"，"从传授外国文学研究方法向养成批评性思维转化"[①]，这无疑是正确的方向。但是从语言解读和知识分析上升到思想精神价值领悟的高度，如果不依托相关的理论支撑是很难完成这样的深度转换的。若能以相关的中华传统典籍和西方文论为支撑，就像我们上面的案例中运用老子的《道德经》和罗素的《中国问题》来分析伍尔夫作品，我们对作品深层思想的阐述就能达到哲思的高度。这样的阐释必定会提升学生对真善美的理解，对中国文化的深度理解，增强他们的文化自信。

3. 在中外对比语境中，用中国诗学观照外国文学作品

针对上述第三个问题，本课程以中国诗学范畴为思政教育资源，采用中西互鉴方法，将中国传统诗学理念融入到外国文学教学中。重点剖析三方面内容：通过作家研究，阐明中国艺术影响世界的方式与路径；通过中外研究对比，阐明研究方法和目标的异同；通过中西诗歌或诗画对比，阐明外国诗人的诗作与中国视觉绘画之间意味的异同，揭示"物我合一""意境"等中国诗学范畴在外国诗歌中的体现。本课程旨在培养学生的创新意识，使学生在中西比较中形成有中国特色的全球视野。下面以美国诗人华莱士·史蒂文斯的诗歌《雪人》的教学为例，具体阐明教学模式，本模式主要包括三个部分：

（1）史蒂文斯作家研究。研究包括史蒂文斯的生平创作及其与中国文化的关系；史蒂文斯《雪人》的创作背景（曾受到中国禅宗画的影响，从中国禅宗画中汲取了独特的体悟事物的方式和深远的意境）；史蒂文斯的诗学思想。

（2）对比分析中西学界对《雪人》的研究观点和方法的异同。西方学界指出，《雪人》体现了斯多葛式的忍耐、爱默生式的超验、叔本华式的主体观、尼采的意志论等。中国学界则侧重于分析史蒂文斯与中国的关系以及其诗歌中的中国文化元素。也就是说，西方学者更注重对诗歌内涵做哲学性解读，以破解史蒂文斯诗歌中晦涩难懂的难题，中国学者更青睐文化影响研究。

（3）基于史蒂文斯曾深入学习并汲取中国文化的事实，以中西诗画对比方式，用中国诗学解读《雪人》的深层内涵。包括：a）对比并阐明中国画《高山积雪》（1948）中"物我合一"的心境与史蒂文斯《雪人》第一诗节中"冬的心境"之间的相通性；b）对比中国画《虫二图》（1986）的意境与《雪人》第二、三、四诗

---

① 王卓. 高校外国文学"课程思政"的内涵与外延. 当代外语研究，2020（4）：67-68.

节中的"诗中画",阐明"诗中画"中表现的"无念""离相"观念;c)对比中国画《高山积雪》中的题画诗与《雪人》的最后诗节,分析中国画题画诗所表现的庄子齐物论思想,与《雪人》最后诗节中三个"nothing"(无)所表达的"无我"理念和"无"之本质,阐明两者的相通性,指出两者均表现了生命本真游心于道的超然意境。①

在外国文学作品分析中,我们需要采用相应的方法论加深对作品的理解。以往课堂教学中我们常常会采用西方的文学批评方法,比如新批评的文本细读、俄国形式主义批评的形式分析,以及结构主义、解构主义、女性主义、文化研究、后殖民主义等方法,较少用中国诗学范畴来观照外国文学作品。其实西方文论强于理性思辨和逻辑推论,中国诗学强于审美感悟和整体观照,两者上升到普遍性层面均适用于文学批评。我们已经将西方文论方法广泛运用于研究和教学中,同时也需要将中国诗学范畴运用于研究和教学中。用中国诗学范畴去观照外国文学,一方面更贴近中国学生的思维和理解模式,更容易获得学生的共鸣,另一方面更容易通过跨文化审视,让学生提出具有原创性的观点,形成有中国特色的全球视野,就像上面的教案中所显示的那样,以中西诗画对比方式,阐明诗歌中"物我合一"和"意境"等审美意蕴。

4. 将中国特色的批评方法融入到外国文学教学中

针对上述第四个问题,我们用孟子的"知人论世""以意逆志"思想为思政教育资源,将中国特色的批评方法融入外国文学教学中,重点剖析三方面内容:阐明"知人论世""以意逆志"的内涵与思想基础,以具体研究例证阐明此方法论的运用方式;剖析作家生平与社会文化背景等;用"知人论世""以意逆志"方法分析外国作家的作品。本课程旨在让学生掌握中国传统文学研究方法论,培养学生形成有中国特色的研究能力。下面以美国作家海明威的短篇小说《一个干净明亮的地方》的教学为例,具体阐明教学模式,本模式主要包括三个部分:

(1)阐明中国诗学"知人论世""以意逆志"的批评理论与例证。包括:a)孟子的"知人论世"的出处、原文、内涵,其诗学基础、哲学基础;将"知人论世"运用于英国艺术批评的4个例证;b)孟子的"以意逆志"的出处、原文、内涵,其伦理学基础、诗学基础、哲学基础;将"以意逆志"运用于英国艺术批评的2个例证;c)深入评析这些例证,阐明"知人论世"与"以意逆志"批评方法的运用方式。②

---

① 详见:高奋. 华莱士·史蒂文斯诗歌中的中国禅意. 跨文化对话,2020(42):159-171.
② 详见:高奋. "知人论世"与"以意逆志":罗杰·弗莱艺术批评与中国传统批评的相通性. 华中师范大学学报(人文社会科学版),2021(3):98-106.

（2）分析海明威的生平与创作。包括：海明威的生活和创作经历、小说简析、冰山理论等。

（3）用"知人论世""以意逆志"方法分析《一个干净明亮的地方》。包括：a）《一个干净明亮的地方》文本细读，理解字面义与象征义；b）重点关注海明威有关生命的本质、生命的虚无感、生命的尊严、生命的希望等段落；讨论短篇小说中"黑夜""光"等意象的内涵；c）小说中关于生命的本质和意义的段落分析；d）从海德格尔的生命哲学出发解读小说，重点阐明希望、理想、使命感在生命中的重要价值。

中外都有基础性文学研究方法。近现代西方文学批评方法中不断更新的各种主义，其基础性的研究方法实质上就是社会历史文化研究法，即从作家个性、社会文化历史背景出发去解读文学作品，这种方法与中国诗学基本方法"知人论世""以意逆志"有较大的共通性，但是区别也很明显。中国的方法着重强调整体观照性和审美性，西方的方法更重视对某视角的深入分析和挖掘。中外对比的方法让我们的学生深入理解本民族最基本的方法论，对培养学生形成有中国特色的研究能力大有裨益。

三、"英语文学名著精读"课程思政的特点

"英语文学名著精读"课程思政的主要特点包括：

（1）坚持"立足中国，学习研究英语文学"的教学理念，运用中西互鉴教学法，在提升学生价值观的同时，提升学生的知识与能力。本课程一方面以中国诗学、文化、哲学、艺术为课程思政资源，引导学生充分感悟中国文化思想的博大精深，提升学生的家国情怀、文化自信、创新意识和理想境界；另一方面采用中西互鉴方法论，以中国哲学、文化、诗学为镜，解析外国作品，阐明文学作品所传达的生命感悟与理想情怀，提升学生的人文素养和知识能力。

（2）坚持"以学生为主体"，采用"思政资源＋作品分析＋批评实例"三合一教学框架和"价值塑造、知识传授、能力培养"有机结合模式。本课程坚持"以学生为主体"教学原则，充分发挥教师的引导和启发作用，运用三合一教学框架，将思政资源与方法论解析融入作品分析中，再辅以深入浅出的文学批评实例示范，使学生在塑造社会主义核心价值观的同时，系统掌握文学知识和批评能力。

（3）坚持"教学科研相结合"原则，将前沿学术成果以批评例证方式融入课堂教学中，增强教学的思想性和学术性，激发学生的创造性。本课程将前沿学术

成果直接融入课堂教学，有助于学生在丰富知识的同时，不断提升创新意识和科研境界。

结　语

"英语文学名著精读"在遵循立德树人的根本目标和充分考虑外国文学与中国文化的关系的基础上，探索将"价值、知识、能力"高度融合，将中国文化和外国文学有机融合，在此基础上提出课程思政的内涵、模式和特性。它将有助于提升学生的创新能力和批判精神，培养他们从本民族文化出发的立场、态度、方法和判断力，让他们成为有理想信念、家国情怀、文化自信、道德修养、人文素养的时代新人。

参考文献

Gao, F., Chen, S. Ethical choice in Virginia Woolf's *Mrs. Dalloway* and Chinese "Way". *Interdisciplinary Studies of Literature*, 2019（2）：295-307.

本书编写组．习近平总书记教育重要论述讲义．北京：高等教育出版社，2022.

高德毅，宗爱东．从思政课程到课程思政：从战略高度构建高校思想政治教育课程体系．中国高等教育，2017（1）：43-46.

高奋．论新时代中国外国文学批评的立场、导向和方法．浙江大学学报（人文哲学社科版），2019（2）：177-188.

高奋．华莱士·史蒂文斯诗歌中的中国禅意．跨文化对话，2020（42）：159-171.

高奋．"知人论世"与"以意逆志"：罗杰·弗莱艺术批评与中国传统批评的相通性．华中师范大学学报（人文社会科学版），2021（3）：98-106.

何玉海．关于"课程思政"的本质内涵与实现路径的探索．思想理论教育导刊，2019（10）：130-134.

刘承功．高校深入推进"课程思政"的若干思考．思想理论教育，2018（6）：62-67.

王学俭，石岩．新时代课程思政的内涵、特点、难点及应对策略．新疆师范大学学报（哲学社会科学版），2020（2）：50-58.

王卓．高校外国文学"课程思政"的内涵与外延．当代外语研究，2020（4）：66-72.

习近平谈治国理政（第二卷）．北京：外文出版社，2017.

中共中央宣传部.习近平新时代中国特色社会主义思想学习纲要.北京：学习出版社，
2019.

作者简介

高奋，浙江大学外国语学院教授、博导、外国文学研究所所长，博士。全国美国文学研究会常务理事、英国文学研究分会常务理事。英国剑桥大学高级研究学者和美国印第安纳大学访问学者。出版学术著作《走向生命诗学——弗吉尼亚·伍尔夫小说理论研究》《英国形式主义美学及其文学创作实践研究》等著作 10 余部；发表 A&HCI、权威和一级期刊等论文 70 篇；主持国家社科基金项目 3 项，重大项目子课题 1 项；获教育部第八届高等学校科学研究优秀成果三等奖。主持国家级一流本科课程"英语文学名著精读"。

俄罗斯文学中的"三类人"与人生观、价值观的树立

——俄罗斯文学教学中的课程思政探究

周 露

【摘 要】 经典文学是当代高校思想政治教育的重要资源。俄罗斯文学宝库资源丰富，经典作家作品数量众多。对俄罗斯经典作家作品进行精读与细读，充分利用线上资源拓展学生的阅读范围与阅读兴趣，有机融入思政元素，有助于加强当代大学生的思想政治教育，帮助学生树立正确的人生观与价值观。

【关键词】 经典文学；三类人；精读与细读；思政元素；价值观

引 言

经典文学作品具有记载历史、传承优秀文化和推动意识形态教育等价值功能。在大学生思想政治教育过程中深入发掘和利用经典文学的价值功能，有利于推进社会主义核心价值观的构建、促进高校校园文化建设。经典文学对学生的影响是多方面的，是一种潜移默化的、久远的浸润。文学作品中优美的语言、丰富的文化内涵和深邃的思想智慧会让学生逐渐受到熏陶与滋养，在不知不觉中完成世界观的转变，形成正确的价值观与人生观。当代大学生的个体自主意识明显增强，他们不再是思想灌输的被动客体，不再满足于传统教学中的"你说我听"模式。因此，在当前的时代背景之下，结合推动习近平新时代中国特色社会主义思想"进课堂、进教材、进学生头脑"的"三进"活动，将俄罗斯文学教学与思政育人相结合具有现实的可行性与必要性。

一、文学文本与课程思政

"在歌德预言世界文学时代即将到来的两百年后，世界文学果真在后欧洲时代，也即全球化时代如期而至。"[①] 在世界文学之林中，当代大学生更了解、更感兴趣的可能是英美文学。"但我们必须看到，小语种的民族文学很愿意也非常应当被全世界更广泛地感知。"[②] 19世纪的俄罗斯文学人才辈出、星光灿烂，作为俄语专业的本科生，更应该熟读与理解这一阶段的经典文学作品。"俄罗斯文学选读Ⅰ"课程从解析俄罗斯经典文学与中国现阶段大学生意识形态建设的内在联系出发，阐释经典文学教育对于高校思想政治教育的现实价值和重要意义。俄罗斯经典作家的文学作品充满了深刻的人道主义精神。俄罗斯文学家生来具有道德感、使命感，擅长于在创作中将社会批判与道德探索进行有机结合。整个19世纪俄罗斯文学只回答了两个问题，即"谁之罪"与"怎么办"，这两个问题也一直延续至今，成为俄罗斯作家创作中的主旋律。高度的思想性和完美的艺术性相结合，使俄罗斯文学一直保持着强大的生命力。"19世纪俄罗斯文学取得的成就是俄罗斯文学史乃至世界文学史迄今难以企及的高峰。"[③] 通过对俄罗斯经典作家（从普希金到契诃夫）经典作品的选读与细读，通过对"小人物""多余人""新人"这三类19世纪俄罗斯文学中经典人物形象的分析与思考，本课程注重挖掘俄罗斯经典文学作品中所蕴含的强烈的民主主义思想情绪和对公平正义的社会的向往，有助于当代大学生深入了解19世纪沙俄统治的黑暗与腐朽，理解人道主义精神的精髓，理解俄罗斯文学特有的品格，从而树立正确的人生观与价值观。

本课程负责人博士毕业于比较文学与世界文学专业，先后担任过"俄罗斯文学史""俄罗斯文学作品选读""俄罗斯文学经典鉴赏"等文学类课程的教学，教学经验丰富。教学团队成员均具有多年的俄罗斯文学教学经验，对俄罗斯文学发展史与经典作品烂熟于心，对当代大学生的接受热点颇为了解，对俄罗斯文学的专业知识内容与其中蕴含的思政育人素材也颇有心得。在教学中，团队成员结合教学内容与教学目标，精选文学经典作品；同时注重把握经典文学作品的文化内涵与思想内涵，从总体上对学生进行正确的价值导向引导。

文学是一门以语言为媒介的艺术，因此首先必须关注作品的语言创作艺术与语言解读艺术，"而凝结这两者的载体——文学作品／文学文本，便是'文学学'

[①] 马蒂亚斯·弗莱泽.语言抑或可比性：世界文学之网如何发挥作用？.王晓菁，译.//周启超主编.外国文论与比较诗学（第7辑）.北京：知识产权出版社，2020：3.

[②] 马蒂亚斯·弗莱泽.语言抑或可比性：世界文学之网如何发挥作用？.王晓菁，译.//周启超主编.外国文论与比较诗学（第7辑）.北京：知识产权出版社，2020：3.

[③] 郑体武.俄罗斯文学简史.上海：上海外语教育出版社，2006：4.

要考察的核心客体"①。本课程以文学文本为主要研究与教学对象，符合当今俄罗斯学界和中国学界有关俄罗斯文学教学的新趋势与新要求。在文学文本的选材方面，本课程注意选择那些具有深刻的思想性，充满反封建、反农奴制精神的优秀文本。19 世纪俄罗斯经典文学作品充满了浓厚的人道主义精神与人文主义关怀，充满了对底层人民深切的同情与怜悯，深刻地揭露与批判了沙俄的暴政。因此，选材面很广，可选内容很丰富，但重要的是如何引导学生关注到这一点并提高思想认识与觉悟。

"小说的发展从一开始，就连接着现代技术和现代大众传播手段的发展。"② 俄罗斯文学选读课程需要大量阅读原著及对相关背景知识的介绍及评论，电影、电视与互联网手段的适当介入可以加深学生对文学文本的理解。合理建立、利用线上资源有助于减轻学生的学习负担、节省资料搜索时间，帮助他们快速进入相关资源库、浏览相关影视资料。在线上线下混合教学模式下，本课程的课堂教学进行了以下创新：

（1）教师讲授与作品片段编演、小组讨论、小组代表发言、同学自由发言相结合。

（2）原著阅读和作业布置相结合。有了作业这一任务，再加上学生本身对俄罗斯文学的兴趣，原著的阅读量会大大增加。同时，题目的思考和完成又会训练学生的分析和写作能力。

（3）课堂集体朗读与个体朗读相结合。这一创新既让大家都参与其中，又活跃了课堂气氛，同时有助于学生相互发现各自特长和优点。

（4）设立公共邮箱与微信群，分享同班同学的作业以及前几届同学的作业成果。对学生作业的检查注重思政内容的有机融入。

二、经典教案

下面结合四个教学案例，具体谈谈如何在教学过程中开展思政教育，融入思政元素，培养当代大学生的爱国情怀，以及俄罗斯文学中的"三类人"形象与帮助大学生树立正确的人生观、价值观之间的关系。

1. 普希金的《驿站长》——"小人物"的开山之作

《驿站长》是《别尔金小说集》的首篇。《驿站长》中，作者以伊凡·彼得罗维奇·别尔金为笔名，通过"我"三次去驿站的所见所闻，叙述了驿站长萨姆松·维

---

① 周启超．开放与恪守：当代文论研究态势之反思．保定：河北大学出版社，2013：58.
② 菲德勒．文学是什么？高雅文化与大众社会．陆扬，译．南京：译林出版社，2011：52.

林辛酸悲惨的一生。主人公第一次所见的是老维林和女儿冬妮娅相依为命，过着平静幸福的生活；第二次所闻的是老维林失女之后四处寻找女儿的经过和痛苦之情；第三次所听到的是老维林在孤独中死去以及冬妮娅以后的命运。在作者眼中，驿站长是个社会地位低下、十四等官阶的背黑锅的角色："他的职位仅仅能使他免遭殴打，而且还不能保证他永远不挨打……难道不是真正的苦役吗？无论白天，还是黑夜，都不得安宁。……这些遭人唾骂的驿站长，都是些谦和的人，他们天生一副热心肠，爱跟人交往，既不求名，也不太追逐钱财。"[1] 从这些评价中，可以看出作者对驿站长这类小人物的同情与关怀。

驿站长的生活充满着屈辱和苦难，聪敏、活泼的女儿是他唯一的安慰和幸福。骑兵大尉明斯基带走了冬妮娅就等于带走了他的一切，带走了他的生命。"被过路的花花公子拐骗的姑娘，她不是第一个，也不会是最后一个，他把姑娘养上一阵，就扔掉了。在彼得堡这样的小傻瓜很多，今天还披着缎子和天鹅绒，一转眼，第二天就和穷光蛋一道去扫马路了。"[2] 这是当时绝大多数穷人家女孩悲惨命运的真实写照。维林由幸福快乐到孤苦、终致抑郁而死的悲剧主调，深深扣动了读者的心弦，进而激发起读者对野蛮的农奴制和宗教神权的仇恨。作者对主人公寄予深切的同情，表达了深刻的人道主义思想，揭露了贵族地主阶级对穷人的残酷压迫，认为"小人物"是专横的贵族统治和不平等的社会制度的牺牲品。小说第一次成功地描写了"小人物"形象，从而开创了俄罗斯文学中的"小人物"的主题。

在传统的"小人物"主题的评价之外，课程中还引导学生重点关注小说的重要片段之一——四幅画：

> 画上画的是浪子回头的故事：在第一幅画上，一个戴帽穿袍的可敬老人正在送别一个行色匆匆的少年，那少年在急慌慌地接受老人的祝福和钱袋。另一幅画上，年轻人放荡的行为被用鲜艳的笔触表现了出来：他坐在桌子旁，四周环绕着一些邪道朋友和厚颜无耻的女人。接下来的一幅，把钱财挥霍一空的少年，身穿破衣，头戴三角帽，正在放猪，并在和猪一同吃食；在他的脸上，有深刻的忧伤和悔恨。最后一幅，画的是他回到了父亲身边：善良的老人，身着与第一幅画中同样的冠服，跑出来迎接儿子；浪子跪在地上；在画上的远景中，一个厨师正在宰杀一头肥牛，哥哥在向仆人们询问这一喜

---

[1] 普希金.普希金小说选.刘文飞，译.桂林：漓江出版社，2013: 28.
[2] 普希金.普希金小说选.刘文飞，译.桂林：漓江出版社，2013: 33.

庆场面的原因。在每一幅画的下方，我都读到了几行相当不错的德
文诗。①

《驿站长》的篇幅一共只有八页，描写浪子回头的四幅画就占了半页，足见
作者对这四幅画的重视。四幅画表面上讲述的是浪子回头的故事，实际上暗含
了冬妮娅这一迷途羔羊的人生际遇，更"折射并强化了维林的伦理道德观与人生
观"②。驿站长维林生活在小农经济占主导地位的偏僻的乡村，无法理解19世纪
初普遍兴起的人的自我意识的觉醒，无法理解外部大世界所发生的巨大变化，更
无法接受冬妮娅的出走与私奔，视其为离经叛道与自甘堕落。维林的坚守越执
着，他的结局便越悲惨。因此我们给学生布置了思考题，思考文中四幅画的含义
及其与整部小说的关系，引导学生关注驿站长的悲剧是否也可理解为小世界与大
世界之间关系的冲突，其悲剧是否受到了其狭隘的宗教思想的影响，这样就突破
了原先局限于"小人物"形象的解读。经典作品的魅力正在于对经典的解读可以
是多种多样的，正所谓一千个读者的眼中就有一千个哈姆雷特，由此经典作品才
能永葆青春，魅力永存。

2. 屠格涅夫的《木木》——别具一格的"小人物"

教学中还增加了屠格涅夫的《木木》这部具有反农奴制特征的短篇小说。该
小说写于1852年，发表于1854年，对于1861年俄罗斯农奴制改革具有促进作
用。通过农奴格拉西姆的悲惨遭遇，作家试图说明，在农奴制社会，农民即使有
壮士般的体力，也无力掌握自己的命运，摆脱不了被奴役的命运。在地主的专横
统治与压迫下，农民生活在社会的底层，他们的人格与尊严备受摧残。作品一方
面描写了女地主的刁蛮与狠毒，另一方面则描写了格拉西姆情操的高尚与对感情
的珍视。这部作品在19世纪的俄罗斯拥有巨大的影响，引起了俄罗斯各个社会
阶层的共鸣。人们选择读它，是因为当时的俄罗斯各个阶层已经意识到农奴制度
的罪恶和落后，以及这个制度对人性的摧残。

小说《木木》是对《猎人笔记》的深化与拓展，在"小人物"格拉西姆身上表
现出自觉捍卫自己的人格与尊严的勇气与行为。小说的第一部分描写了格拉西姆
对人的爱，表达了其高尚的情怀；小说的第二部分则表现了格拉西姆对大自然的
爱，以及他对人格尊严的勇敢捍卫。但是，格拉西姆对人的爱与对自然的爱，都
被专横霸道的女地主扼杀在了摇篮里。女地主的庄园就是一个地地道道的黑暗王
国，"这是一个逼人违反人性去残杀一个毫无自我保护能力的生命的魔窟"③。最

---

① 普希金.普希金小说选.刘文飞，译.桂林：漓江出版社，2013：29.
② 王立业.俄罗斯文学名著赏析：小说篇.北京：外语教学与研究出版社，2015：14.
③ 王立业.俄罗斯文学名著赏析：小说篇.北京：外语教学与研究出版社，2015：135.

后格拉西姆忍无可忍，独自做主，逃离了女地主，回到了从小长大的乡村。因此可以这么认为："《木木》以高昂的调子和清亮的心绪写出了巴什马奇金所不具备的对人的权利的争取与对人格尊严的捍卫，也正是这一点决定了主人公格拉西姆对其前辈巴什马奇金本质上的超越。"[①]

课堂讨论时，同学们的表现非常活跃。他们分别从作家为什么把主人公格拉西姆设计为聋哑人、格拉西姆为什么违心地杀死小狗木木、格拉西姆为什么不带着小狗木木一起逃走等方面进行了探讨与分析，从而认识到在农奴制压迫下农奴逃无可逃、完全无人权可言的可悲境况。对这部小说的阅读与分析，激发起学生对农奴制社会和地主压迫的憎恨，增强他们对劳动人民的同情，让他们认识到推翻旧制度的必要性。小说《木木》让当代大学生切身体会到19世纪沙皇统治下的俄罗斯犹如黑暗王国，认识到十月革命产生的现实基础，从而树立起正确的人生观与价值观。

3. 莱蒙托夫的《当代英雄》——自省、痛苦的"多余人"

"多余人"是俄罗斯文学中的系列形象，是19世纪20—50年代这一特定历史时期的产物。这类人物都白白浪费了自己的精神财富，却还是找不到献身的事业和热爱的生活。他们曾苦苦地探索过，但无论在事业上还是在爱情上，他们都实现不了自己的愿望和要求。在俄罗斯的现实生活中他们找不到自己的位置，他们既不能站在政府一边，也不可能站在人民一边，结果一事无成，只有苦恼和绝望，承认自己毫无用处。毕巧林是典型的"多余人"形象，属于第二代"多余人"，他出自莱蒙托夫的长篇小说《当代英雄》。该小说包括五个独立的故事，由主人公毕巧林把它们联系起来。毕巧林是彼得堡的一个青年军官，他对贵族社会生活的空虚庸俗感到厌倦，但又无力摆脱这种寄生生活，因此他苦闷彷徨，只能把很多精力耗费在恶作剧上，以求得个人的一时快慰。他自己不幸，同时又是别人不幸的原因。他最大的特点是自省，常常做自我分析，时时处在自我分析的痛苦之中，以致性格分裂，意识到自己的存在毫无意义，于是在感到绝望的同时又否定一切，采取玩世不恭的态度，最后成为一个悲观主义者。毕巧林是一个患有严重"时代病"的贵族青年。因此，他的痛苦和烦恼在某种程度上比他的前辈奥涅金要更多一些。正如作者所说，毕巧林"不是某一个人的肖像"，而是由"整整一代人的充分发展的缺点所构成的"肖像。作者通过毕巧林这一形象谴责和抨击了造成"多余人"性格的贵族社会，同时也指出了毕巧林身上的缺点。与奥涅金相比，毕巧林有更大的独立性，内心感受更丰富，行动更积极，因此他也更加痛苦，其悲剧也就更为深刻。这说明在当时的环境中有教养的人只能陷入碌碌无为

---

① 王立业. 俄罗斯文学名著赏析：小说篇. 北京：外语教学与研究出版社，2015：136.

的泥淖中。

课堂讨论时，同学们对毕巧林形象的多面性与深刻性进行了分析与辩论，同时由"多余人"形象联想到了当代"愤青"。两者有某些共同之处，他们都心怀满腔怨愤，言语多过行动，没有更强烈的社会激情和责任感。同学们纷纷表示，不能做光说不做的"愤青"，而要做脚踏实地的实干家，为祖国建设添砖加瓦。

4. 屠格涅夫的《父与子》——"新人"的诞生

"屠格涅夫是作为 19 世纪 40—60 年代俄罗斯社会生活的编年史作家进入俄罗斯文学和世界文学的。他的作品真实地反映了农奴制的惨无人道，'贵族之家'的注定灭亡和'新人'的到来。"①《父与子》正是这样一部描写俄罗斯本土的"新人"诞生的作品，是屠格涅夫最优秀的代表作。小说描写贵族子弟基尔沙诺夫大学毕业，带着自己的同学巴扎罗夫到父亲的庄园做客。平民知识分子巴扎罗夫的民主主义观点与基尔沙诺夫一家，尤其与他的伯父巴威尔的贵族自由主义观点发生了激烈冲突，冲突中巴扎罗夫处处占上风，巴威尔对其恨之入骨，为捍卫贵族的尊严，他提出与巴扎罗夫决斗。结果，决斗以巴威尔的受伤而告终。巴扎罗夫只得告别这个贵族庄园，他在省城遇见寡妇奥金佐娃，对她产生了爱情，但又遭到了她的拒绝。最后巴扎罗夫回到父母家中，在一次解剖尸体时因感染伤寒而死。

巴扎罗夫是继英沙罗夫（《前夜》的主人公，保加利亚人）后又一个"新人"的典型形象，但他是俄罗斯土生土长的"新人"，是一个激进的民主主义者与虚无主义者。他的性格坚强，埋头苦干，勇于反对农奴制，批判贵族，提倡科学。巴扎罗夫是精神上的强者，充满自信，生气勃勃，具有锐利的批判眼光。他决不屈从于权威，具有自主的人格和评判标准，体现了年青一代独立思考的处世态度和初生牛犊不怕虎的斗争精神。巴扎罗夫对巴威尔的胜利显示了"民主主义对贵族的胜利"。

随着"多余人"的消失，一代"新人"在俄罗斯文学和生活中应运而生。"新人"是指平民知识分子，他们大多出身于牧师、军人、医生和商人家庭。"新人"与"多余人"完全不同，他们有明确的生活目标，虽然出身低微，但他们却反以此为豪。他们知道自己该干什么，而且具有坚强的毅力去实现自己的意图。他们的思想和行动永不分开，且在意识和意志之间保持一致。他们是人与人之间新型关系和新型道德的体现者。他们始终是富有自我牺牲的利他主义者。"新人"的诞生反映了时代的发展和社会的进步是不可阻挡的历史趋势。

在课堂讨论时，同学们对如何对待贵族文化遗产、艺术与科学、人的行为准

① 郑体武. 俄罗斯文学简史. 上海：上海外语教育出版社, 2006: 106.

则、道德标准、社会与教育以及个人的社会责任等问题各抒己见，对"新人"的形象特征、产生的原因、与时代的关系以及虚无主义者的对与错等问题都有了比较深刻的认识。同学们纷纷表示，要学习"新人"的利他主义精神，不做精致的利己主义者，勇于牺牲、勇于奋斗，为全面建成社会主义现代化强国贡献自己的一份绵薄之力。

三、学生评价

"俄罗斯文学选读Ⅰ"课程已经开展了将近10年，学生们普遍反映良好。有同学表示："上了俄罗斯文学选读，可以说是恶补了我这一方面的空白。翻开普希金、契诃夫、果戈理等作家的作品，才发现俄罗斯文学是一片崭新的天地。我被俄罗斯作家的革命性、先进性深深折服。"还有学生写道："线上线下相结合的教学模式，让我们更容易获取资料来源，节省了查资料的时间。影像资料的补充使用，使我们对俄罗斯文学作品中的人物与时代背景的理解更加立体、形象。思政内容的有机融入，使我提高了思想觉悟，对俄罗斯文学有了更深刻的理解。"更有学生认为："课堂上老师用音乐、电影、纪录片、照片等展示俄罗斯文学与风土人情，不仅满足了我选课之初的心理需求，也让我感到，接触越多越喜欢俄罗斯文学。这些文学作品让我了解到19世纪俄罗斯人民在沙皇压迫下所遭受的深重苦难，以及俄罗斯先进的知识分子为了让人民能过上幸福美满的生活所做的各种求索与努力。"

结　语

由此可见，文学经典蕴含着深刻的思想价值与美学价值，对正确的世界观、人生观、价值观的形成具有不可替代的重要作用。在俄罗斯文学选读课程的教学中，教师将继续运用历史唯物主义的观点分析作品，增强价值观的融入，弘扬真善美，注重爱国主义和理想主义的教育引导，帮助学生形成正确的人生观与价值观，继续力求做到以作品为范、以育人为本，从而实现思想政治教育与专业教育的有机融合和高度统一。

参考文献

菲德勒.文学是什么？高雅文化与大众社会.陆扬,译.南京:译林出版社,2011.

马蒂亚斯·弗莱泽.语言抑或可比性:世界文学之网如何发挥作用？.王晓菁,译//周启超.
　　外国文论与比较诗学（第7辑）.北京:知识产权出版社,2020.

普希金.普希金小说选.刘文飞,译.桂林:漓江出版社,2013.

王立业.俄罗斯文学名著赏析:小说篇.北京:外语教学与研究出版社,2015.

郑体武.俄罗斯文学简史.上海:上海外语教育出版社,2006.

周启超.开放与恪守:当代文论研究态势之反思.保定:河北大学出版社,2013.

作者简介

　　周露,浙江大学外国语学院教授,博士生导师,比较文学与世界文学专业博士。三次获得国家教委留学基金资助,分别赴乌克兰敖德萨国立大学（1998—1999）、俄罗斯莫斯科国立大学（2005—2006,2013—2014）高访一年。近5年来独立主持了6项纵向科研项目,其中包括2项国家社科基金项目、1项浙江省社科基金项目。主要从事俄语语言教学,研究方向为俄罗斯文学与比较文学。出版学术专著3部,译著5部,在国内外权威期刊及学术杂志上发表学术论文50余篇。

英美现代小说中的思政育人

——兼谈《了不起的盖茨比》中的思政元素

丁　光

【摘　要】　在高校外语专业人才培养目标中，将课程所蕴含的思想政治元素融入到英美现代小说的教学中，实现思想政治教育与专业课程教学的有机统一非常重要。本文分析了课程思政教育的实践意义和英美现代小说课程融入思政育人的必要性，通过英美现代小说教学的案例设计和实施过程，探讨怎样在英美现代小说教学中实现对学生的爱国主义教育、品德修养教育以及社会主义人生观教育的思政育人。

【关键词】　英美现代小说；课堂案例；思政育人

引　言

以往高校思想政治教育工作大多由思政课老师在思想政治课堂完成，各院系专业课老师在教学中大多注重专业知识或本学科的知识传授和学习，外语学院英美文学课程很少在课堂内结合专业知识讨论思想和政治教育，由此形成了德育与专业知识学习"两张皮"的现象。在世界观、价值观日趋多元的当今社会，大学生的道德标准模糊，缺乏道德行为的规范，在高校中屡屡发生大学生道德行为失范现象。大学生是国家的未来，民族的希望，他们的思想道德状况直接关系到国家前途与命运，也关系到中华民族的整体素质。

2016 年 12 月，习近平总书记在全国高校思想政治工作会议上提出，各专业课要与思想政治课同向同行，形成协同效应，把思想政治工作贯穿教育教学全过程，推动思政课程向课程思政育人转变。①

---

① 习近平. 把思想政治工作贯穿教育教学全过程　开创我国高等教育视野发展新局面. 人民日报, 2016-12-09（1）.

一、课程思政育人的实践意义

1.时代要求落实立德树人的根本任务

2018 年 9 月 10 日是我国第三十四个教师节，习近平总书记出席全国教育大会并发表重要讲话。他强调："坚持党对教育事业的全面领导，坚持把立德树人作为根本任务，坚持优先发展教育事业，坚持社会主义办学方向，坚持扎根中国大地办教育，坚持以人民为中心发展教育，坚持深化教育改革创新，坚持把服务中华民族伟大复兴作为教育的重要使命，坚持把教师队伍建设作为基础工作。"[①]

立德树人的根本任务是"要把立德树人融入思想道德教育、文化知识教育、社会实践教育各环节，贯穿基础教育、职业教育、高等教育各领域，学科体系、教学体系、教材体系、管理体系要围绕这个目标来设计，教师要围绕这个目标来教，学生要围绕这个目标来学。凡是不利于实现这个目标的做法都要坚决改过来"[②]。

面对日益复杂的国际形势和跨语言、跨文化理解和交流的新形势、新任务，国家迫切需要培养一批有全球视野、"能独立思考、独当一面，能够创造性开展工作的高素质外语创新人才"，"能够承担对外沟通交流、国家形象塑造，提高中国故事和经验的国际可理解度，助力实现人类文明的互通、互鉴和共荣"。[③] 在高校外语专业人才培养目标中，应该将课程所蕴含的思想政治元素融入到教学中，实现思政育人与各门课程教学的有机统一。

2.推动"三进"工作，探索高层次国际化外语人才培养新路径

在思政育人中，高校进一步推动《习近平谈治国理政》多语种版本进教材、进课堂、进学生头脑"三进"工作的开展。把习近平新时代中国特色社会主义思想融入外语类专业人才培养全过程，铸牢理想信念之基，探索高层次国际化外语人才培养新路径。

对于外国文学课程，王卓提出了非常好的问题："作为人文社科重要组成部分的外国文学如何充分发挥'课程思政'功能，在新时代外语人才培养中，如何融语言技能、文学知识和精神素养为一体，是每一个外语教育工作者都亟须思考

---

① 习近平出席全国教育大会并发表重要讲话.（2018-09-10）[2022-08-03]. http://www.gov.cn/xinwen/ 2018-09/10/content_ 5320835.htm?tdsourcetag=s_pctim_aiomsg.
② 习近平出席全国教育大会并发表重要讲话.（2018-09-10）[2022-08-03]. http://www.gov.cn/xinwen/ 2018-09/10/content_ 5320835.htm?tdsourcetag=s_pctim_aiomsg.
③ 张莲.培养服务国家战略的外语人才.中国教育报，2021-09-30（7）.

的问题。"①

二、英美现代小说课程融入思政育人的必要性

在立德树人的总目标下，对教师而言，务须提高育德意识，提升育德能力。所有课程都有育人功能，所有教师都有育人责任，所有课堂都是育人阵地。

对学生而言，在英美文学课中进行思政育人很有必要性，可以从正确价值观的树立、学生思辨能力的培养以及开展社会主义人生观教育三方面拓展英美现代小说课程的思政育人理念。

1．帮助学生树立正确的世界观、人生观、价值观

在世界文学史中，英美文学独树一帜，在世界文坛中占据重要的一席，其思想境界及美学内涵更有其特殊性。英美现代小说反映了现代意识，尤其是现代人的精神孤独、性格扭曲和人性异化，小说人物形象异彩纷呈，且人物的思想情感蕴含丰富。

对英美现代小说中人物情感的深刻分析，不仅可以提高学生文学理论的学习深度，还可以进一步提高其审美和鉴赏能力、思想觉悟和道德水平，树立正确的世界观、人生观和价值观。英美现代小说中的人物如托马斯·哈代笔下《德伯家的苔丝》中的苔丝、司各特·菲茨杰拉德笔下《了不起的盖茨比》中的盖茨比、弗吉尼亚·伍尔夫的《到灯塔去》中的拉姆齐夫人、詹姆斯·乔伊斯的《青年艺术家的自画像》中的斯蒂芬、D. H. 劳伦斯的《查特莱夫人的情人》中的康妮等，如璀璨的星星，成为英美文学史上的经典形象。这些英美文学作品不断地探讨人性的本质，揭示和剖析人性的阴暗面，颂咏人性的真、善、美。从对人的叩问、对人的原始欲望的张扬到人性的压抑、再到人的自然本性的回归，从对人的异化的批判到对人的尊严的捍卫和对美好的人性的歌颂，这些作品为共筑和谐社会做出了贡献。②

文学作品含有深刻的道德寓意，以此来教化读者，使其从中领悟道德规训。人在一生中不断面临各种困境和选择。一方面，"伦理选择指的是人的道德选择，即通过选择达到道德成熟和完善；另一方面，伦理选择指对两个或两个以上的道德选项的选择，选择不同则结果不同，因此不同选择有不同的伦理价值"③。用文学伦理学批评理论来理解和分析英美文学作品，条分缕析地梳理作品中人物的伦

---

① 王卓. 高校外国文学"课程思政"的内涵与外延. 当代外语研究，2020（4）：66-67.

② 马洪波. 外国文学名著中绽放的人性美. 美与时代（下），2017（1）：92-94.

③ 聂珍钊. 文学伦理学批评导论. 北京：北京大学出版社，2014：267.

理身份和伦理选择以及他们的不同命运和归宿，可为学生提供可资借鉴的人生经验，为其形成正确的政治思想和伦理道德奠定基础。如乔伊斯笔下《青年艺术家的自画像》中的斯蒂芬是一个自我意识不断觉醒的艺术家，他与爱尔兰的社会腐败、宗教压抑和生活乏味格格不入，顿悟之后他对自我实现的渴望使他决定追随自己的内心，远离家乡，献身于艺术，抵达自己的理想。小说以意识流的手法描写了斯蒂芬痛苦曲折的成长历程，以及对于宗教传统、民族情绪、家庭生活的反思。

2. 培养学生的思辨能力和批评性思维能力

西方文化起源于古希腊、罗马文明以及希伯来文明，崇尚哲学思辨，具有深刻的批判传统，很多英美现代文学作品是学习思辨，提高思维能力的绝佳题材。如伍尔夫的《一间自己的房间》、凯特·肖邦的《一小时的故事》都是女性主义文学的极佳范例。阿加莎·克里斯蒂的《无人生还》把惊天悬案放置在一个神秘的荒岛别墅，通过童谣借喻，展开惊心动魄的连环谋杀，让人性的种种阴暗像幽灵般显现，人物彼此依赖又彼此怀疑，环环相扣，他们虽然逃脱了法律的制裁，但天网恢恢疏而不漏，最终每个负罪的人被"末日审判"，惩罚他们的除了死亡，还有他们对自身罪恶的愧疚和遭受死亡的恐惧。英美现代小说通过故事情节的精心策划、人物的生动刻画来展现各个时代的价值理念与道德观，如《无人生还》以奇妙的构思、扣人心弦的情节，展现人性中最残酷的一面。同时，英美现代小说中也不乏闪耀着人类智慧光芒和人文关怀的人物形象，可以极大地拓展学生的批评性思维和思辨能力。

把课程思政和育人理念带入课堂，首先要从纯粹的传授外国文学知识、分析外国文学作品向挖掘外国文学精神价值转化，讨论这些文学作品给大学生带来怎样的人生启示和精神升华。其次要从传授外国文学研究方法向培养批评性思维转化，培养大学生独立的分析能力和思辨能力。在英美现代小说课程中强化批判意识，对形成文化批评思维和区分中外价值观具有重要意义。唯有如此，外国文学教学才能真正起到"课程思政"的作用，推动社会主义意识形态和社会主义精神文明的发展。

3. 提高学生的政治觉悟，增强"四个自信"

教育部门和教育工作者特别是外国文学课程的教师须培养和提高学生的政治觉悟，坚定"四个自信"，即"中国特色社会主义道路自信、理论自信、制度自信、文化自信"，厚植爱国主义情怀，把爱国情和强国志融入课程思政。在课程里可以导入比较文学和比较文化分析，凸显中华文化的优异之处。英美现代主义小说在20世纪初经过译介已经进入中国，乔伊斯、王尔德、伍尔夫、劳伦斯、康拉德、福克纳、海明威等现代小说家受到了中国读者的欢迎。康拉德的《黑暗的心脏》抨击了欧洲帝国主义的贪婪和巧取豪夺；福克纳的《喧哗与骚动》讲述了美国南方昔日显赫的康普生家族解体的图景：凯蒂堕落、班吉四肢发达却没有思考能力，昆丁思想复杂，却丧失了行动的能力，杰生唯利是图……福克纳通过康普生家族的逐渐衰败，揭示了资本主义的唯利是图、冷酷无情的工商势力对美国南方的侵蚀和瓦解。这些现代主义大师都描述了西方现代人的忧患与矛盾、恐惧与堕落。课程应该借助这些作品，提高学生的政治觉悟，揭示帝国主义殖民掠夺的血腥手段和资本主义攫取财富利益丧心病狂的行径，增强学生对中国特色社会主义道路、理论体系、制度和中国文化的民族自信，激发他们对祖国的热爱。

三、思政育人理念融入"英美现代小说评析"课程的尝试：案例设计和实施过程

在教学过程中找准思政要素切入点，科学设计课程教学。接下来就以"如何在课程'英美现代小说评析'中分析美国20世纪20年代作家菲茨杰拉德的小说《了不起的盖茨比》，并融入思政育人理念"为例，简要介绍一下课程设计与实施过程。

本课的课程教学目标有以下几点。

（1）介绍《了不起的盖茨比》的创作背景；

（2）赏析《了不起的盖茨比》章节片段；

（3）分析小说的思想内涵；

（4）融入思政育人理念。

课程"英美现代小说评析"所涉及的经典著作向广大英语专业的学生提供了丰富的文学素材，能培养其语感，锻炼其思维，陶冶其情操，提升其文化修养。笔者认为教师在课程开始时，应该设计一系列问题引入学生思考和讨论，例如：

《了不起的盖茨比》中的盖茨比是典型的"美国梦"的追求者。

（1）盖茨比的"美国梦"是什么？为什么他的"美国梦"最后幻灭？"美国梦"幻灭的本质又是什么。菲茨杰拉德本人如何阐释它的悖论？

（2）为什么盖茨比是了不起的？

（3）"美国梦"和中国梦的区别是什么？

教师在上课前引入问题，带领学生详细分析作品，进行课堂讨论，最后从以下几个方面去尝试思政育人理念的融入：

（1）实现对学生的爱国主义教育

20世纪20年代，美国刚从第一次世界大战后的经济萧条中复苏，暴富的美国新贵阶层体现出崇尚现代工业、追求奢华物质的心理需求。在30年代经济大萧条出现之前，其间是波浪起伏的经济上升时期——爵士时代，社会异常繁荣，随之而来的是人的欲望的膨胀。在纸醉金迷、酒绿灯红的爵士时代，享乐主义在美国大行其道，流行的关键词是金钱、汽车、禁酒令和飞女郎。从小生活贫困的盖茨比努力追求拥有豪华别墅、富庶生活的"美国梦"，他把热恋的姑娘黛茜视为青春、金钱和地位，即"美国梦"的象征，为了追求黛茜，他耗尽了毕生的感情和才智，最后葬送掉自己的生命。他天真地认为，有了金钱就能鸳梦重温，赎回失去的爱情。其实盖茨比的悲剧早已注定，这个搭建在他人身上的虚无缥缈的梦幻，终究一日会破碎。他所爱的黛茜是个粗俗浅薄的女人，黛西驾车撞死了丈夫的情人威尔逊夫人，盖茨比成为黛茜的替罪羊，被威尔逊枪杀，他的遭遇正是欢歌笑舞的爵士时代幻灭的写照，盖茨比追求的"美国梦"以及它的破灭，揭露了美国上流社会的伪善和残酷，以及隐藏在财富背后的社会的不公与人性的贪婪和丑陋。当然，盖茨比依靠非法贩卖私酒发财致富，也并不如书名所标榜的那么"了不起"，或者菲茨杰拉德形容盖茨比的这个"了不起"本身就含有讽刺的寓意。一切繁华如烟花般转瞬即逝，随即而来是盖茨比"美国梦"的破灭，他只是20世纪20年代典型的美国青年的一个缩影，折射出一个挥金如土、享乐至上却充斥着空虚冷漠的时代，一个充满嘲讽的时代。

教师在课堂中分析了盖茨比的"美国梦"之后，可以将"美国梦"和中国梦进行比较，分析它们的本质区别。认清美国资本主义等级社会和"美国梦"的本质后，教师应同时指出中国梦是怀有崇高理想、为国家为人民谋幸福的一种爱国情怀，是国家富强、民族复兴、人民幸福的梦，是共赢的梦，是对"美国梦"的超越。课程可以引入鲁迅、沈从文、郁达夫、萧红、余华、莫言等现当代作家，比较他们作品中的中国梦，使学生们的民族自豪感和文化自信心得到提升，更加坚定爱国的理想和信念。

（2）实现对学生的品德修养教育

文学作品的一个重要功能就是道德教诲。除了爱国主义教育之外，课程可以对学生进行独立的人格和品德修养教育。在《了不起的盖茨比》这部小说中，这样的例子不胜枚举。

在小说第四章，盖茨比在别墅里举办了盛大的聚会，男男女女纵情欢笑，各色美酒佳肴琳琅满目，他们谈论盖茨比，有人说盖茨比曾经杀过人，有人说他贩卖私酒，所以才会这么富有，有人嫉妒他，有人鄙视他，可是这丝毫没有减少这些人的热情，他们就像飞蛾扑火一样地涌入盖茨比举办的聚会。

而最后盖茨比被杀后，他的家门可罗雀，盖茨比曾经交往的那些朋友、出现在他聚会上的宾客，对死了的盖茨比敬而远之，消失得无影无踪。在盖茨比的葬礼上，除了他的父亲和尼克·卡拉威，吊唁的人寥寥无几，这与他举办的盛会上门庭若市的情景形成了鲜明的对比。而盖茨比为之替死的黛茜也和丈夫汤姆逃之夭夭，他们是自私冷漠的人，毁掉别人的生活，然后龟缩到蝇营狗苟的生活里，让别人来清理他们留下的残局。

《了不起的盖茨比》揭开了美国上流社会美丽的面纱。故事叙述者尼克对他的女友——人人都知道的高尔夫球冠军乔丹·贝克的观察可谓细致，"她向世人摆出的那副厌倦而高傲的姿态似乎隐藏着什么"，她的高傲隐藏着她的谎言，高尔夫锦标赛上的作弊，以及她开车时对底层人的生命的漫不经心。"她不诚实到无可救药的地步，她无法忍受自己处于不利的位置。"① 她的利己主义通过她的谈话和行动体现得淋漓尽致。也许不是每个人都那么幸运会遇到良人，尼克渐渐看清了乔丹·贝克的伪善和虚假，看清了黛茜的自私和冷漠，他觉得自己与这些上流社会的人格格不入，"每个人都觉得自己至少有一项基本美德，而我的美德便是诚实"②。他讨厌这些人的虚伪、势利、做作，他们自私冷漠，无情无义、还洋洋自得。

《了不起的盖茨比》中每个人物都具有鲜明的特点，在他们身上，诚实和虚假，真诚和狡诈可见一斑。菲茨杰拉德通过尼克冷静的观察和描述，以盖茨比美好的梦想及其幻灭为主线，谱写了美国爵士时代一阙华丽的挽歌，揭示了纷纭世事后的人心本相。课堂中除了讨论这些人物的个性和品德外，更要明确哪些美德值得人们追求，中华民族的传统美德有哪些，如何弘扬这些美德？在学习英美文学的过程中，比较中国文学中散发出来的中华美德，赞颂真善美，巩固和加深立德树人的思想理念。

（3）开展社会主义人生观教育

"英美现代小说评析"通过小说作品，揭示出现实生活中个人命运受环境和社会的各种因素影响。正是人类命运的不确定性，使得个体生命不那么单一和枯燥，人类世界变得绚烂多彩。面对世界的不确定性，《了不起的盖茨比》向读者展现了人物命运的跌宕起伏。作者写了一群"成功"的人，如汤姆和黛茜这样的富豪，他们的生活被物质占据，且拥有常人求而不得的财富和地位，可是他们没有引领这个世界变得更好，相反，他们的自私和放纵最后祸害了他人。

① 斯科特·菲茨杰拉德. 了不起的盖茨比. 邓若虚，译. 海口：南海出版公司，2012: 76.
② 斯科特·菲茨杰拉德. 了不起的盖茨比. 邓若虚，译. 海口：南海出版公司，2012: 77.

就生活本身而言，除了物质丰富，他们在其他方面是彻彻底底的穷人。他们精神空洞，没有高尚的人格；他们醉生梦死，在名利场上你追我赶。看繁华落尽，尝遍人间冷暖，最后尼克与乔丹分道扬镳，离开了奢华冷漠的东部，回到自己的故乡，重新踏上生活的旅程。小说反映了美国经济腾飞、物欲横流、享乐至上的爵士时代。汤姆和黛茜没有理想，盖茨比只有虚幻的梦想。课程通过对英美现代小说中的人物命运的分析，培养学生对生命的敬畏之心，使其坚定崇高的理想信念。

结　语

英美现代小说本身蕴含着丰富的人文内涵。在"课程思政"视域下，教师应立足课程体系建设，将思政育人与专业教育有机融合，在课堂教学中通过阅读英美现代作家的小说，讨论和评析人物形象，找到与学生的契合点，同时组织学生展开讨论，有效进行价值引领，通过"润物细无声"的方法激发共鸣，从而树立起学生正确的世界观、人生观和价值观，在教书中融入育人，培养出既有国际视野又有家国情怀的德才兼备的优秀人才。

参考文献

斯科特·菲茨杰拉德.了不起的盖茨比.邓若虚，译.海口：南海出版公司，2012.
马洪波.外国文学名著中绽放的人性美.美与时代（下），2017（1）：92-94.
聂珍钊.文学伦理学批评导论.北京：北京大学出版社，2014.
王卓.高校外国文学"课程思政"的内涵与外延.当代外语研究，2020（4）：66-72.
习近平.把思想政治工作贯穿教育教学全过程　开创我国高等教育视野发展新局面.人民日报，2016-12-09（1）.
习近平出席全国教育大会并发表重要讲话.（2018-09-10）[2022-08-03]. http://www.gov.cn/xinwen/2018-09/10/content_5320835.htm?tdsourcetag=s_pctim_aiomsg.
习近平.习近平总书记教育重要论述讲义.北京：高等教育出版社，2020.
张莲.培养服务国家战略的外语人才.中国教育报，2021-09-30（7）.
郑懋.课程思政理念下的英美文学课程教学探索.产业与科技论坛，2022，21（8）：129-130.

作者简介

丁光，浙江大学外国语学院副教授，博士。主要从事英美文学、比较文学及海外汉学等研究，主持和完成 1 项国家社科基金项目。出版专著《慕雅德眼中的晚清中国（1861—1910）》，译著《中国：在华三十年的观察和回忆》及 30 篇论文等。本文为浙江省一流本科国际化课程项目（2022 年）、浙江大学全英文课程建设项目（2023 年）、浙江大学本科课程思政建设项目（2021 年）阶段性成果。

"日本古典文学"课程思政建设路径探究

——推进"五环"教学机制，促进古典与现代的融合

胡文海

【摘　要】　积极推进习近平新时代中国特色社会主义思想主题教育是当代教育的首要政治任务。而"三进"工作在外语教学领域的推进也为培养学生的家国情怀和国际视野提供了有效的理论保障和资源保证。本文基于"日本古典文学"课程的教学模式，提出"五环"相扣的教学模式，即"实例—问题—理论—方法—创新意识"，探究该课程思政建设的有效方式，并探讨新时代下古典指导现代、现代拓展古典的思想内涵及意义。

【关键词】　"三进"工作；思政路径；古典文学；现代意义

引　言

"日本古典文学"课程是日语专业的基础课程，包含文学、文化、思想、中日比较文学等众多内容，因此经常出现课程容量大、授课时数少的情况。传统的"日本古典文学"教学以理论解读、文本解释、文献考证等为主要内容，在培养学生的考查能力和研究能力方面取得了一定的成绩。但是，新时代背景下，"一带一路"建设的开展、亚洲文明事业的启动、人类命运共同体构建工作的迫在眉睫，外语教学被赋予了更为重要的使命。因此，学以致用的"用"更需具备现实意义和符合新时代要求的内容。在"日本古典文学"教学中培育学生的问题意识、家国情怀、国际视野是当下最为重要的工作之一。在通晓古典的同时，结合当前的国际形势和国家战略目标，寻求新时代下古典研究的意义也是本课程至关重要的任务。综上，如何在有限的课程时数中将以上内容有效结合是一个需要探究的重要课题。

一、"三进"工作推进过程中的启发

清代魏源在其著作《默觚》中说道："夫惟使势、利、名纯出乎道德者，可以治天下矣。"故将道德品行内化为人们自身的行为标准与道德认知，则天下太平。而要实现这一目标，国家的引导作用十分必要。习近平新时代中国特色社会主义思想"三进"工作的开展，"是当前加强高校思想政治工作的重要前提和重要举措，也是进一步夯实党的思想教育的重要保障"[①]。因此，《习近平谈治国理政》的进课堂、进教材正是国家引导思想、引导人民精神追求方向、增强民族自信心与自豪感的重要方法，"三进"工作推进十分必要。

"日本古典文学"教学虽然以日本文学为主要内容，但是古代日本吸收和借鉴了大量中国古代文学、文化的内容和理念。因此，学习日本古典文学不仅是了解日本的过程，也是进一步认知中国，探究中国文学、文化在海外传播与影响的过程。在以往的"日本古典文学"课程教学过程之中，教师在有限的教学时数里将文本解读、文化现象解读、中日文学、文化比较、文献考证等内容有机结合，着力培养古典功底扎实的科研人才。然而，新时代背景下的教学工作需要将显性内容和隐性内容融合起来。显性内容指文化知识内容，而思想内容、思政内容则是隐性内容。将二者融为一体进行授课不仅是新时期的要求，也是培养学生家国情怀、拓展学生跨文化思维的要求。

胡丹在其论文中指出，"在传统文化元素运用中坚持马克思主义教育观，并进行批判性继承和吸收。既要尊重传统文化和民族历史，也不能颂古非今，要以辩证的、发展的态度挖掘传统文化中的有益成分，并在教学活动中对其进行时代性的解读和运用，使其与社会主义核心价值体系相结合，与大学生实际相结合"[②]。而"日本古典文学"是一门基于传统、学习传统，并结合现实来寻求事实发展的永恒之理与变化的课程，故而辩证地看待古典与现实的关系是尤为重要的。例如日本古典俳谐文学中所提倡的"不易流行"理论，"不易"指亘古不变的真理，而"流行"则是不断变化的现象，二者相互统一，相互促进。因此，学习古典不仅需要寻求道理，还需发现变化，进而探究各个时代中变化的原因及意义。

曹淑敏将习近平新时代中国特色社会主义思想"三进"工作的主要内容总结为："一是'知识观点'进，学习习近平新时代中国特色社会主义思想的具体观点。二是'思想理念'进，学习习近平新时代中国特色社会主义思想的立场视野。三是'说理方法'进，学习习近平新时代中国特色社会主义思想的思维逻辑。四

---

① 刘燕.新时代中国特色社会主义思想"三进"研究综述.中小企业管理与科技（中旬刊），2019（8）：94.

② 胡丹.传统文化元素在高校思想政治教育中的运用探析.文化学刊，2015（3）：168.

是 '精神气质' 进，学习习近平新时代中国特色社会主义思想的精神品质。"[①] 这对于 "日本古典文学" 课程的教学是极具指导意义的。习近平新时代中国特色社会主义思想源于中国的历史实践，故古典学习必然不能脱离历史，要在历史必然中看到古典文学产生与发展的必然。同时按照其 "以人为本" 及辩证的理念方法，可以看到古典文本中的自然关照及人物关照，并看到不同时期相同文化的不同表现形式，进而探讨当下古典的指导意义与新发展的可能性。而其 "精神气质" 则是增强学生家国情怀的关键，也是拓宽学生国际视野、增强跨文化思维能力的有力保障。

综上，在推进 "三进" 工作的同时，将其内容、原则与 "日本古典文学" 课程教学结合起来是符合时代发展要求且极具意义的。但是，在有限的教学环节中，如何具体实现显性内容与隐性内容的结合则需要进一步进行探究，下文则围绕此点具体展开论述。

二、"日本古典文学" 课程思政教学设计

"日本古典文学" 中融入思政元素，旨在通过思政方法进一步加深对于古典的理解，探索古典于当今社会的意义。故而笔者提出 "实例—问题—理论—方法—创新意识" 的 "五环" 教学模式。五个过程如何统一实现，笔者将通过下述具体的教学内容进行详细叙述。

1. 教学设计的具体案例

本次课程是 "日本古典文学" 课程中近世文学部分的一课。在讲解完和歌、俳谐等日本诗歌的发展历史之后，加入绘画作品，让学生发现诗歌与图像的关系，同时深入思考诗歌与社会、思想的关系。例如以图 1（芜村，《安永三年春兴帖》）俳画作品作为 "实例"，俳画之于俳谐而言并非只是单纯的补足或依附关系，其往往具备连句的功能，同时又为俳谐这一诗歌形式提供了新型的吟咏方式及理论，重构出新的诗歌形式。图 1 中，根据夕哉诗句中的 "摇扇引梅香" 的风流之情，芜村添附了《平家物语》中大家都熟知的熊谷直实的图画，幽默且极具故事性地重新改写了诗歌中的意境。而这样的 "付合"，除了 "物付" 这一手法外，还具有汉诗中的 "夺胎换骨" 之法，这也与宝井其角于《句兄弟》中所提倡的 "反转" 手法相同。三种理

图 1　安永三年春兴帖

① 曹淑敏. 习近平新时代中国特色社会主义思想 "三进" 的原则、内容与方案. 中国高等教育, 2020（5）: 16.

念于俳画不仅随处可窥见，并且还产生了新的吟咏方法。

通过此"实例"可以发现下面两个问题点：（1）俳画"付合"的具体形式；（2）俳画的诗歌叙事功能。针对这两个问题，则可以循序渐进的引入理论概念，即具体的"付合"理论以及文学图像论等。

如此一来，本来晦涩难懂的理论知识就可以被学生清晰地理解，从而促进学生运用所学理论自主分析问题的主观能动性，即将理论变为解决问题的方法。接着学生各自总结自身的学习方法，进而引发创新意识，结合自身的感受、经历，发现古典文本的现实意义。这"五环"教学模式又与思政内容紧密相关。思政实施过程中需要关注的是课程内容与思政内容的有机结合，而非将二者对立起来。同时，通过重思政的方法进一步深层次地认知课程内容，寻求理论与实践相结合，如图2所示。

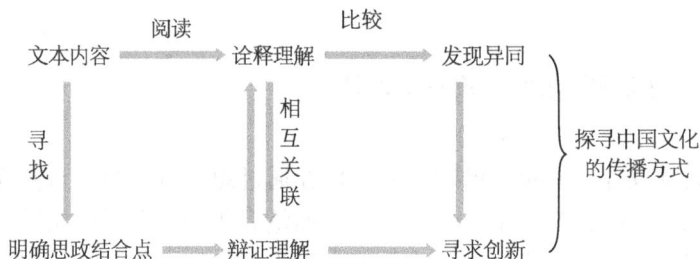

图 2　思政内容与课程内容的关系

思政实施应当是与课程实施相辅相成、同时进行的。将二者结合起来，才是寻求新时代中国文化传播方式的有效途径，并且也是培育具备跨文化交际思维及符合国家发展战略人才的唯一方式。图2同时也展示了课程思政实施的具体环节。表1展示了俳画为主题进行的教学设计。

表 1　俳画的教学设计

教学环节	教师活动	学生活动	教学时间
内容导读	介绍本课主题、目标及任务；回顾上节课内容	了解课程内容及目标	5分钟
俳画的发展史	讲解俳画的产生原因、风格变化及发展	1、了解其原因 2、（思政结合点）分析中国文人画的影响作用	15分钟
季语的作用	以具体诗画为例，讲解俳画与俳谐的关系	1、分析俳画内涵 2、分析诗画不对称性的效果	20分钟
总结	总结课堂内容，总结理论知识及文化传播的意义	1、回顾本课内容 2、思考传播中国文化的有效方式	5分钟

思政实施与课程内容相结合，还需进行以下的教学改革，并达到下述效果：（1）建设课程资源，虚实融合。利用多媒体资源分享日本前沿的学习资源和数据库，并通过科技手段分析学生学习次数较多、难度较大的知识点，加强该知识点的教学工作。（2）以文学为基础，拓展知识。结合日本社会文化，在增加知识的同时，提高学生学习兴趣。（3）比较中外文化，提高思考能力。引导学生思索中外文学、文化的异同，培养学生查询文献资料、进行跨文化比较的能力。本课程通过与思政内容的结合，实现了以下几个新的改革与变化。

（1）课程的性质、教学目的方面：在了解日本古典文学、文化的基础上，增加了思考内容，让学生辩证地看待古今的相互关系，了解文学、文化的多元性和可变性。

（2）教学的基本要求方面：改变了原有的教师单方面授课模式，增加了教师与学生的互动，提升了学生的思考能力和提出问题的能力。

（3）理论教学方面：不仅保留了以往的文化、文学、语言学等相关基础理论，也将思政内容融入课堂之中，让学生学会辩证地看待问题，并主动探索文化的传播和发展方式。

（4）实践教学方面：在传统的解释、答题基础之上，增加了查询相关资料，社会调研，围绕中外文化进行口头表达等内容。实现了课内与课外相结合，增强了学习效果，也将思政内容彻底内化于学生心中，达到了学以致用的效果。

因此，将思政内容融入课堂是增加新思想、新理论的过程，与原有的教学内容相互促进，相互深化，符合新时代要求，具有现实意义。课程中的主要实施目标可以概括为以下三点：

（1）注重教学研究与教学改革。任课教师在教学中将先进的教学理念和方法应用到课程中，在此基础上创建新的教学法，提出"实例—问题—理论—方法—创新意识"这一"五环"相扣的创新教学法。以日本古典文学中的"梅花"为例，从《古今和歌集》开始，吟咏梅花多吟咏其香。教师让学生根据此现象分析原因，并探究其背后的诗学理念和社会背景；而后结合中国诗词中的梅花意象，探究中日的异同，并进一步培养学生的文献考证能力；最后结合当下梅花相关的民俗印象，探讨梅花诗歌与现代艺术等相结合的可能性。

（2）注重学生实践能力、创新能力的培养。教学过程中利用多媒体、图像资料、虚拟仿真平台等手段，将理论知识与语言实践相结合，提高学生的学习热情，培养学生的科学思维和创新能力。积极开展校企合作，通过开展专家讲堂、企业实践、认知实习等方式，拓展学生的实践平台，培养学生解决实际问题的能力。例如，在讲解《方丈记》中关于地震等方面的内容时，组织学生调研汶川地震的相关资料与经历者所撰写的文章或者视频记录，将讲述中的景象与现实社会相结合，教会学生懂得感恩，培养学生的家国情怀以及奉献精神。

（3）因为本课程有很多留学生选读，故而加强中外文化比较内容是十分有意义的，这可以帮助学生了解各国历史文化，树立正确的人生观和价值观。从跨文化角度思考语言与文化的关系，寻求中国文化走向世界的新方法。例如关于"七夕"，学习日本相关的和歌，并分析七夕节日从中国传入朝鲜、日本后发生的变化，让学生可以更为详细地了解中国文化。

2.思政实施的重点内容

自设立以来，"日本古典文学"一直是日语专业的基础核心课程。该课程在提高学生日语水平及知识水平方面具有很高的价值。因此，设立该课程，旨在让学生可以从基础日语阶段更为有序、更为有效地进入高级日语学习，并培育学生发现问题和研究问题的能力，进而培养学生的思维能力。该课程在教授日本文化的同时，还加入了大量的中国文化、文学元素，力求培养知识更为全面的新型外语人才。"日语专业毕业生身处中日友好交流的第一线，其表现直接关系着国家形象，在拥有坚定的'中国心'的前提下也承担着讲好中国故事的重担。对于这类学生群体，对于如何坚定其政治信仰、国家安全观、爱国心、讲好中国故事等方面的价值引领十分重要，是铸就日语专业学生坚定理想信念的现实选择。"[①] 综上，通过思政实施可以进一步实现该课程教学的目标，但是需要解决以下几个重点问题：

（1）课程时数与课程内容相匹配。"日本古典文学"课程一般安排在一个学期，共16次课程。但是，该课程的内容涉及文学、文化、思想、政治、历史等各个方面。因此，需要教师择优选择，系统性地将这些内容融入16次课程中。而加入思政内容之后，以往的内容势必发生变化，这是需要解决的问题之一。

（2）思政实施与课程内容相匹配。巧妙地将思政内容融入课程教学当中，并通过思政方法从新的角度理解和探究原文文本，是思政实施的重点。因此在课程内容设计方面，可以将文化比较和跨文化交际作为重点，以此为基础进行课程内容选择。"外语人应参与构建并助力形成在指导思想、学科体系、学术体系和话语体系等方面的中国特色、中国风格、中国气派"[②]，故而中日文学比较是一个很好的切入点。例如，以《和汉朗咏集》为例，探讨其中所选择的中国古诗与日本诗歌，分析其选择的方法，比较中日诗歌在描写相同主题时的表达与思想异同，从而开阔学生视野，探寻中国古代文学、文化对海外的影响，并探究当下传播中

---

① 杜云.日语专业"高级日语"课程思政教学改革研究.科教文汇（中旬刊），2019（32）：176.
② 王俊菊.新文科建设对外语专业意味着什么？.中国外语，2021（1）：24.

国文化的有效方式、方法。

（3）思政实施情况的可视化。思政实施是隐性内容，难以直观地看到其成效。"将课程思政教育思想引入到高职院校大数据可视化课程中，不仅能够激发学生对我国传统文化的热爱，培训学生文化自信心，而且通过对政策和数据的引用，还能够提升学生对本专业以及思想政治教学环节学习的积极性，将现实存在的数据通过自己的整理和代码编写进行实现，呈现出更加直观的数据信息。"① 故而通过发散思维式的考核方式，考究学生的掌握情况是十分必要的。例如，以《方丈记》为例论述现今持有危机意识的必要性，进而考查学生对于思政内容及知识内容的掌握情况。结合课堂学习和课外学习，彻底地将思政融入课程内容之中。

引导学生将书本知识应用到实际生活当中；在授课过程中纳入思政元素，培养学生的民族自信；将基础知识教学和思想培养有机结合起来，培养新时代中国所需要的外语人才，培养能够在海外宣传中国文化的留学生人才。

结　语

综上所述，"日本古典文学"课程在教学过程中，需要注重中外文化比较，加强弘扬中国文化，贯彻"实例—问题—理论—方法—创新意识"这一"五环"相扣的教学模式，通过思政内容与课程内容相结合，加深对原内容的理解，并进一步探寻古典在现今社会中的意义。

在具体实施过程中，课程要改变传统的语言教学模式，通过图像、影像、音乐、配音等方式，将文化和思想以及准确的语言表达传授给学生，以培养符合新时代中国要求的日语人才以及国际化人才，并培养有能力弘扬中国文化的留学生人才。同时，进一步修改和完善教学大纲、进度、考核内容和标准。不断完善课程电子化数据库和试题库，让国内外学生可以随时随地自主学习。运用新媒体技术进一步完善授课方式和学生课后的学习方式，实现课程模式的突破。在此基础之上，加强学习语言与文化的关系。在学习语言的过程之中，让学生以跨文化的视域思索各国文化的异同，寻求弘扬本国文化的新方法。课程通过文化对比和文明碰撞培养跨文化思维和跨文化交际能力，进一步树立学

---

① 邓国群. 课程思政在高职院校大数据可视化课程中体现与实践教学 . (2022-07-19) [2023-07-25]. https://www.fx361.com/page/2022/0719/10579513.shtml.

生的文化自信，培养具有时代战略思维的人才。而在留学生培养中，也通过文化比较，让其在世界舞台上正确、客观地传播和弘扬中国文化，为中国发出声音。

"三进"工作的推进对于"日本古典文学"课程的改革和推进具有重要的指导意义。其思想、内容、原则均可以与课程内容相互结合起来，丰富课程内容，拓展学生的国际视野，并且可以为其树立正确的价值观、人生观提供保障。且思政教育与课程内容教育并非断裂开来的，而是相辅相成、相互促进的。课程思政建设需要与课程内容紧密结合，共同开展，才能达到最好的教学效果。

参考文献

曹淑敏.习近平新时代中国特色社会主义思想"三进"的原则、内容与方案.中国高等教育，2020（5）：15-17.

邓国群.课程思政在高职院校大数据可视化课程中体现与实践教学.（2022-07-19）[2023-07-25]. https://www.fx361.com/page/2022/0719/10579513.shtml.

杜云.日语专业"高级日语"课程思政教学改革研究.科教文汇（中旬刊），2019（32）：176-177.

顾畅.当代中学生思想政治教育路径探析.教育教学论坛，2012（25）：55-56.

韩雪莹，秦涛."以学生为本"：大学生思想政治教育新路径.沈阳师范大学学报（社会科学版），2013（5）：125-127.

胡丹.传统文化元素在高校思想政治教育中的运用探析.文化学刊，2015（3）：167-169.

雷彬.高校青年教师思想政治教育路径探析.中国教育技术装备，2015（21）：34-36.

刘燕.新时代中国特色社会主义思想"三进"研究综述.中小企业管理与科技（中旬刊），2019（8）：94-95.

欧阳九根，傅洪健.传统文化视域下高校思想政治教育路径研究.黑龙江高教研究，2013（9）：95-97

王俊菊.新文科建设对外语专业意味着什么？.中国外语，2021（1）：1+24.

杨勇飞，白鹏飞."中国梦"视阈下当代大学生思想政治教育路径探析.牡丹江教育学院学报，2014（5）：60-61.

作者简介

胡文海，浙江大学外国语学院百人计划研究员，博士。主要研究方向是日本古典文学、俳谐连歌、翻译学，发表国内外论文 20 余篇，主持国家社会科学基金青年项目 1 项，负责浙江大学一流本科课程 1 门、本科课程思政建设项目 1 项，承担 10 门以上本科课程教学，获得 2021 年浙江大学青年教师教学大赛一等奖。

如何在德语文学课上讲思政？

刘永强　步静怡

【摘　要】　德语文学课程深入挖掘文学作品中的思政内容，将经典德语文学语篇和人文素养、家国情怀等思政要素有机融合，并结合多媒介、多模态的融入式与沉浸式教学及数字化教学管理，与学生充分对话交流，实践课程思政理念，在介绍德语国家文学概况，训练学生语言表达、分析思辨等综合能力的同时，也能够潜移默化地引导和培养学生坚定文化自信，树立正确的价值观，将立德树人的根本任务落到实处，实现润物无声的教学效果。

【关键词】　课程思政；德语文学；人才培养；文化自信

引　言

当今世界正处于新一轮产业与科技革命的浪潮中，中国与德国、奥地利、瑞士等德语国家和地区之间的政治、经济、文化等各方面联系愈来愈密切，学习和掌握德语、深刻理解德语国家文化，能够使德语专业人才更好地参与全球治理服务。这不仅为德语专业教育提供了更为广阔的前景，也对课程提出了更高的培养要求。如何重构具有中国特色的德语课程体系？如何实现德语专业的新文科建设？如何全方位适应"立德树人、服务国家"的教育方针？"课程思政"是其中的关键环节。

一、课程思政的提出

2014年4月，教育部颁布了《关于全面深化课程改革落实立德树人根本任务的意见》（以下简称《意见》）。该《意见》深入回答了"培养什么人、如何培养人"的问题，提出了构建"学生发展核心素养体系"的理念，并以此来推动课程改革和教育发展。^① 因此，如何调整德语专业课程体系以及一系列相应标准成为德语专业人才培养过程中亟待解决的问题。

然而综观我国各高校德语专业培养方案，"培养什么人、怎样培养人、为谁培养人"这一问题仅能通过思政课来回答。殊不知，思政课程属于显性教育，旨在向学生传授思想理论知识。"课程思政"概念的提出，可以弥补思政课程的不足。^② 这一理念源于习近平总书记2016年12月在全国高校思想政治工作会议和2018年9月在全国教育大会上的重要讲话。习近平总书记在讲话中指出，教育工作者应当立足"立德树人"的根本任务，将思政教育有机融入教学过程中。习近平总书记在全国高校思想政治工作会议上再次强调："要用好课堂教学这个主渠道，思想政治理论课要坚持在改进中加强，提升思想政治教育亲和力和针对性，满足学生成长发展需求和期待，其他各门课都要守好一段渠、种好责任田，使各类课程与思想政治理论课同向同行，形成协同效应。"^③

《普通高等学校本科德语专业教学指南》明确指出，德语专业学生学习和研究的主要对象覆盖"德语语言学""德语文学""翻译""跨文化"以及"国别和区域研究"5个方向，以及"历史学""政治学""社会学"等相关学科^④，跨文化、跨学科特色鲜明，形成了复杂的思想共同体和价值观念体系，在外语教学中有机融入思政教育内容，增强学生文化自信，引导树立正确意识形态价值观，是新时代外语教育落实"立德树人"根本任务必须着力推进的使命和责任^⑤。

二、课程体系改革

浙江大学德语专业是教育部认定的国家级一流本科专业。在本专业的课程体系当中，文学类课程占比不小，包括"德语文学概论""德国文学理论""西方文论""文本阐释学"等课程。一方面，浙江大学培养的大学生要适应中国崛起后的复杂形势，要能够面对全球范围的能力竞争局面；另一方面，浙大培养的文科大学生要具备分析问题、阐释问题、解决问题的能力。在这种语境中，我们应提倡培养学生——尤其是文科学生——的"批判思考""独立判断"和"求是创新"等深层次综合能力，以提升我校人文学科的核心竞争力。

① 杨金才.新时代外语教育课程思政建设的几点思考.外语教学,2020（6）：11.
② 杨金才.新时代外语教育课程思政建设的几点思考.外语教学,2020（6）：11.
③ 转引自：张烁.把思想政治工作贯穿教育教学全过程　开创我国高等教育事业发展新局面.人民日报,2016-12-09（1）.
④ 刘齐生.《德语专业本科教学指南》与德语专业的学科转向.外语学刊,2020（5）：2.
⑤ 杨金才.新时代外语教育课程思政建设的几点思考.外语教学,2020（6）：14.

《普通高等学校本科德语专业教学指南》（以下简称《指南》）对人才培养规格提出了全面要求，以适应学科的专业转向和新时代人才培养目标，即"具有正确的世界观、人生观和价值观，良好的道德品质，中国情怀和国际视野，社会责任感、人文与科学素养，合作精神，创新精神，学科基本素养以及良好的身体和心理素质"①。课程思政能够使学生从中国立场出发树立正确的意识形态价值观，并在此基础上正确认识、评价外来文化思想，是学科框架规划中不可或缺的重要内容，必须全面覆盖、渗透德语专业教育教学。

目前，国内德语专业的文学课程大多采用既定的教学模式，即以历史背景、文学作品选读、课后练习三步骤为基本环节。这从市面上公开发行的德语文学教材就能看出。这种模式不仅形式枯燥乏味，且过于偏重阅读理解，忽略了对话、思辨和创新能力的培养。因此，我们文学课的课程设计规避了上述问题，选择以教师同学的互动对话为主，结合文学作品的绘画、舞台剧和电影改编，兼顾其传播过程，穿插图片和主题辩论等多模态教学方式，选择贴近当下现实生活的主题，激发学生的学习兴趣和热情。课程配套有视听材料和线上慕课。我们不仅要传达基本的语言和文学史知识，更致力于提升德语专业学生听说读写、论述与思辨、跨文化沟通以及分析、阐释和解决问题的综合能力。

三、课程思政：设计与实施

在课程体系改革的背景之下，德语文学课程的思政教育可以从课程内容设计和教学组织实施两方面展开。

"从教学内容来看，不能通过压缩专业课内容、增加思政内容的方式来实现课程思政，而应从课程思政建设的目的和意义出发，在专业课教学过程中积极引导学生树立正确的世界观、价值观、人生观。""课程思政要以专业为载体，在专业教学中充分挖掘思政元素，并把思政元素有机融入专业课教学中。"②在设计专业课程及编写教材时应强调德语专业"专业核心课程""公共基础类课程""专业方向课程"③跨学科、跨文化的课程体系化建设，从中国学生的实际情况和人才培养的具体目标出发，因地制宜，在积极进行课程理论创新基础上，通过将中国文化有机融入课程，锻炼学生的思辨、表达等综合能力，消除学生的"中国文化

---

① 教育部高等学校外国语言文学类专业教学指导委员会，等．普通高等学校本科外国语言文学类专业教学指南（下）．北京：外语教学与研究出版社，2020：34—35．

② 何莲珍．从教材入手落实大学外语课程思政．外语教育研究前沿，2022（2）：20．

③ 刘齐生．《德语专业本科教学指南》与德语专业的学科转向．外语学刊，2020（5）：3．

失语症"①。

以"德语文学概论"这门文学课为例。该课程依据《指南》中设定的培养目标，按照知识要求和能力要求规划了教学内容，教学内容以文学史为纵轴，以深度的文本解读为横轴。课程分为16个单元，每个单元都会介绍一到两个著名文学流派及若干代表性作家，并会择选一部重要作品进行深度解读，传授有关文学批评理论和方法的知识。在选择重要作品时，会兼顾文学体裁和创作风格，旨在让学生尽可能全面地了解德语文学的概况和特征。为了更好地传授教学内容，授课团队合力打造和更新专用教材。教学内容的编排旨在激发同学讨论，促进同学独立思考，不设固化思维的标准答案。课程在介绍德语文学重要作家和作品的同时，还传授分析文本的基本方法，致力于培养大学生分析问题、阐释问题、解决问题的能力，打造其"独立判断"和"求是创新"的深层次综合能力。以此打造具有道路自信、理论自信、文化自信的一流专业的一流课程。

而在实际教学过程中，该课程采用演示、报告、讨论和讲解相结合的授课方式，向同学们传授西方思想文化史和文论的基本知识，有机融入家国情怀、社会责任感等思政元素，并引导和组织学生讨论。整个授课过程都是在对话和讨论中进行，配合教学内容将课程思政充分落到实处。

在课程组织方面，学期初同学选好课后，教师会制定助教轮岗表，本周助教记录课堂情况，同时还会搭建由中国同学和德国同学组成的学习共同体。教学活动以课堂教学为主，此外还开通了网络平台辅助教学，如线上慕课、网易公共邮箱以及微信群。建立公共邮箱主要用于教师共享与课程相关的电子资料，例如电子讲义、录音、补充资料，学生提交作业、PPT课件、课程心得等。微信群是最主要的线上师生交流平台，不仅发布通知，还会征询学生意见，学生也会非常及时地作出反馈。本课程借助数字网络技术，建立多途径的线上线下交流平台，使学生上课准备更充分，学习与授课的效率也更高。

课程的成绩评定力求客观和综合性，平时成绩由出勤率、课堂表现（课上发言和积极讨论）、主题报告展示等构成，考试成绩以一次随堂书面考核和一篇用德文撰写的学期论文为基础。本课程不仅考核形式多元，考核标准也涵盖包括语言表达、思辨能力、价值观等多方位因素，这样给出的最终成绩更具有说服力。

为了让大家能够更好地进行专业学习，同时也为了更好地实现思政教育的目的，我们在整个授课过程中通过四种模式与同学保持紧密联系和实时互动，一是课堂上的开放式讨论，二是课后的答疑（我们专门安排每周固定的答疑时间与大家交流，即德文中的"Sprechstunde"），三是微信、微博等网络平台上的互动，

---

① 杨金才. 新时代外语教育课程思政建设的几点思考. 外语教学, 2020（11）: 13.

四是书面撰写的课程心得体会。根据多年来的经验积累，课程结束后收到的都是非常积极的反馈和同学们的一致好评。

通过上述的这些改革措施，本课程在以下几个方面较有特色：

第一，多媒介、多模态的融入式与沉浸式教学及数字化教学管理。课程的教学资源不再局限于教科书，而是采用书本、报刊、视听材料、网络资源等多元化的内容。课程还有配套的 MOOC 课程，进行线上线下混合式教学，实现传统教学和数字化教学的有机结合，不仅提升了教学内容的丰富性，也保证了授课过程中师生之间的充分交流，为课程思政的实施提供了形式上的基础。

第二，学生成为教学活动的主体。课程借鉴了德国高校的授课方法和教学理念，真正做到"以学生为中心"。所谓"以学生为中心"不是娇生惯养式的、由老师追着学生"喂食"的教学，而是积极调动学生的主动性，使其成为教学活动的主体。课堂教学基本以苏格拉底式的对话形式展开，教师的角色更像是主持人，负责引导讨论。学生积极参与课堂研讨，推进教学进度，他们通过积极踊跃的发言，组织和参与讨论，甚至参与课程设计，进而锻炼自己的思辨能力、组织能力和语言表达的能力。

第三，新文科视角的重新阐释。课程内容从新文科的视角出发，兼顾文学史的史学视角和德语国家的区域特征，厘清令人眼花缭乱的流派和概念，深挖作品的内涵和意义，传授文学批评和文本阐释的理论方法。教学中，本课程强调文学与其他文化现象的交融渗透和相互影响，旨在拓宽学习者的学科视野，培养其获取知识、分析文本、独立思考和思辨创新的能力。同时以学以致用的原则培养学生的跨文化理解能力，以"文明互鉴"的姿态增强文化自信，实现"美美与共"的共同体建设。

上述教学实践和组织方式可以有效地将专业学习与思政教育结合起来，使思政教育不再是为了思政而思政，而是以科学、合理、公平的实际行动践行思政教育的理念，更好地实现教育目的。

四、案例分享

德语文学课程的教学重点是引导学生深刻理解中德文化的共性与差异，强化文化交流互鉴的必要性。本课程从中德跨文化视角出发，在介绍德语文学，引导学生分析、阐释文学作品的过程中，激发学生对家国情怀、人文素养、社会责任感等思政元素进行反思。下文将结合案例具体阐释。

案例1：讲解德国文学名著《浮士德》

在讲解中，老师首先要以知识传递为基础，介绍欧洲中世纪以来关于浮士德传说的文化史知识，并讲解一些德语文学中的基本概念，然后基于歌德的剧本《浮士德》引导学生展开有关"浮士德精神"的讨论。这部剧的主人公浮士德身上既有奋发进取的"科学精神"和认真勤恳的"工匠精神"，在其行动中还体现出很强的社会责任感和人文素养。当中国遭遇民族危机时，"浮士德精神"曾是一帖救亡良药。

我们在课程讲解中穿插了一些中国学者阅读《浮士德》的经历与体会，如著名诗人和日耳曼学者冯至1939年在西南联大教书期间躲避日军空袭之余研读《浮士德》的情景，他用"天行健，君子以自强不息"来概括浮士德的一生。结合抗战的历史背景，可以看出中国知识分子在面对西方列强入侵时开展民族自救运动的初衷，回顾这段历史能够有效提高同学的家国情怀。

这种跨文化视角的比较能够激发同学进一步思考。通过阅读，学生不仅可以获取知识，提升素养，同时还能够以生动具体的案例激发其爱国热情，使其以自觉和自信的姿态，关心祖国的发展。

案例2：以戏剧《四川好人》为例，讲授布莱希特的叙事剧理论和陌生化效果

《四川好人》是德国剧作家布莱希特创作的寓意戏剧作品。该剧采用"神仙下凡"的中国神话故事模式，将故事背景设置于中国四川，基本剧情是神仙为反驳"当今好人活不成"的谬论而降临凡界寻觅好人。我们在课堂上先学习布莱希特的戏剧理论，然后以跨文化解读的方式讨论该戏剧的跨文化性。课上展示了戏剧《四川好人》在中国舞台上的呈现，跟同学们一起探讨了中国语境中对"好人"及其境遇的理解。自20世纪90年代以来，该剧先后被改编成话剧、昆曲、豫剧等多种戏剧形式。中国导演对该剧本的不同解读，以及不同戏剧形式在舞台上开辟的截然不同的表达空间，激发了学生的思考与讨论，提高了其社会责任感、正义感和人文素养。

这次课使用多媒体手段，图文并茂地呈现戏剧《四川好人》，并以学生讨论为主，老师引导并提问，激发同学进一步思考。课后，同学们纷纷表示备受启发，深感文学对于激发思考，提高觉悟的重要性。

案例3：主题讨论"现代文明与文学教育"

设计该讨论题的缘起是一个普遍的认知，即德国人素来以严谨认真著称，他们在工业制造中的"工匠精神"、学术研究中的"科学精神"、文艺创作中的人文

素养以及跟德国人打交道过程中时刻都能感受到的文化自信。这些都是值得我们学习的正能量，也是德语文学课程力图传递给学生的正面案例。

如何让学生带着浓烈的兴趣，通过自身的努力获得过硬的本领，为中华民族的伟大复兴、为实现"中国梦"添砖添瓦？这方面的思考贯穿于本课程设计方案的始终。德意志文明的璀璨与散落在德语文学中的感人事迹关联紧密。讨论中，大家分享了自己对这些文学故事的感悟，并结合当下中国的实际情形，认真构想了如何以身作则地践行和传递正能量。

结　语

在德语文学课上进行思政教育，首先要以习近平新时代中国特色社会主义思想为指导，遵照价值塑造、能力培养和知识传授的育人理念，然后在专业课教学中融入思想观念、政治观点和道德规范等思想政治教育。设计课程时，教师要精心挑选德语文学语篇，深入挖掘其中的思政内容，配合多样化的课程组织形式和全面的成绩评定方法，与学生进行充分互动与交流，在介绍德语国家文学概况，训练学生语言表达、分析思辨等综合能力的同时，潜移默化地引导学生坚定文化自信，树立正确的意识形态价值观，实现润物无声的教学效果。只有这样，思政教育才能将立德树人的根本任务落到实处，以具体的教学实践回答"培养什么人、怎样培养人、为谁培养人"的问题。

参考文献

何莲珍. 从教材入手落实大学外语课程思政. 外语教育研究前沿, 2022（2）：18-22+90.

教育部高等学校教学指导委员会. 普通高等学校本科专业类教学质量国家标准. 北京：高等教育出版社, 2020.

教育部高等学校外国语言文学类专业教学指导委员会, 等. 普通高等学校本科外国语言文学类专业教学指南（下）. 北京：外语教学与研究出版社, 2020.

刘齐生.《德语专业本科教学指南》与德语专业的学科转向. 外语学刊, 2020（5）：1-6.

杨金才. 外语教育"课程思政"之我见. 外语教学理论与实践, 2020（4）：48-51.

杨金才. 新时代外语教育课程思政建设的几点思考. 外语教学, 2020（6）：11-14.

张烁.把思想政治工作贯穿教育教学全过程　开创我国高等教育事业发展新局面.人民日报,2016-12-09（1）.

作者简介

　　刘永强，浙江大学外国语学院教授、博士生导师，柏林自由大学哲学博士。主要研究方向包括现当代西方文艺理论、近现代德语文学、戏剧学、媒介研究。出版学术专著2部、编著3部、译著5部，发表论文50余篇。主持浙江大学通识核心课程"现代德语文学流派"、浙江省一流本科课程"德语现代主义文学"和"德国文学史与作品选读"。

　　步静怡，浙江大学外国语学院硕士。

　　本文系浙江大学本科课程思政建设项目及外国语学院本科教育教学改革推进计划的阶段性成果。

高校外语专业文学类课程思政实践的"情感转向"路径探索

——以"拉丁美洲文学史与名著选读"为例

卢 云

【摘 要】 在高校外语专业的文学类课程授课过程中，除了将文学文本作为学习语言的语料，关注文学作品的人物形象、思想内涵、艺术特色以及作家的创作风格和手法等，还要让学生通过文学文本了解对象国的政治、历史、社会、文化等，并且在一种中外对比的语境中，引导学生立足本国，更进一步地深入理解本国文化，培养其正确的人生观和价值观。在这个双向的学习和观照过程中，我们可以借助当下社会变革中的"情感转向"，利用"情感"这个新的理解维度使对象国和本国隐性的文化内涵得以显现。而在课堂具体的思政实践中，也可以在跟教学内容息息相关的双向学习过程中关注那些隐含的、复杂的"情感因素"，并借助情感理论对学生进行有效的正向引导。

【关键词】 高校外语专业；文学课程；思政实践；情感转向

引 言

高校外语专业的文学类课程除了要有效提升学生的语言认知水平，培养学生的文学鉴赏能力，使其掌握文学研究的基础方法和理论，还有另外一个重要的教学目标，即经由文学了解目的语国家或地区的政治、历史、社会、文化和思想风貌等，培养学生的人文素养、批判思维能力、家国情怀以及跨文化交际能力。在具体的思政实践中，教师可借助文学史讲授和文学名著文本阅读，并以之为媒介，将专业知识传授与价值观引领有机融合，融入道德修养、家国情怀和全球关切，使学生培养开放、宏阔的世界文学、文化视野，引导其立足中国，启发其在与中国文学文化的比较中深入思考两者的交融与异同，进一步强化学生对中华优秀传统文学、文化的认知和理解。但如何在文学课程的授课过程中融入思政元素，需要教师系统思考、精心设计、正向引导，将思政内容和具体授课内容巧妙、有机地结合，做到主题、时间和比例"三个适当"，以实现内容适当、重点突出、效果良好，最终打造系统有效的思政课堂。

我们注意到，近年来在人文社科各个领域，相继出现了一股"情感转向"的思潮。这也是对现代社会剧烈变革的一种回应，人们关注的问题不再局限于物质、系统的文化和符号、权威的价值观和意识形态，情感问题也成为人们关注的重点。传统的、结构主义的、理性的分析工具和理论不足以体现人类经验的核心问题，"情感"成为几乎所有人文学科都在讨论的焦点，人的内在需要、人类感情的复杂性和差异性被置于前所未有的重要地位。喜、怒、哀、乐以及其他未被命名的具体情绪构成了一个变化着的力量场，被认为是人们行为的主要推动力。在一个感性摆脱"低级"地位，可以和理性交锋并逐渐占据上风的时代，情感成为我们理解个人和社会、政治和文化的一个新维度。我们应该思考如何理解情感和感觉，如何理解当下社会和文化中的变化，尤其是在外国文学课堂的授课和思政实践中，如何充分意识到这种"情感转向"并有效引导之和利用之。

一、情感理论概述

美国学者劳伦斯·格罗斯伯格（Lawrence Grossberg）很敏锐地意识到，"在当前的语境下，流行似乎具有越来越强烈的感染力，政治与娱乐结构、幻想以及多形态快感的结合越来越紧密，而非意识形态……一个小小的逸事令政治问题的流行形式似乎已经从'你在想什么'转变成'你感觉如何'"[1]。加拿大学者布莱恩·马苏米（Brian Massumi）也注意到，在一个充斥着信息和视觉图像的时代，曾经占主导地位的宏大叙事已然崩溃，理性衰退，情感开始变得至关重要。[2]

在情感理论领域，诸多学者都基于不同出发点和逻辑提出了自己的理论或者观点。巴鲁赫·德·斯宾诺莎（Baruch de Spinoza）在《伦理学》中阐述了自己的情感理论，认为情感是"身体的感触，这些感触使身体活动的力量增进或减退，顺畅或阻碍，而这些情感或感触的观念同时亦随之增进或减退，顺畅或阻碍"[3]。他认为情感关乎心灵和身体，在作为心灵的激情时是极难把握的，而在身体状态中

① 劳伦斯·格罗斯伯格.文化研究的未来.庄鹏涛,等译.北京:中国人民大学出版社,2017:230.

② 详见:Brian Massumi, B. *Parables for the Virtual: Movement, Affect Sensation*. Durham: Duke University Press, 2002: 27.

③ 斯宾诺莎.伦理学.贺麟,译.北京:商务印书馆,1997:98.

则表现出力量的增加和减少，顺畅或受阻，是可以被感受到的。斯宾诺莎所谓的"身体的感触"指的是身体与另一身体或物体交互作用时所产生的感触，是身体产生的变化或调整。他把情感分为"快乐""痛苦"和"欲望"3种基本的类型，并由此界定了包括爱、恨、希望、恐惧、嫉妒和同情等48种不同的情感形式。而吉尔·德勒兹（Gilles Louis René Deleuze）、弗里克斯·加塔利（Felix Guattari）和斯宾诺莎观点类似，在《资本主义与精神分裂》中，德勒兹认为情感是一种能够影响他者并受他者影响的力量，是一个身体行为能力在影响和被影响的过程中或增强或减退的过渡状态。① 此外，美国当代文学理论家、政治哲学家、杜克大学文学系教授麦克尔·哈特（Michael Hardt）同样也认为情感是一种相遇的力量，总是产生于情感传递的两者的互动和相关性之中，"情感标志着身体归属于一个相遇的世界；或者说，世界归属于相遇的身体"②。

而英国马克思主义文化批评家、文化研究的重要奠基人雷蒙德·威廉斯（Raymond Henry Williams）很早就提出了跟相对稳定和定型的意识形态和价值观相对的"情感结构"概念。他认为任何历史时期人们的意识形态都是复杂和多元的。一般情况下那些经过官方认可并被广泛宣传的主流意识形态和价值观是相对固定的。人们在对社会形态、社会意识和价值观进行概括时，往往会趋于简单化，它们虽然经过清晰表述，并由权威的制度和理论支撑，却并不能囊括社会意识和架构的全部，并且和人们在实际生活中的切身体会并不总是一致。而"情感结构"则是一种处在变动之中正在形成的新的社会意识和社会体验，是处于变化的时代中人们的经验异于先前的体验而逐渐形成的结构，还未得到系统而清晰的表述，未能在政治学、社会学、哲学、史学等人类社会学领域中得到充分体现。这一概念中的"情感"是非理性的、不断变化的，而"结构"则是理性的、趋于稳定的社会关系。在威廉斯看来，"情感结构"就是"一个时代的文化：它是一般组织中所有因素带来的特殊的、活的结果（living result）"③。我们看到，"情感结构"并没有准确、清晰的定义，主要指的是一种不断变化着的社会经验，一种当下状态的实践意识。

情感结构在文化（精神）和社会（物质）之间建立中介，将个人经验和社会整体、社会结构和历史形态相连，突出强调个体经验的重要性，并将经验和实践活动结合。这个"情感结构"有别于已经定型的"世界观"和"意识形态"，具有隐蔽性，并未经过明确表达和处理，处于一种生发、萌芽和变化的状态之中。因

---

① 详见：Deleuze, G. & Guattari, F. *A Thousand Plateaus: Capitalism and Schizophrenia*. Brian Massumi, B.(trans.). Minneapolis: University of Minnesota Press, 2004:17.

② Gregg, M. & Seigworth, G. J. *The Affect Theory Reader*. Durham: Duke University Press, 2010: 2.

③ 雷蒙德·威廉斯. 漫长的革命. 倪伟，译. 上海：上海人民出版社，2013: 57.

此，通过对记录在某个文本中"情感结构"的考察，即是对历史（他者）的考察，也是对当下（自我）的考察。

　　情感结构和人们的共同经验相关，是社会共同经验的载体。一代人有一代人的情感结构，一个社会有一个社会的情感结构。情感结构是社会广大成员共同参与过程中对于某些共同的需要、欲望的表达和发现，是某一个社会整体共同参与的过程；体验、需求以及欲望表达，是个人与社会之间存在着的共同建构历史的纽带。一个社会、一个时代的情感结构大概等同于这个社会或这个时期的文化。我们知道，文化是与人们日常经验紧密相关的生活方式。我们可以从三方面来理解每一个时代（或地区）的文化：一是生活在那个时代（或地区）的人们所亲身经历和理解的文化，二是被文本（包括文学、建筑、服饰、用具等）记录下来的文化，三是经过后人（或他人）再选择的那个时代（或地区）的文化。因此，我们对时间和空间上有差距的、并未亲身体验的文化的认识类似于柏拉图的文艺对理念的模仿，也即"理念的世界""现实的世界"和"艺术模仿的世界"之别，艺术是对现实世界的模仿，而现实世界又是对理念世界的模仿。一个社会或时代的情感结构主要体现在文学作品中，社会中处于变动、萌芽和形成过程中流动的社会意识和结构，通常会被艺术家敏锐地捕捉并通过文学作品反映出来。我们可以经由时空差距之外的那个时代和地区的文学文本来发现其情感结构，这种情感结构是"特殊的""活的"，也即不断变化的，而不是被抽象化了的、固定了的"意识形态""文化模式"和"社会性格"。

　　由上述论述，我们可以得知，文学文本中蕴含着的那些权威的、定型的，并且已经经过清晰阐述和表达的政治、历史、理论、制度，甚至是主流价值观和意识形态等，都是显性的，是很容易被意识到并归纳学习的，而涉及文化的隐性层面的内涵需要经过更为仔细、深入的"抽丝剥茧"方能显现。我们在外国文学课堂的思政实践中，需要一个双向观照的过程，一方面要分析隐含于外国文学文本中那些并非显而易见的对象国国情和文化内涵，另一方面需要比对自己所处社会和时代的文化，使学生对之有更清醒的认识。教师在这个过程中要引导学生并培养其爱国主义精神，树立其中国特色社会主义道路自信、理论自信、制度自信和文化自信，这个目的的达成也需要教师关注当下社会变革中的"情感转向"，采取学生更容易接受的方式，而非填鸭式的概念灌输或者趋于单向度的教条式说教。

二、"拉丁美洲文学史与名著选读"课堂思政实践概述

以"拉丁美洲文学史与名著选读"课程的思政实践为例，在课程的具体实施过程中，我们选择与我国国情、历史尤其是文化具备一定可比性的知识模块作为切入点，主要有以下四个：

（1）文学创作与文学接受。例如，在讲解"拉丁美洲'文学爆炸'"章节时，我们在使学生了解文学翻译和商业推广在其中所起到的重大作用的同时，让学生思考中国学术外译和文学作品外译的现状和策略。此外，我们也会引导学生思考拉丁美洲"魔幻现实主义"和中国先锋派文学的关系，以及民族文学和世界文学的关系等问题。

（2）文学与历史。例如，在讲解"古印第安文学"章节时，我们于思政环节引入"哀哉幸哉——被殖民者语言记录的拉美史诗"主题，引导学生思考作为美洲大陆原来的主人的印第安人，其文学、历史被肆意毁灭后又被殖民者出于各种原因进行"代写"和"改写"的惨痛历史，并意识到"权力—话语—知识"之间的关系，认识到一个民族和国家的文化乃至日常生活的表达由自己掌握主导权和话语权的重要性，认识到由自己做主体和叙述者"讲好中国故事""发出中国声音"的必要性和急迫性。

（3）文学与政治。例如，在讲解"拉丁美洲见证文学"章节时，我们先介绍作为背景的拉丁美洲历史、政治、意识形态等内容，同时引入中国近年来兴起的"非虚构写作热潮"的主题，引导学生关注中国国情。

（4）文学与文化。例如，在讲解"拉丁美洲地域主义"章节时，我们结合世界文学史的"浪漫主义"背景凸显拉丁美洲这个时期的地域主义文学，挖掘地域文化，建构民族国家意识的紧密关系，引入"中国的乡土文学和革命文学"主题。

需要说明的是，以上四个切入点并非泾渭分明，有时文学、历史、政治和文化等主题会杂糅在一起，四者不可分割。无论何种切入点，最后都会通过"中外对比"环节从中、外不同角度的批评研读，探讨文学虚构反映现实的特征、历史的文本性、文学和意识形态、政治生态以及文化的关系等，启发学生思辨能力，从而形成认识外国文学与文化的本国话语体系。我们在此主要借助"情感理论"阐释具体实践操作，并通过最后的"中外比较"环节达成理想的思政实践效果。

三、思政实践案例分析

在此我们以"拉丁美洲见证文学"章节的思政切入点为例展开具体分析。拉美的见证小说是一种"结合'新新闻主义'的报道模式和社会学、人类学的'口述历史'等研究方法，以一种类似'自传体小说''成长小说'等的文学手法进行创作，旨在记录虽是历史创造者但没有'历史'的某个社会边缘群体经历的文学体裁"[①]。见证文学和革命、政治、历史、社会重大事件乃至文化关系密切，其最主要的目的即根据翔实、可靠的第一手材料进行创作，反映真实发生过的现实，记录被边缘化群体的历史。自20世纪60年代开始，在"文学爆炸"作家们的魔幻现实主义写作依然占据绝对优势并持续引发全世界批评家和学者的关注的同时，"非虚构"写作异军突起，席卷了整个拉丁美洲，引发了持续至今的创作和研究热潮，并在欧美学界的文学、人类学、社会学、历史学、政治学等各个领域都引起了关注和讨论。可以说，无论是从数量还是从质量上来说，见证文学都是研究拉丁美洲政治、历史乃至文化不能绕开的厚重的一页。

这股写作潮流中涌现出了许多杰出的作品，如古巴作家和民族志学者米盖尔·巴尔内特（Miguel Barnet）1966年出版的《一个逃亡黑奴的传记》；墨西哥女作家埃伦娜·波尼亚托夫斯卡（Elena Poniatowska）的《干杯，赫苏萨》和《特拉特洛尔科广场之夜》。前者根据墨西哥城一个参加过大革命的底层妇女何塞菲娜·博尔盖茨的口述整理出版，反映了墨西哥20世纪上半叶的动荡社会变革；后者以口述历史的形式为1968年墨西哥政府残酷镇压学生事件做见证。另外，在各界引起极大关注的见证文学作品是1983年危地马拉的伊丽莎白·布尔戈斯·德布雷（Elizabeth Burgos Debray）根据印第安基切族妇女里戈贝尔塔·门楚（Rigoberta Menchú）的自述出版的《我叫里戈贝尔塔·门楚》，主人公门楚在1992年获诺贝尔和平奖；此外还有阿根廷女作家诺拉·斯特里基利维奇（Nora Strejilevich）根据自己在集中营的亲身经历撰写的于1997年发表的《一个多重的死亡》等等。这些作品都以"历史见证"的姿态，以一种纪实的手法再现了社会现实，而同时又不失文学的可读性。其中，大部分作品都被翻译成英文，在拉美大陆之内和之外的读者和研究者中引发了很大的反响。

在这些作品中，我们可以看到一种新的"情感结构"的形成。拉美见证文学创作的兴起，主要是因为人们渐渐对当时甚嚣尘上、被认为是拉美文学代表的大量魔幻现实主义作品中虚构的暴君、不存在的村庄和奇异的事件感到厌倦。见证

[①] 卢云. 拉美见证小说的真话和谎言问题——以《干杯，赫苏萨》为例. 解放军外国语学院学报，2015（4）：152.

文学的产生正是这种社会"情感结构"变化的结果，见证文学的作家们以一种全新的介入姿态直面现实，不虚构人物、事件和场所，不"顾左右而言他"，不"借古讽今"，以一种坚实扎根现实的姿态表达自己的社会责任感。

　　然而这股形成潮流的文学表达在逐渐获得"权威"地位之后，在当下也逐渐出现一种新的、变化中的"反其道而行之"的"情感"。这种涌动着的、对立的、质疑的情感不仅仅是因为在一个后现代语境之下，人们逐渐意识到当初被视作绝对真实且不容置疑的历史文本和人类学文本也是另一种形式的"叙事"，更毋庸说"见证文学"这种被归于文学创作的文类，因为对于一个见证小说作者来说，在面对芜杂、开放的口述材料时，不可避免地要对材料进行挑选和重新整合，这个过程本身就预设了一种虚构。而另一个主要的原因也在于近年来拉美的见证文学写作由最初的革命叙事转向大众化、人道主义的方向，其书写也大有被经典化、神圣化、正义化的趋势。在权力关系的变更中，一些拥有了"说一不二"话语权的"见证书写"带着绝对的道德优越感，强调其"书写的真实"而不提其"文学的虚构"，在文本完成之后切断或者拒绝面向公众质疑的对话关系，或者在道德、情感和逻辑层面都没有进行有效的说服，也闭口不提自己借助边缘立场获取话语权的另一种考量，反而违背了"为无声者发声"的初衷，从而引发了公众和一些作家的质疑和反拨。

　　在完成对拉美见证文学的产生原因、创作热潮以及热潮退去后对其进行反拨和思考的情感梳理之后，此时我们引入的对比话题是中国近年来兴起的"非虚构"创作，比如梁鸿的《梁庄》系列、乔叶的《盖楼记》《拆楼记》、阿来的《瞻对》等。我们也应看到中国的很多"非虚构"文本，在导向一种大众化、人道主义的写作，但在关注社会底层、边缘群体、地下社会等的同时，创作者们有时候会带着一种高高在上的道德优越感。中国社会科学院民族文学研究所的刘大先指出，进行"非虚构"的文艺工作者"将自己界定为真实的掌握者，将自己与主流不一致的位置，简化为对立和反抗的关系，特别强调抗争的力量和姿态，从而产生一种颠覆主流、对抗权力的自我心理暗示。但真实的情景可能是多样的，有的确实是自觉的伸张正义，有的只不过是用边缘立场的姿态来获取文化资本，是一种投机心理。无论哪一种，先入为主的道德优越感容易形成一种权力，自以为拥有历史正义和道德审判权，从而走向自己动机的反面，会使得生存经验和历史记忆窄化"[1]。我们要引导学生思考公众事件对他们造成的情感反应，要让他们意识到，大众的思想、文化与政治诉求经常被有意识地根据其"情感需求"进行设计。而作为接受高等教育的大学生，一定要有这个清醒的认识，在情感和理性的交锋

---

① 李松睿, 等. 重建文学的社会属性——"非虚构"与我们的时代. 文艺理论与批评, 2016（4）: 30.

中，不被裹挟和误导，能够意识到各种正式的或非正式的社会组织有时会借助"情感传播"和"情感回应"来发动和激发公共群体事件。

结 语

我们将情感理论运用于高校外语专业文学课堂的思政实践中，分析隐含于文学文本中对象国文化中的"情感结构"，并引导学生用理性的思维分析国内对应的文化内涵，并利用个体情感陶冶、情感建构等将其与社会性情感建构连接起来，将简单、概括的价值观和意识形态概念和变化的社会现实之中的"情感结构"相结合，在潜移默化中树立青年学生正确的人生观和价值观。此外，正如德勒兹等人所认为的那样，情感是一种能够影响他者并受他者影响的力量，是我们影响这个世界的力量和我们被世界影响的力量，也是这两种力量之间的关系。我们将情感理论应用于外国文学课程的思政教学，也是要使青年学生在面对那些根据情感需求被有意或者无意设计的公众事件时，成为那个更为主动地影响事件发生和发展的正向力量，而避免受到其消极影响。

参考文献

Brian Massumi, B. *Parables for the Virtual: Movement, Affect Sensation*. Durham: Duke University Press, 2002.

Deleuze, G. & Guattari, F. *A Thousand Plateaus: Capitalism and Schizophrenia*. Brian Massumi, B.(trans.). Minneapolis: University of Minnesota Press, 2004.

Gregg, M. & Seigworth, G.J. *The Affect Theory Reader*. NC: Duke University Press, 2010.

劳伦斯·格罗斯伯格.文化研究的未来.庄鹏涛等译.北京：中国人民大学出版社，2017.

李松睿，等.重建文学的社会属性——"非虚构"与我们的时代.文艺理论与批评，2016（4）：27-35.

卢云.拉美见证小说的真话和谎言问题——以《干杯，赫苏萨》为例.解放军外国语学院学报，2015（4）：152-158.

斯宾诺莎.伦理学.贺麟，译.北京：商务印书馆，1997.

雷蒙德·威廉斯.漫长的革命.倪伟，译.上海：上海人民出版社，2013.

作者简介

卢云，浙江大学外国语学院副教授，文学博士。浙江大学外语学院西班牙语语言文化研究所所长，教育部高等学校外语专业指导委员会西班牙语分委会委员。研究方向主要为西班牙语国家文学、国家国别与区域研究以及西语教学。发表论文多篇，出版专著、译著和教材多部，主持教育部社科一般项目"西班牙文学中的唐璜形象研究"，参与2019国家社科基金重大项目"中国外国文学研究索引（CFLSI）的研制与运用"等。

本文系浙江省教育厅一般科研项目"拉美女性见证小说中作者和口述者的话语关系研究"的阶段性成果。

人类命运共同体意识下的家国情怀
——"美国文学史"课程思政教学探索

苏　忱

【摘　要】"美国文学史"是英语专业本科的必修课程，课程在教学中凸显美国文学中的中国形象、中国哲学美学思想和华裔书写三大类"中国元素"，培育学生的文化自信；课程同时也通过"文学比较"这种隐性教育的方式，在拓宽学生国际视野和思辨能力的基础上，树立人类命运共同体意识下的家国情怀。课程以马克思主义文艺理论为指引，批判性地审视美国历史及其文学作品，以厚植人类命运共同体下的家国情怀为核心全方位开展课程思政教学，为青年学生树立新时代的"家国天下"观。

【关键词】　家国情怀；人类命运共同体；美国文学史

引　言

2014 年 4 月，教育部颁发了《关于全面深化课程改革落实立德树人根本任务的意见》，提出了"课程是教育思想、教育目标和教育内容的主要载体，集中体现国家意志和社会主义核心价值观，是学校教育教学活动的基本依据，直接影响人才培养质量"[①]。2016 年 12 月 7 日至 8 日在全国高校思想政治工作会议上，习近平总书记再次强调要以立德树人为中心，高校的思想政治工作要贯穿教育教学全过程，实现全程育人、全方位育人的新局面。2020 年 6 月教育部印发的《高等学校课程思政建设指导纲要》指出："全面推进课程思政建设，就是要寓价值观引导于知识传授和能力培养之中，帮助学生塑造正确的世界观、人生观、价值观，

[①]　教育部关于全面深化课程改革落实立德树人根本任务的意见.（2014-04-08）[2022-08-07]. http://www.moe.gov.cn/srcsite/A26/jcj_kcjcgh/201404/t20140408_167226.html.

这是人才培养的应有之义，更是必备内容。"① 课程思政在外语学科的人才培养中有着更急切的紧迫感，因为"外语教育本身具有鲜明的特殊性，需要直接面对国外意识形态和西方主流话语。其文化价值观常常渗透在语言背后。……外国文学文本中的价值取向也是复杂多元的。如何透过语言意识形态进行价值观引导是当今外语教育必须认真思考并迫切践行的使命和责任"②。

"美国文学史"是英语专业本科的必修课程，课程以美国文学的发展为线索，分为五个历史阶段探究美国文学中的重要作家作品，旨在在了解美国历史、美国文化的基础上，提升学生的文学鉴赏能力和文学研究能力。在用好课堂这个主渠道、课程内容与思政理论协同的过程中，"美国文学史"课程在教学过程中结合课程特点，在教学中植入中西比较的视角和话语批评方法，以马克思主义文艺理论为指引，批判性地审视美国历史及其文学作品，课程教学中凸显美国文学中的"中国元素"和中美文学之间的交流互动，从而在拓展学生的国际视野、培养学生文化自信的基础上，厚植人类命运共同体意识下的家国情怀。

一、家国情怀与人类命运共同体意识

据学者考证，"家国"这个概念源自《史记·周本纪》："今殷王纣维妇人言是用，自弃其先祖肆祀不答，昏弃其家国，遗其王父母弟不用，乃维四方之多罪逋逃是崇是长，是信是使，俾暴虐于百姓，以奸轨于商国。"在此，司马迁从儒家"修身、齐家、治国、平天下"的价值取向辩证地剖析了商纣王昏庸亡国的原因。在以儒家为核心的传统文化和"家国同构"的政治理念之中，中国自古以来形成了"家国一体"的价值观，如钱穆先生所指出的："有家而有国，次亦是人文化成。中国俗语连称国家，因是化家成国，家国一体，故得连称。"③ 在儒家文化中，首先被提出的是"国以家为本"的思想。《大学》中有云："欲治其国者，先齐其家。"此"先"非时间上的先后，而是理论发展中的本源。因此，儒家认为"一家仁，一国兴仁；一家让，一国兴让；一人贪戾，一国作乱，其机如此……故治国在齐其家"。其次，在"国以家为本"的基础上，儒家更强调的是"民以国为本"，因此"齐家"乃是为了治国平天下。因而在中国的历史上涌现出了无数保家卫国、舍小家为大家，与国家民族同安危、共患难的英雄故事。这种家国情怀已经成为五千年中华文明的核心价值理念。这种情感一直延续至当代中国，已成为

① 高等学校课程思政建设指导纲要.（2020-05-28）[2022-08-07]. http://www.gov.cn/zhengce/zhengceku/2020-06/06/content_5517606.htm.
② 杨金才.新时代外语教育课程思政建设的几点思考.外语教学,2020（6）:12.
③ 钱穆.晚学盲言.桂林：广西师范大学出版社,2004:112.

中华民族宝贵的精神财富，是中华文明绵延不绝的心理根基。习近平总书记在全国抗击新冠肺炎疫情表彰大会上再次提到："中国人历来抱有家国情怀，崇尚天下为公、克己奉公，信奉天下兴亡、匹夫有责，强调和衷共济、风雨同舟，倡导守望相助、尊老爱幼，讲求自由和自律统一、权利和责任统一。"①

随着社会主义新中国的成立与发展，家国情怀在新时代也被赋予了新的内涵。新的家国情怀在传承中华优秀传统文化的基础上，既包含对民族和国家的热爱，同时也要求放眼世界，关注人类整体，拥有构建人类命运共同体的意识。首先，家国情怀在本质上就蕴含着共同体的意识。儒家文化中形成的家国一体、家国同构的理念意味着个体、家庭与民族、国家是共生共存、休戚与共的关系。家国情怀体现了"政治模式下个人对集体公共利益的服从与维护，传统家国情怀中所蕴含的忠孝、礼义等传统伦理思想是共同体意识的反映"②。其次，随着我国改革开放政策的深化发展，我国与国际社会之间的交往不断深化，习近平总书记曾多次强调，在全球化日益发展的今天，构建人类命运共同体的重要性与紧迫性。在纪念五四运动 100 周年大会上，习近平总书记对中国青年提出了殷殷期盼，"新时代中国青年，要有家国情怀，也要有人类关怀"，"为实现中华民族伟大复兴而奋斗"，"为推动构建人类命运共同体而努力"。③ 因此，在"美国文学史"的课堂上，如何在学生心中厚植家国情怀与构建人类命运共同体的责任感成为课程思政探索的核心。

二、凸显"中国元素"：培育家国情怀

在"美国文学史"课程教学过程中培育学生人类命运共同体意识下的家国情怀，首先要凸显美国文学中的"中国元素"。在培养学生文化自信的同时，更重要的是能够让学生意识到在人类历史发展的进程中，文明交流与文明互鉴一直都对各国文化发展发挥着举足轻重的作用。"美国文学史"的课程教学所要凸显的"中国元素"主要分为美国文学中的中国形象、中国哲学美学思想和华裔书写三大类。

第一，发掘美国文学中被忽略的中国形象书写，引导学生以批判性视角审视美国文学中中国形象的叙事动机及其接受传播情况。在美国文学中，既有富兰克

---

① 习近平 . 在全国抗击新冠肺炎疫情表彰大会上的讲话 .（2020-09-08）[2022-08-07]. https://www.ccps.gov.cn/xxsxk/zyls/202009/t20200911_143334.shtml.

② 张军 . 共同体意识下的家国情怀论 . 伦理学研究，2019（3）：117.

③ 习近平 . 在纪念五四运动 100 周年大会上的讲话 .（2019-04-30）[2022-08-07]. https://www.ccps.gov.cn/xxsxk/zyls/201906/t20190604_132081.shtml.

林以想象的方式建构中国形象的《中国来信》，也有如诺贝尔文学奖获得者赛珍珠亲历中国生活后而创作的文学作品。此外，在美国文学中还有大量关于中国的隐性书写，即作品的主要内容和主要人物与中国并没有关系，但是在字里行间却隐藏着对中国的影射，如尤金·奥尼尔的戏剧《泉》取材于 15 世纪晚期西班牙冒险家胡安·庞塞·德·莱昂的经历，剧中的中国作为东方的象征多次出现，它是胡安想要到达却从未到达的乌托邦，"在东方某个遥远的国度里——在中国、日本，谁知道呢——有一个地方，大自然是跟人类分开的，被赋予宁静"①。因此，在教学过程中可利用分组讨论和项目式探究等教学方法，让学生主动挖掘美国文学中的中国形象，同时对所发掘的中国形象书写进行分类。因为美国文学中的中国形象，无论是积极正面的，还是消极负面的，都浸透着特定的意识形态，服从于特定的政治意图，所以教师在课堂上要引导学生透过文字呈现的形象，深入探究每一个中国形象呈现背后的叙事动机及其读者反应接受的历史嬗变。由此，学生在美国文学史的学习过程中方能厘清西方文化中存在的意识形态偏见，在学习中坚定中国立场和中国视角。

其次，美国文学史教学中要突出中国古典哲学和美学的深远影响。自 16 世纪末期意大利人利玛窦游历中国并向西方译介了包括《四书》译本在内的中国典籍，西方的文人雅士们一直孜孜不倦地吸收着来自中国的古老智慧。无论是儒家、道家等的经典著作，还是《诗经》、唐诗宋词等中国传统文学，包括美国学者在内的学者们纷纷将其译入本国。因此在美国文学史中，从美国建国初的文艺复兴运动到 20 世纪初的现代主义，直至当代美国文学，中国古典哲学和美学一直深深影响着美国的作家们，成为其创作的灵感源泉。在具体教学过程中，美国超验主义文学与儒家及道家哲学的关系、美国意象派诗歌与中国古典诗学的关系、美国垮掉派文学与道家哲学和禅宗哲学的关系是课程讨论的重点，学生不仅需要从知识的层面上厘清中国古典哲学对美国文学的影响，更重要的是能够从历史的共时与历时角度深入分析美国作家们吸收借鉴中国哲学美学的动因，从而帮助学生反思中华优秀传统文化的当代价值，树立文化自信。

此外，美国作为一个多种族融合的移民国家，有大量华人自 19 世纪以来移居至此。第二次世界大战之后，美国文坛涌现了诸多颇具影响力的华裔作家，他们有的在作品中描写了华裔移民在美国的生活，有的以想象或写实的手法书写了中国的历史和当下。华裔作家的作品为西方世界了解中国打开了一扇窗口，但值得关注的是，有些华裔作家为了迎合西方读者的趣味，在作品中歪曲了中国形象。因此在美国华裔文学的教学中，教师要让学生能够辩证地分析作品中的中国

---

① 尤金·奥尼尔 . 奥尼尔文集（第 2 卷）. 郭继德编 . 北京：人民文学出版社，2006：343.

书写，鼓励学生针对作品中的错误和不公正的中国书写进行有力地辩驳，撰写有价值的学术论文，从而更好地发挥和担负英语专业学生讲好中国故事的责任与使命。

三、锻造中西比较视野：树立共同体意识

教育部于 2020 年印发的《高等学校课程思政建设指导纲要》中指出，课程思政工作要"将显性教育和隐性教育相统一"。"美国文学史"的课程思政实践中，既要通过凸显"中国元素"这种显性教育的方式培养学生的家国情怀，同时也要通过"文学比较"这种隐性教育的方式树立人类命运共同体意识下的家国情怀。"美国文学史"课堂上的中美文学文化比较"涉及对比、鉴别、辨析差异，同时也注意发现差异之下共通的地方"①，从而在"比较"中厚植人类命运共同体意识下的家国情怀，避免陷入狭隘的民族主义思想。

首先，课程在介绍美国经典作家作品的过程中引入该作品在中国的传播接受情况，引导学生将作品同时放入中国和美国的社会语境中进行比较阐释。优秀的文学作品往往同时具有普遍性与独特性，作为对社会生活和人类情感最深刻的描写，文学是超越国界的，反映了全人类相通的感受，同时各国的文学经典又是各自历史、文化和民族独特性的展现。在具体的美国文学作品的阅读中，学生应当秉持着习近平总书记的谆谆教导，"要尊重世界文明多样性，以文明交流超越文明隔阂、文明互鉴超越文明冲突、文明共存超越文明优越"②，学习以他山之石，为我国社会主义事业、为人类命运共同体的构建贡献自己的智慧。如美国浪漫主义时期的伟大诗人惠特曼的《草叶集》曾激励了田汉先生的创作。在动荡的革命时期，田汉将惠特曼视为美国国家、民族的代表，并对其诗歌中体现的自由、平等、民主的"美国精神"产生了浓厚的兴趣，因而提出："我们因为我们的'中国精神'（Chu-Hwaism）——就是平和平等自由博爱的精神——还没有十分发生，就要纪念惠特曼，把他所高歌的美国精神（Americanism）做我们的借镜。"③这种在"别求新声于异邦"中"审己""知人"的比较视野不仅在中国革命时期启发和激励了大批革命先驱，于当今时代也有着重要的作用。今天的我们仍然需要在"比较"中加深中美之间的沟通交往，在国际舞台真正实现求同存异、和而不同。

---

① 王守仁．坚持思想性与科学性统一，发挥高质量外语教材的引领作用 // 查明建编．外语教材研究（第一辑）．上海：上海外语教育出版社，2022：40．

② 习近平．习近平的"文明观"．（2021-05-20）[2022-08-07]. https://baijiahao.baidu.com/s?id=170023648655182 4074&wfr=spider&for=pc.

③ 田汉．平民诗人惠特曼的百年祭．少年中国，1919-07-15．

　　其次，"比较"的视角旨在打破中西文学文化比较中常见的二元对立思想，不仅鼓励学生以实证研究的方法探究美国文学与中国文学之间的关系，看到彼此之间的同与异，还鼓励学生在更深的理论层次上发掘两国文学发展的共通之处和互动影响，积极参与建构有中国特色的学术研究话语体系，从而在美国文学研究的国际舞台上发出中国声音。文明因交流而多彩，文明因互鉴而丰富。每一部文学作品都是由作者在特定的历史时期、以特定的目的、使用特定的代码系统而产生的历史人工制品，铭刻着作者的时代和意图。美国文学作品中客观存在的历史文化距离为中国读者的阅读阐释带来了一定的挑战，尽管存在着种族、阶级、民族和国籍的差异，但人类有感知、构思、想象、表达和解释人类共同经验的能力。通过比较作品中展现的历史、语言、哲学和文化层面上的异同，借鉴比较诗学已有的成果，"美国文学史"课堂可以帮助学生实现审美视野的融合。

四、坚守马克思主义批评观：形塑社会主义人民文艺观

　　凸显"中国元素"与锻造"比较"视野为青年学生树立人类命运共同体意识下的家国情怀奠定了实践基础，但是面对日益复杂的国际环境和全球化所带来的价值观的混杂，青年学生在美国文学史的学习过程中要坚守马克思主义文艺观。英国马克思主义文学理论家伊格尔顿曾指出，"文学不仅仅是道德意识形态的工具，文学就是道德意识形态"[①]。因此在"美国文学史"课堂教学中要引领学生从马克思主义理论入手分析和阐释具体的文学文本，学会如何正确理解马克思主义，避免将之教条化、概念化、公式化。与此同时，要将马克思主义的文艺批评方法与我国的历史现实相结合，从而在厚植家国情怀的教学中实现马克思主义的中国化。

　　首先，坚守马克思主义文学批评就是要坚持历史唯物主义，以马克思主义理论为指导，结合中国历史现实，全面诠释文学作品。任何一部文学作品都是在特定的历史环境中诞生，并有意识或无意识地映射着它所处的时代。无论是诗歌还是小说，"美国文学史"课堂上的文学阅读不能停留于审美层面的鉴赏，不能仅仅把文本看成一个语言的艺术品，而是要透过文学文本中使用的各种修辞手法——词语的选择、重复、句法、押韵、形象、隐喻、换喻、节奏、声音等展现文学作品在独特的语言和文体中进行的各种意识形态编码。比如，在叙事文学中，作家选取了哪些事件并对其进行戏剧化再现，从而激起读者的同情心；作品所采用的叙事视角又是如何引导读者形成预期的观点，有哪些观点被边缘

---

① Eagleton, T. *Literary Theory: An Introduction*. Victoria and Oxford: Blackwell Publishing, 1996: 24.

化了？"学生可以在经济基础与上层建筑的辩证关系中探究特定文本中过去与现在的主导意识形态和阶级统治模式，在此基础上理解小说的人物塑造与主题刻画。例如：19 世纪末期美国自然主义文学蓬勃发展，学生在阅读这一时期的代表性作家弗兰克·诺里斯（Frank Norris, 1870—1902）、西奥多·德莱塞（Theodore Dreiser, 1871—1945）、杰克·伦敦（Jack London, 1876—1916）等的作品时，既要关注作品的自然主义色彩，作家对 19 世纪晚期资本主义的严肃批判、对贫苦城市工人的同情，同时也应通过审视 19 世纪晚期美国历史社会的主流意识形态，认识到这些作家受当时流行的社会达尔文主义思想的影响，作品中不可避免地充满着宿命论的悲观情绪，从而无法认识到无产阶级的历史使命和推动社会变革的革命力量。与此同时，结合中国历史社会的发展，学生可以通过阅读美国自然主义小说对资本主义自由、民主有更准确全面的认识。

其次，坚守马克思主义文学批评就是要把马克思主义理论中对人的关注和中国共产党一直以来提出的"人民文艺为人民"的主张相结合，真正实现马克思主义的中国化，以此指导文学阅读和文学批评。马克思主义理论从建立之初关注的就是人的生存境况和全人类的解放。马克思主义文艺理论也始终以人民作为文艺活动的主体。以人民为中心的发展思想也是习近平新时代中国特色社会主义思想的核心理念，是马克思主义人民观的最新发展、最新成果。2014 年 10 月 15 日，习近平总书记在文艺工作座谈会上明确提出："要以马克思主义文艺理论为指导，继承创新中国古代文艺批评理论优秀遗产，批判借鉴现代西方文艺理论，打磨好批评这把'利器'，把好文艺批评的方向盘。"[1] 因此，在美国文学的教学中，既要关注 20 世纪西方文艺理论，如女性主义、后殖民主义、解构主义等理论方法在文学研究中的积极意义，尤其是这些理论将读者的目光引向了社会历史中被边缘化的弱势群体；同时也要在吸收各种理论方法的同时坚持马克思主义的立场，培养以马克思主义为指导的问题意识和症候式阅读方法。例如，19 世纪末以后，美国社会的发展信奉的是商业主义，商业文化浸透人们日常生活的各个领域，同时也展现在不同作家的作品中。马克思对资本主义的批判有助于学生深刻理解文化商业化的罪恶，从而能真正理解马克思的论断——"资本主义生产就同某些精神生产部门如艺术和诗歌相敌对"[2]，并在此基础上把握何为"为人民的文艺创作和文艺批评"。

---

[1]　习近平. 在文艺座谈会上的讲话 .（2014-10-15）[2022-08-07]. http://www.xinhuanet.com/politics/2015-10/14/c_1116825558.htm.

[2]　马克思. 马克思恩格斯全集（第 26 卷 第一册）. 北京：人民出版社，1961: 296.

结 语

家国情怀之所以用"家国"而非"国家"，恰恰意在凸显以国为家、爱国如爱家的情感，而在汉语用法中，"国家"更多的是一种政治概念。然而，这种来源于对民族、对祖国的认同感和归属感的情感并非自发自然形成的，而是以主观知性的理解和判断为基础的，因此"家国情怀"的情感滋养离不开外部的教育引导。与此同时，21世纪的中国面临着百年未有之大变局，21世纪的青年肩负着建设现代化强国、实现中华民族伟大复兴的重任。"美国文学史"课程理当坚定为党育人、为国育才的目标，以厚植人类命运共同体下的家国情怀为核心全方位开展课程思政教学，为青年学生树立新时代的"家国天下"观。

参考文献

Eagleton, T. *Literary Theory: An Introduction*. Victoria and Oxford: Blackwell Publishing, 1996.

教育部关于全面深化课程改革落实立德树人根本任务的意见.（2014-04-08）[2022-08-07]. http://www.moe.gov.cn/srcsite/A26/jcj_kcjcgh/201404/t20140408_167226.html.

尤金·奥尼尔.奥尼尔文集（第2卷）.郭继德，编.北京：人民文学出版社，2006.

马克思.马克思恩格斯全集（第26卷 第一册）.北京：人民出版社，1961.

钱穆.晚学盲言.桂林：广西师范大学出版社，2004.

田汉.平民诗人惠特曼的百年祭.少年中国，1919-07-15.

王守仁.坚持思想性与科学性统一，发挥高质量外语教材的引领作用.查明建编.外语教材研究（第一辑）.上海：上海外语教育出版社，2022.

习近平.在文艺座谈会上的讲话.（2014-10-15）[2022-08-07]. http://www.xinhuanet.com/politics/2015-10/14/c_1116825558.htm.

习近平.在纪念五四运动100周年大会上的讲话.（2019-04-30）[2022-08-07]. https://www.ccps.gov.cn/xxsxk/zyls/201906/t20190604_132081.shtml.

习近平.在全国抗击新冠肺炎疫情表彰大会上的讲话.（2020-09-08）[2022-08-07]. https://www.ccps.gov.cn/xxsxk/zyls/202009/t20200911_143334.shtml.

习近平.习近平的"文明观".（2021-05-20）[2022-08-07]. https://baijiahao.baidu.com/s?id=1700236486551824074&wfr=spider&for=pc.

杨金才.新时代外语教育课程思政建设的几点思考.外语教学，2020（6）：11-14.

张军.共同体意识下的家国情怀论.伦理学研究，2019（3）：113-119.

中华人民共和国教育部 . 高等学科课程思政建设指导纲要 .（2020-05-28）[2022-08-07]. http://www.gov.cn/zhengce/zhengceku/2020-06/06/content_5517606.htm.

作者简介

　　苏忱，浙江大学外国语学院副教授，文学博士。主讲"美国文学史""英美戏剧""英语文学名著精读""文学批评方法论"等专业课程；主要研究方向为当代英美文学。

马克思主义文艺思想与"英国文学史"课程思政教学改革探索

孙艳萍

【摘　要】"英国文学史"课程天然地表明专业课和思政课可以同向同行，审美与明德能够有机融合。马克思主义文艺思想不断发展且历久弥新，将其贯穿于 21 世纪中国大学生国别文学史学习，让价值观的培养和人格塑造"基因式"地融入教学之中，是多年英语专业课堂实践和理论探索的产物。课程思政教学改革引导学生将对文学历史的了解和文学典籍的阅读转化为敏锐的生命感受和高度的移情能力，激活经典的精神内涵和现实意义，进而自觉地坚守国家和民族价值观，坚定四个自信。

【关键词】　课程思政；马克思主义文艺思想；英国文学史

引　言

习近平总书记在全国高校思想政治工作会议上指出："高校立身之本在于立德树人。只有培养一流人才的高校，才能够成为世界一流大学。……各门课都要守好一段渠、种好责任田，使各类课程与思想政治理论课同向同行，形成协同效应。"[①]党的十九大报告重申，"落实立德树人根本任务，发展素质教育，推进教育公平，培养德智体美全面发展的社会主义建设者和接班人"[②]。中央号召高等教育追求创新理念，促进教育教学改革，实现教书和育人的统一。

2021 年，联合国教科文组织面向全球发布《共同重新构想我们的未来：一种新的教育社会契约》报告，探讨和展望面向未来的教育，认为加剧的社会和经济

---

① 习近平．习近平谈治国理政（第二卷）．北京：外文出版社，2017: 377–378.

② 习近平．决胜全面建成小康社会　夺取新时代中国特色社会主义伟大胜利——在中国共产党第十九次全国代表大会上的报告．人民日报，2017–10–28（1）.

不平等、以数字技术为代表的颠覆性技术等都将给教育带来重大影响，世界需要重新构想"为何学、怎样学、学什么、在哪学和何时学"，教学要处理好课程与知识、技能之间的关系，强调生态、跨文化和跨学科学习，培养学生的批判和应用知识的能力。[①] 可见，世界正处于新的转型期，教育是解决世界问题的重要支点。

近代以来，中国的外国文学教学为中国人了解西方、融入现代世界做出了巨大贡献。当前的教学重心落到了更深的文化层面上，不局限于对具体文学知识点的学习与记忆，同时也重视对文本背后所蕴含的认知、态度、价值判断和行为取向的理解与实践。随着现代化转型的深入，个体生活品质、传统价值观念和民族凝聚力都在经受新的考验，欲推动世界向更加公正、公平和可持续的未来转型，高校急需革新教育教学模式。

一、"英国文学史"课程的建设发展历程

"英国文学史"是英语专业本科的核心课程，已有 40 余年的教学史。自 20 世纪 80 年代以来，课程名称不断微调，如"英美文学导论""英国文学"等。课程于 2015 年定名为"英国文学史"，并修订了教学大纲，主要教授英国各历史断代的社会背景、文化思潮、文学流派，经典作家的文学生涯、创作思想、艺术特色，及其代表作的主题思想、人物刻画、语言风格等，突出知识的结构性、连接性和整合性。类似的英语文学导论性课程也是海外各类高校英语专业的必修课，并被多所世界一流大学，如美国的康奈尔大学和普林斯顿大学，规定为本科生的通识课。以美国伊利诺伊大学厄巴纳—香槟分校为例，该校自 1994 年以来，要求所有本科生完成 6 课时的人文通识课方可毕业，其中包括英国文学和美国文学课程。学习文学有助于提高思辨能力和洞察力，有助于培养人文关怀、情感态度、同理心、共鸣性等软实力，有助于开拓知识视野、国际视野和历史视野，这些无疑是全球教育界的共识。

2016 年，党中央把专业课程确定为课程思政建设的基本载体，要求全国各高校"坚持不懈传播马克思主义科学理论，抓好马克思主义理论教育，为学生一生成长奠定科学的思想基础"[②]。在 2019 年学校思想政治理论课教师座谈会上，习近平总书记强调："要坚持显性教育和隐性教育相统一，挖掘其他课程和教学方式中蕴含的思想政治教育资源，实现全员全程全方位育人。"[③] 教育部于 2020

———————————

① 参阅: *Reimagining Our Futures Together: A New Social Contract for Education*. Paris: UNESCO, 2021.
② 习近平. 习近平谈治国理政（第二卷）. 北京: 外文出版社, 2017: 377.
③ 习近平. 习近平谈治国理政（第三卷）. 北京: 外文出版社, 2020: 331.

年发布的《高等学校课程思政建设指导纲要》（以下简称《纲要》）指出，"落实立德树人根本任务，必须将价值塑造、知识传授和能力培养三者融为一体"①。针对文学、历史学、哲学类专业课程，《纲要》明确提出："要在课程教学中帮助学生掌握马克思主义世界观和方法论，从历史与现实、理论与实践等维度深刻理解习近平新时代中国特色社会主义思想。"②课程被时代赋予了新的使命，"英国文学史"积极回应全面推进课程思政建设的要求，于2020年再次修订教学大纲，决定将马克思主义文艺思想贯穿教学全过程，寓价值观引导于知识传授和能力培养之中，努力使课堂成为学生学习知识、锤炼心志、养成品性的载体，探索中国当代审美教育的新路径。

此外，课程积极推进多维度、全方位综合改革。如，配套的"英美文学关键词"慕课于2021年上线，有12个单元、36个视频、160道主客观测试题，其作为线上拓展课，与线下授课相结合，成为学生课前预习、课后讨论、多元化课程考核的重要平台，实现了课程的多模态教学改革。再如，注重教研互融互促，通过举办"大学生领航论坛"为学生搭建国际学术平台，为正处于学术积累和成长阶段的大学生学习文学基本理论和研究方法、扩展国际学术视野以及培养创新性思维提供学术支持。

二、马克思主义文艺思想的新时代价值

与时俱进是马克思主义文艺思想的理论品格。马克思、恩格斯在19世纪创立的文艺理论虽然不可能为当代的文艺问题提供现成的答案，但是贡献了思考和研究文艺问题的基本立场、基本原则和基本方法，奠定了理论基石。随着社会实践和文艺实践的重大变化，马克思主义文艺理论始终保持蓬勃的生命力，不断开创新的理论境界。

西方马克思主义文艺理论在继承和发展中呈现出瞩目的时代色彩和当代特征，在法兰克福学派、存在主义、结构主义、新实证主义、后殖民主义、女权主义、新历史主义等领域都有广泛而深刻的影响。面对资本主义空前的社会危机和精神危机，西方学者希冀通过全面的文化批判把人从异化中解放出来，如特里·伊格尔顿（Terry Eagleton）所说："文化不仅是我们赖以生活的一切，在很大程度上，

---

① 教育部关于印发《高等学校课程思政建设指导纲要》的通知.（2020-06-06）[2023-07-25]. https://www.gov.cn/zhengce/zhengceku/2020-06/06/content_5517606.htm.
② 教育部关于印发《高等学校课程思政建设指导纲要》的通知.（2020-06-06）[2023-07-25]. https://www.gov.cn/zhengce/zhengceku/2020-06/06/content_5517606.htm.

它还是我们为之生活的一切。"① 他的著作《马克思为什么是对的》(*Why Marx Was Right*, 2011)一经出版便在全球范围引起广泛的关注，同年即被引介到国内，是理解当代西方马克思主义文艺思想发展态势的重要参照之一。② 需特别提到的是，众多英国学者运用马克思主义的原理和当代西方思想成果大胆进行理论探索，提出了回归人道主义、追求总体性的全球视野、走向共同文化的理想社会、双向互动的文化政治批判、聚焦传统与共同体的现代性批判、开启历史—地理唯物主义等一系列有价值的新马克思主义思想，深刻阐释了当代西方社会文化。

在中国，马克思主义是立党立国的根本指导思想。从中国共产党的诞生到新中国的成立，从改革开放到中国特色社会主义进入新时代，中华民族之所以能实现从站起来、富起来到强起来的伟大飞跃，奇迹之根源、力量之根本皆在于马克思主义。马克思主义文艺理论的中国化贯穿 20 世纪中国文艺发展史，与中国的历史、现实、文化语境及文艺观念相融合，与中国文化书写、文艺创作及批评实践相结合，不断发展且历久弥新。中国形态的马克思主义文艺理论产生于 20 世纪 30 年代以鲁迅为代表的革命文艺运动中，40 年代毛泽东的《在延安文艺座谈会上的讲话》则标志着它的形成。新中国成立后，"百花齐放、百家争鸣"的方针、"革命现实主义和革命浪漫主义相结合"的提议、"共同美"的讨论等，都是从新中国文艺的实际出发所进行的思考。③

进入 21 世纪，习近平总书记多次就文艺问题发表重要讲话。"只有牢固树立马克思主义文艺观，真正做到了以人民为中心，文艺才能发挥最大正能量。"④ "我们要坚持用马克思主义观察时代、解读时代、引领时代，用鲜活丰富的当代中国实践来推动马克思主义发展，用宽广视野吸收人类创造的一切优秀文明成果。"⑤ "全面贯彻新时代中国特色社会主义思想，坚持把马克思主义基本原理同中国具体实际相结合、同中华优秀传统文化相结合，……继续发展当代中国马克思主义、21 世纪马克思主义！"⑥ 经历了一个多世纪的艰难求索和探寻，具有中国特色的马克思主义文艺理论在新时代依然充满勃勃生机，显示出强大的价值能量，成为引领当代中国社会不断前行及可持续发展的精神动力。同时，随着中国传统文化的发扬、中国当代文化的发展，以及中国在世界影响的扩大，面向中国文化实践的马克思主义文艺理论必将日益彰显世界影响和全人类意义。

① 特里·伊格尔顿.文化的观念.方杰，译.南京：南京大学出版社，2003：151.
② 参阅：特里·伊格尔顿.马克思为什么是对的.李杨，等译.北京：新星出版社，2011.
③ 参阅：童庆炳.20 世纪中国马克思主义文艺理论研究.北京：北京大学出版社，2012.
④ 习近平.习近平谈治国理政（第二卷）.北京：外文出版社，2017：314.
⑤ 习近平.习近平谈治国理政（第三卷）.北京：外文出版社，2020：76.
⑥ 习近平.习近平谈治国理政（第四卷）.北京：外文出版社，2022：10.

三、马克思主义文艺思想视域下的改革思路

"一个国家、一个民族不能没有灵魂，作为精神事业，文化文艺、哲学社会科学当然就是一个灵魂的创作。"① 任何一个民族的民族精神都与其文化传统有着水乳交融的联系，"将民族作为一个集体的想象，依赖于对一种可以回溯到时间深处的连续性的想象"②，文学典籍作为民族文化的重要载体，能够把本民族的成员紧密地联系起来，进而形成凝聚民族精神的重要力量。"英国文学史"教学改革力图将对文学历史的了解和文学典籍的阅读转化为敏锐的生命感受和高度的移情能力，进而开展生动的审美活动，引发深邃的哲思，激活经典的精神内涵和现实意义。

首先，实现教学与思政高度契合、审美与明德有机结合。课程优化教学内容，挖掘思政元素，精选英国文学史上与马克思主义文艺思想最为契合的文学典籍，力求既是语言学习的典范，又是文化内涵和思想逻辑的精华，更是能与社会主义核心价值观、社会责任、文化自信、创新意识、工匠精神等相关育人元素紧密结合的作品。以此帮助学生通过学习文学作品了解文学事件，感知文学思想，理解文化内涵，比较文化异同，汲取文化精华，坚定文化自信。同时，科学设计活动，灵活融入思政元素。学习涉及感知与体验、整合与建构、比较与判断、批判与评价、认同与包容，将语言学习与做人、做事相结合，与更广泛的社会发展、现实改造相结合，才能最终实现对不同优秀文化的理解与认同、包容与尊重，吸收积极的、进步的、文明的、科学的、对我们发展有利的东西。

其次，着力塑造学生的品格、品行、品味，以适应新的生活和文化需求。人的素质、人的发展、人性的完善是马克思主义的美学诉求，马克思的人的全面发展的学说是中国当代审美教育探索的出发点。审美教育作为素质教育的内在变量，具有工具性价值与未来性价值、社会性价值与人主体性价值相统一的本质特性。伴随着消费主义文化的盛行、日常生活审美化与审美日常生活化潮流的涌现，经济活动、物质生活、科学技术、大众传媒、日常生活、人际交往等都被纳入了审美文化的范畴。文学教育应走向更为广阔的文化领域，拓展自身的功能阈限和功能范围，帮助学生"早立志、立大志，从内心深处厚植对党的信赖、对中国特色社会主义的信心、对马克思主义的信仰"，成为"心境澄明，心力茁壮"的

---

① 习近平. 习近平谈治国理政（第三卷）. 北京：外文出版社，2020：322.
② 扬·阿斯曼. 文化记忆：早期高级文化中的文字、回忆和政治身份. 金寿福，黄晓晨，译. 北京：北京大学出版社，2015：137.

新一代中国青年。①

再者，强调中国视角，保持本土意识，强化学生的家国情怀。外国文学教学历来与中国社会思想现代化进程关系密切，在马克思主义文艺思想指导下开展英国文学史教学，有助于学生在学习掌握英国的社会历史文化知识的同时，体悟英国的民族经验、社会价值观，坚定树立外国文学学习的民族立场，反思当下中国的文学与文化建设，汲取可资借鉴的经验和方法，不断增强自我意识、提高思想觉悟和文化认同感，更加自觉地坚守国家和民族价值观，"在思想洗礼、在实践锻造中不断增强做中国人的志气、骨气、底气"②。

中国特色外国文学课程必须顺应趋势，形成新的教育理念，建构新的范式，努力实现课程发展时代化、中国化、国际化，推动中国社会现代价值观的构建，大力培养服务于中华民族文化的振兴和发展、具有国际视野的复合型外语人才。

四、"英国文学史"课程思政教学设计

"那些在历史长河中经久不衰的经典，都体现了文学家、艺术家襟怀和学识的贯通、道德和才情的交融、人品和艺品的统一。"③"英国文学史"课程天然地表明专业课和思政课同为育人主阵地，可以高度契合。教学设计只要牢牢把握专业成才和全人教育的共通点，将核心价值观教育有机地融入教学全过程，就能真正实现课程思政，践行"以文弘业、以文培元、以文立心、以文铸魂"④的教育愿景。

1. 课程目标

课程的总体目标是充分结合马克思主义文艺理论，通过畅谈文学历史、阅读文学经典、交流文艺思想、思考文化现实，促使学生在细读中论美，在笃思中进德，推进语言表达、研究能力、创新思维、思想品德、人文素质、文化品格等多维培养，让价值观的培养和人格塑造"基因式"地融入外国文学史教学之中，实现学史明理、学史增信、学史崇德、学史力行。

1）知识目标：系统了解英国文学形成与发展的全貌，把握英国文学发展的几个主要时期，掌握各个文学思潮和流派的核心概念，熟悉影响深远的代表性作家和作品。

---

① 习近平. 当代青年要在实现民族复兴的赛道上奋勇争先（2022 年 5 月 10 日）. 习近平谈治国理政（第四卷）. 北京：外文出版社，2022: 274-276.

② 习近平. 习近平谈治国理政（第四卷）. 北京：外文出版社，2022: 274.

③ 习近平. 习近平谈治国理政（第四卷）. 北京：外文出版社，2022: 326.

④ 习近平. 习近平谈治国理政（第四卷）. 北京：外文出版社，2022: 321.

2）能力目标：提升语言基本功，具备阅读、欣赏和理解英国文学的能力，掌握文学批评的基本知识和方法，同时融入中西比较的视角和方法，深入了解英美文学及文化。

3）素质目标：能够运用马克思主义文艺思想分析和诠释英美文学作品中的有关问题，具备马克思主义唯物史观审视文学发展的能力，深入体悟人类的生活经验、现实问题、情感困惑、共同体想象等，培养创造性、批判性思维。

4）价值目标：推进习近平新时代中国特色社会主义思想"进教材、进课堂、进头脑"，提高伦理判断、道德修养，树立情怀抱负、理想目标，自觉坚守国家和民族价值观，增强对党的创新理论的政治认同、思想认同、情感认同，坚定中国特色社会主义道路自信、理论自信、制度自信、文化自信。

2. 育人元素的切入点和实施路径

"英国文学史"课程内容涵盖古英语、中古英语、文艺复兴、新古典主义、浪漫主义、现实主义、现代主义、后现代主义等英国文学史上的重要阶段，涉及作品涵盖诗歌、戏剧、小说、散文和文论等不同体裁。课程思政的关键问题是如何把马克思主义的经典文艺论著及文艺思想与课程的教学章节科学、合理、自然、有效地融为一体。

"优秀的叙事文学必然伴随着一个具有人性深度的人物形象，而优秀的抒情文学背后必然站着一个具有心灵深度的抒情者。"[①] 剥开文学作品的人物、情节、叙事等表层结构，位于核心的一定是永恒的人文精神、伦理道德等价值取向性知识。通观英国文学史，不论是莫尔（Thomas More）所希冀的"乌托邦"、培根（Francis Bacon）所呼吁的"心智的栽培与施肥"、阿诺德（Matthew Arnold）所提倡的直接将文学视为"对生活的批评"，还是斯诺（C. P. Snow）与利维斯（F. R. Leavis）之间的"两种文化"之辩，以及威廉斯（Raymond Williams）所强调的文学语言建构的"可知共同体"和"情感结构"，英国的人文知识分子始终认可文学书写中所蕴含的历史深度、民族情感和文化价值，重视文学典籍对本民族物质文化、行为与制度文化和观念文化的提炼与升华。表1仅列出三个具有代表性的思政切入点：

表1　"英国文学史"课程的思政切入点

章节	教学融入点	思政切入点	育人元素
中世纪文学	中世纪骑士抒情诗	骑士精神绅士文化	勇敢忠诚、恪守准则、责任担当
批判现实主义文学	萨克雷的《名利场》	民族良心语言的民族性	艺术修养、民族向心力、民族认同
现代主义文学	爱尔兰戏剧运动	民族文化振兴文化身份	时代精神、文化自信、共同文化建设

① 李西建. 延安文艺与20世纪马克思主义文艺理论中国化. 西安：陕西师范大学出版社，2020: 410.

实施路径概括起来可以分为三个层次。第一，以知达智。文学同时具有历时维度的持续性与共时维度的协调性，教学通过启发式细读和情境式引导，帮助学生领会文本细微处的精妙内涵，带领学生走近作家其人、其时代、其思想，从而深刻领悟时代的情感结构。第二，以知悟思。"文化传统虽源于过去，但能鲜活而又富有创造力地帮助我们应对当下的变化。"①英国历代文人试图以推陈出新的文化思想应对层出不穷的社会问题，持续反思文学、文化与生活之间的互动关系。教学通过问题式自习和开放式讨论，以最新的学术成果为引导，鼓励学生在考察文学史料的基础上反思当下社会发展，激发学生作整体感悟，阐发独立见解。第三，以知至善。如何建构和谐的共同体也是英国文化观的中枢，蕴含着其整体社会观。英国文学家和批评家致力于探寻"人类状况的根本特征"②，追寻"真正的、持久的共同生活"③，强调用整体性对抗破碎、分裂、异化的社会现状。课程鼓励学生将体验感悟撰写成审美批评论文，开展文学批评，进行审美式创作，进而通达人类命运共同体的意义与价值。

结　语

在中国特色社会主义新时代背景下，将马克思主义文艺思想贯通"英国文学史"教学的课程思政改革是多年英语专业课堂实践和理论探索的产物，把思政、教学、科研有机融合起来，达到润物无声的育人效果，顺应新时代外语人才素质要求，大大拓展和深化了已有的专业认知和教学理念，对于引领大学生更加科学地、辩证地、全面地把握专业知识，培养具有创新性思维和国际视野的复合型外语人才具有重要的推动作用。课程对马克思主义文艺思想进行再理解、再整理和再诠释，把马克思主义的美学观、美学原则和审美教育理论与21世纪中国大学生国别文学史的学习有机融合，力图促进马克思主义文艺思想从经典走向当代，促进新时代大学生树立正确的世界观和价值观，在理论层面和实践层面双向探索中国当代美育事业的新思路，真正为坚定文化自信和提升我国文化软实力做出贡献。

---

① Leavis, F. R. *Two Cultures? The Significance of C. P. Snow*. Cambridge: Cambridge UP, 2013: 106.

② 彼得·什托姆普卡. 社会变迁的社会学. 林聚任，等译. 北京：北京大学出版社，2011: 23.

③ Tönnies, F. *Community and Civil Society*. Harris, J. Hollis, M. (trans.). Cambridge: Cambridge UP, 2001: 19.

参考文献

Leavis, F. R. *Two Cultures? The Significance of C. P. Snow*. Cambridge: Cambridge UP, 2013.

Reimagining Our Futures Together: A New Social Contract for Education. Paris: UNESCO, 2021.

Tönnies, F. *Community and Civil Society*. Harris, J. Hollis, M. (trans.). Cambridge: Cambridge UP, 2001.

扬·阿斯曼. 文化记忆：早期高级文化中的文字、回忆和政治身份. 金寿福，黄晓晨，译. 北京：北京大学出版社，2015.

教育部. 高等学校课程思政建设指导纲要.（2022-06-01）[2022-08-01]. http://www.moe. gov.cn/srcsite/A08/s7056/202006/t20200603_462437.html.

李西建. 延安文艺与 20 世纪马克思主义文艺理论中国化. 西安：陕西师范大学出版社，2020.

童庆炳. 20 世纪中国马克思主义文艺理论研究. 北京：北京大学出版社，2012.

彼得·什托姆普卡. 社会变迁的社会学. 林聚任，等译. 北京：北京大学出版社，2011.

习近平. 决胜全面建成小康社会　夺取新时代中国特色社会主义伟大胜利——在中国共产党第十九次全国代表大会上的报告. 人民日报，2017-10-28.

习近平. 习近平谈治国理政（第二卷）. 北京：外文出版社，2017.

习近平. 习近平谈治国理政（第三卷）. 北京：外文出版社，2020.

习近平. 习近平谈治国理政（第四卷）. 北京：外文出版社，2022.

特里·伊格尔顿. 马克思为什么是对的. 李杨，等译. 北京：新星出版社，2011.

特里·伊格尔顿. 文化的观念. 方杰，译. 南京：南京大学出版社，2003.

作者简介

孙艳萍，浙江大学外国语学院副教授、博士生导师，文学博士，英文系副主任。主讲省级一流本科课程"英语文学名著精读"、校级一流本科课程"英国文学史"、省级优秀研究生课程"研究生英语能力提升——表达与沟通"等。代表性成果有学术著作《玛格丽特·德拉布尔"光辉灿烂"三部曲中的社群意识研究》、论文《铸造有良心的民族语言与文化——评萨克雷小说〈名利场〉》、译著《罗马帝国的大战略》、工具书《外研社高级英语语法》等。本文系浙江省省级课程思政教学研究项目（2021 年）"马克思主义文艺思想与英美文学史教学改革"及浙江大学本科课程思政建设项目"英国文学史"的阶段性成果。

多语种课程篇

多语视角，胸怀家国天下

理解中国　沟通世界

——《德语演讲教程》编写理念与路径

李　媛

【摘　要】　在中国深度参与全球治理、推动构建人类命运共同体的大背景之下，外语人才需要特殊的思想政治涵养和站位，要有家国情怀、全球视野和专业本领。外语教育该如何创新学科体系、课程体系与教材体系，造就一批理解中国、沟通世界、堪当民族复兴大任的时代新人？这是我们中国高等外语教育界必须回应的学科之问。本文聚焦教材体系创新建设，尝试以本人主编的《德语演讲教程》为例分析课程思政教材建设的编写思路与实施路径。

【关键词】　理解当代中国；课程思政教材；编写理念与路径

引　言

党的十八大以来，中国日益走近世界舞台中央。无论是在气候变化还是维护国际社会和平领域，中国若要在国际事务上积极参与并发挥引领作用，要发出中国自己的声音，要把更多的中国元素纳入到国际规则中去，要推动国际秩序变革，从一个跟随时代的奔跑者转变为具有创新力的引领者，就需要一大批"熟悉党和国家方针政策、了解我国国情、具有全球视野、熟练运用外语、通晓国际规则、精通国际谈判的专业人才"[①]。

面向百年未有之大变局与中华民族伟大复兴战略全局，高等外语教育如何积极应变、主动求变？外语教育应该培养怎样的外语人才？这是中国高等外语教育界必须回应的时代之问。

"深化中外文化交流，增进各国人民友谊，推动构建人类命运共同体，讲好

---

① 习近平外交思想研究中心著．推动构建人类命运共同体．北京：五洲传播出版社．2024. 第299页。

中国故事，需要大批外语人才，外语院校大有可为。"① 2021 年 9 月 26 日，在北外建校八十周年校庆之际，习近平总书记给北外老教授亲切回信，对外语教育提出了殷切希望。他要求外语界努力培养更多"有家国情怀，有全球视野，有专业本领的复合型人才，在推动中国更好走向世界、世界更好了解中国上作出新的贡献"②。2022 年 4 月 25 日，习近平总书记在中国人民大学考察时强调，要建立中国特色的哲学社会科学，归根到底是要建构中国自主的知识体系。

那么，外语教育该如何创新学科体系、课程体系与教材体系，造就一批知中国、爱中国、堪当民族复兴大任的时代新人？这是我们中国高等外语教育界必须回应的学科之问。

本文聚焦教材体系创新建设，尝试以本人主编的《德语演讲教程》为例分析课程思政教材建设的思路与路径。

一、教材的育人价值和德语课程思政教材编写的紧迫性

教材在特定社会文化、政治和历史背景下编写，承载着价值观和意识形态，承担着立德树人、培根铸魂的根本任务。从日韩教科书之争、我国台湾地区将教材中辛亥革命内容删减到只有数百字等事件可以看出，如何守住教材这个"主阵地"，写好教材这个"主剧本"，关系到国家命运，是国家事权和百年大计。2016年 5 月 17 日，习近平总书记在哲学社会科学工作座谈会上指出："培养出好的哲学社会科学有用之才，就要有好的教材。要抓好教材体系建设，形成适应中国特色社会主义发展要求、立足国际学术前沿、门类齐全的哲学社会科学教材体系。"③

因此，教材建设不仅是教学理念、教学经验的积累和体现，更应该主动服务服从于国家经济社会发展的大逻辑，而外语教材在回应新时代、适应新要求的同时，更应主动服务国家对外开放战略的大格局。

改革开放以来，德语教材顺应历史发展，在培养优秀的德语人才方面发挥了重要作用。近年来，教育部颁布了《普通高等学校本科专业类教学质量国家标准（外国语言文学类）》（2018 年）、《普通高等学校本科外国语言文学类专业教学指南》（2020 年）、《普通高等学校本科德语专业教学指南》（2020 年），这些重要的纲领性文件均对新时代外语人才，特别是德语人才培养规格提出了新标准、新要

① 王定华.勇担新时代外语院校使命.// 中国教育报.2021 年 09 月 30 日第 7 版.
② 王定华.勇担新时代外语院校使命.// 中国教育报.2021 年 09 月 30 日第 7 版.
③ 习近平.加快构建中国特色哲学社会科学（2016 年 5 月 17 日）.// 习近平谈治国理政（第二卷）.北京：外文出版社.2017 年.第 345-346 页.

求。目前已有的教材已经不能完全适应新时代的新需求，不能满足新时代对课程思政、中国文化认同以及学生研究创新能力的新需求。其中，最突出的问题是，现有教材以德语及德国文化为主要内容，视角和话语体系受西方影响较大，中国元素不足，普遍忽视了学习者理解和认识本土文化的重要意义，不利于学生中国立场的形成、中国主体文化意识的养成和中国文化自信的构建，不利于真正的跨文化能力的培养，且没有课程思政元素。

二、深入理解当代中国是外语教材课程思政建设的关键

根据 2020 年 5 月教育部印发的《高等学校课程思政建设指导纲要》，课程思政建设目标和内容重点的第一个就是"推进习近平新时代中国特色社会主义思想进教材、进课堂、进头脑。坚持不懈用习近平新时代中国特色社会主义思想铸魂育人，引导学生了解世情国情党情民情，增强对党的创新理论的政治认同、思想认同、情感认同，坚定中国特色社会主义道路自信、理论自信、制度自信、文化自信"①。

要了解世界，必先了解中国。习近平总书记要求参与全球治理的人才"熟悉党和国家方针政策、了解我国国情"，就是要求熟悉"国情、民情和党情"；并"具有全球视野"，也就是了解"世情"。此外我们的国际治理人才还要熟练运用外语，通晓国际规则，精通国际谈判。这些人才是代表中国走向世界舞台中央、代表中国参与全球治理的中坚力量。

人才的培养首先应该是价值观的塑造，让学生了解中国，培养他们的家国情怀。深入理解当代中国，是当代青年迫切需要补上的一课。

我们正处于"百年未有之大变局"中：全球经济发展停滞、地缘冲突愈演愈烈、以美国为首的西方国家试图干扰阻断中华民族的伟大复兴……相比纷乱的世界，我国的政治、经济、科技迎风破浪，顺利前行，这其中离不开以习近平同志为核心的党中央高瞻远瞩，指挥若定。

《习近平谈治国理政》一书展示了习近平总书记对国内外重大现实问题的深邃思考和科学判断，我们在书中可以找到中国成功发展的密码，以及解决当今世界发展问题的钥匙，从而让年轻一代能"更好把握中国实践的理论结晶、中国之治的经验秘籍、民族复兴的根本指南，就能更好理解中国话语体系的基本逻辑、

---

① 高等学校课程思政建设指导纲要．（2022-06-01）[2022-08-01]. http://www.moe.gov.cn/srcsite/A08/s7056/202006/t20200603_462437.html.

中国故事的叙述框架"①。

在中宣部、教育部的统一指导和安排下，以《习近平谈治国理政》多语种版本、习近平总书记《在庆祝中国共产党成立 100 周年大会上的讲话》等权威文献为基础，北京外国语大学牵头组织编写了"理解当代中国"系列多语种教材。该项目被确立为社科重大委托项目"高等学校外语类专业'理解当代中国'多语种系列教材编写与研究"。

教材编写充分考虑新文科建设和外语学科的专业特色，以"盐溶于水"的课程思政建设思想为指导，将习近平新时代中国特色社会主义思想系统融入外语类专业听说读写译等核心课程，涵盖英、俄、德、法、西、阿、日、意、葡、韩等 10 个外语语种，各语种本科阶段包括《外语读写教程》《外语演讲教程》和《汉外翻译教程》三册。

笔者作为主编，组织来自浙江大学、南京工业大学、浙江科技大学、浙江外国语学院、浙大城市学院等五所高校的六位老师合作完成了"理解当代中国"系列教材中的《德语演讲教程》。教材的编写过程也是编者系统学习习近平治国理政思想、熟悉"国情、民情和党情"的过程，我们对外语学科如何进一步深化课程思政建设，外语教材如何进行自主知识体系建构，助力培养知识、能力、素质、人格兼具的新型高层次复合型国际化人才有了更多的感悟和思考。

下文将对教材编纂思路、目标设定、教材架构、素材编辑、课堂设计等方面进行分析和反思，希望能帮助大家更好地理解教材、使用教材，并希望对新时代外语学科改革有所启发。

三、《德语演讲教程》编写理念与路径 ②

1. 编写目标

教材旨在将习近平新时代中国特色社会主义思想的学习与德语演讲能力的培养有机融合，帮助学生领会习近平新时代中国特色社会主义思想，理解当代中国的发展与成就，提高向国际社会及友人讲好中国故事的能力，推动中国更好走向世界、世界更好了解中国。教材既非单纯的思政教材，又非单纯的语言教材，而是一本课程思政的专业教材，有助于深化外语类专业课程思政建设，进一步落实立德树人根本任务，培养有家国情怀、有全球视野、有专业本领的复合型外语人才，促进中外交流，增进文明互鉴，推动构建人类命运共同体。

---

① "理解当代中国"系列教材编委会：总序 // 李媛. 德语演讲教程. 北京：外语教学与研究出版社, 2022: III.
② 本文三、四章节的部分内容选自本文作者李媛在《德语演讲教程》中撰写的编写说明。

2021 年 5 月 31 日，中共中央政治局就加强我国国际传播能力建设进行第三十次集体学习。习近平总书记指出，我国亟需提高国际传播影响力、中华文化感召力、中国形象亲和力、中国话语说服力和国际舆论引导力，因此需要大批能在国际舞台上讲述中国故事，并将其讲懂、讲好的高素质外语人才。要会讲中国故事，就必须具有过硬的外语能力；有了国际视野，才能站在全球的视角以国际可理解方式讲懂中国故事；而只有具有深厚的家国情怀，我们才能讲好中国故事，传播好中国声音，向世界展示真实、立体、全面的中国。

教材从价值塑造、知识传授、能力培养和素质提高四个方面进行人才培养。其中，价值塑造为第一要务，传授习近平新时代中国特色社会主义思想，培养学生具有家国情怀和全球视野，堪当民族复兴大任，培养学生的演讲能力、话语建构能力、跨文化思辨能力、自主学习能力，提高学生讲述中国故事、讲懂中国故事和讲好中国故事的基本素质。

2. 教材结构

教材共 10 个单元，每个单元探讨习近平新时代中国特色社会主义思想的一个或多个重要方面，具体内容如下：

第一单元：中国梦
第二单元：改革开放
第三单元：脱贫攻坚与共同富裕
第四单元：建设美丽中国
第五单元：强军
第六单元：依法治国
第七单元：要有高度的文化自信
第八单元：中国特色大国外交
第九单元："一带一路"倡议
第十单元：人类命运共同体

大体而言，第二至七单元属于国内建设与发展，八至十单元属于国际交往与合作，而它们其实都是构建"中国梦"（第一单元）的重要载体。所以"中国梦"单元就像是一条红线，贯穿整本教材。

每个单元结构相同，由九个板块组成（见图 1）。

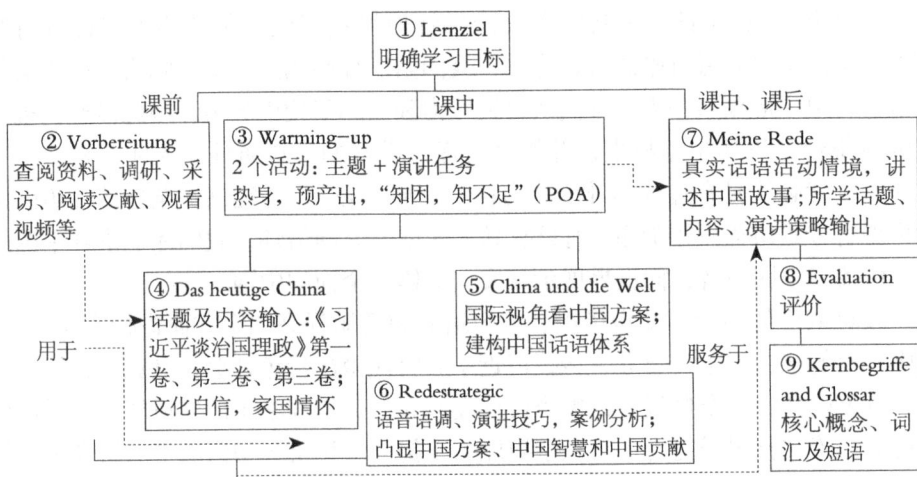

图 1　单元结构

　　第一部分 "Lernziel（学习目标）" 描述本单元的教学目标，包括学生通过本单元学习应当塑造的价值、应当掌握的知识和技能（含演讲策略）和应当获得的能力。目标的达成度将在最后的评价环节得到检验。以目标为导向，以评价为反馈，并显性体现在教材板块中。这是目前国内德语教材中不多见的编排方式。

　　第二部分 "Vorbereitung（课前准备）" 引导学生在课前查阅资料、调研、采访、观看视频或者电影，为课上学习做准备。"课前准备" 中布置的任务与单元内一些活动有对应关系，教师用书中会指出这一对应关系，并明确活动目的，提供活动组织建议。

　　第三部分 "Warming-up（热身练习）" 包含两个口语活动，一个与单元主题相关，一个与演讲任务相关，引导学生基于课前的准备活动和相关文献检索进行预产出，一方面起到热身作用，另一方面让学生了解本单元主题及演讲要求，发现自身知识、能力方面的欠缺，从而激发学习新知识的积极性，使其更有动力感与目标性，同时增强产出意愿。这是 "产出导向法"（production-oriented approach，POA）的任务驱动环节，使学生 "知困，知不足"。

　　第四、五、六部分为单元的内容输入部分，分别有一篇课文和若干练习：

　　第四部分 "Das heutige China（当代中国）" 选篇来自《习近平谈治国理政》第一卷、第二卷、第三卷，旨在帮助学生准确理解课文原意，并通过思辨性问题的讨论加深对单元主题的思考，帮助学生认识当代中国，了解中国解决问题的方法与经验，增强文化自信，培养家国情怀。

　　第五部分 "China und die Welt（中国与世界）" 选篇大多出自中国网和《北京

周报》的德文报道，从国际（尤其是德语国家）视角看中国方案，旨在引导学生了解国际社会对中国发展道路的多元评价，让学生从全球视角理解中国理论和中国实践，提高学生的跨文化意识和能力。

第六部分"Redestrategie（演讲策略）"每一单元都有一个或多个演讲策略的输入，但是我们并不直接将策略告诉学生，而是选取《习近平谈治国理政》第一卷、第二卷、第三卷中的演讲范例，鼓励学生探究式学习，自行发现其中的演讲技巧，培养他们自主学习的能力。

第七部分"Meine Rede（我的演讲）"设置了贴近学生社会生活的具体话语活动情境，在主题内容和演讲策略输入的基础上引导学生进行输出，让学生就单元主题相关的话题向国际受众分享中国改革与发展的经验，并通过实践讲好本单元的中国故事，完成本单元的产出任务。这属于POA教学流程中的促成环节。

与"课前热身"部分的预产出相比，当时学生不知说什么以及如何说，从而"知困，知不足"，通过整个单元的系统学习输入，此时学生能够较好地完成该话语实践任务，知道说什么、怎么说，获得较大成就感。

第八部分"Evaluation（评价）"与本单元的学习目标形成呼应，是对四条"学习目标"的细化，由"我了解"（ich kenne）和"我能够"（ich kann）两部分组成，要求学生结合"我的演讲"产出成果对本课学习效果进行全面自评，鼓励同伴互评与师生共评。旨在更好地引导学生发现问题、优化不足，提高自主学习能力，同时教师也可根据每个学生的个人特点，给予个性化指导。

第九部分"Kernbegriffe und Glossar（核心概念和词汇表）"总结课文中出现的重点词汇和短语、中国特色政治术语，使学生在加深理解《习近平谈治国理政》原句原段思想内容的同时，提高语言运用能力。

3. 编写理念

教材凸显课程思政特色，贯彻能力导向、内容语言融合的宗旨，以产出导向法、交际法、跨文化法等理论为指导。具体表现在以下几个方面。

（1）融入课程思政

寓思政教育于德语演讲学习之中，帮助学生读原著悟原理，坚定中国特色社会主义道路自信、理论自信、制度自信、文化自信，增强对党的创新理论的政治认同、思想认同、情感认同。

（2）融合内容语言

实施内容与语言融合式外语教学理念，让学生在使用外语进行知识探究的过程中不断提高外语能力，在开展演讲等语言实践活动过程中不断加深对习近平新时代中国特色社会主义思想的理解。教材中每一单元的教学目标里都包括外语和当代中国两个维度的知识、能力和素质要求。

该教材是中国首部德语专业演讲教材，所以编者非常注重演讲专业知识和演讲技巧策略的输入，每一单元都有一个或多个演讲策略的输入，均选取《习近平谈治国理政》三卷本中的演讲范例，鼓励学生探究式学习，自行发现其中的演讲技巧，授之以鱼不如授之以渔，培养他们自主学习的能力。

在单元最后一个演讲任务"我的演讲"中，教师要求学生使用所学演讲策略进行演讲。

（3）培养综合能力

通过创设贴近学生生活的真实语言活动情境，采用探究式、讨论式、项目式以及线上线下混合等多种教学形式，着重培养学生话语建构能力、跨文化思辨能力、研究能力和自主、合作学习能力，从而理解当代中国，讲好中国故事。

每个单元的"我的演讲"设置了贴近学生社会生活的具体话语活动情境，在主题内容和演讲技能输入的基础上引导学生进行输出，让学生就单元主题相关的话题向国际受众分享中国改革与发展的经验，在实践中检验并提高学生讲好中国故事的综合能力。

（4）贯彻先进理念

单元设计以产出导向法为指导，由话题及任务引入，让学生在预产出中"知困，知不足"；将解决任务所需的知识、词汇、语法、演讲技巧等融入授课内容，步步推进，为最后的演讲产出任务做好输入。比如第一单元"中国梦"在"课前热身"部分的预产出任务是：你准备在一个青年论坛上用德语做关于中国梦的演讲，需要德国语伴帮助，德国语伴不理解什么是中国梦，你如何向他解释。单元最后的产出任务是：你将在青年峰会发表主题演讲，另外，来自中国和德语国家的年轻与会者将讨论个人梦和当前社会的发展。

POA 是文秋芳教授创立的具有中国特色的外语教学理论，在国际外语教育界得到了高度认可，通过输出驱动、输入促成和产出评价三个环节的活动，实现学用结合。

同时，教材中融入了交际法与跨文化思辨外语教学理念，帮助学生从跨文化视角分析中国实践，探究中国理论，促进中外交流，增进文明互鉴。

四、《德语演讲教程》的课程思政价值

生逢中华民族伟大复兴的历史时刻，是我辈之幸；深入了解并理解习近平治国理政思想，从而更好地了解并理解时代，参与到民族复兴和人类命运共同体建

设中去，则是我辈之责。作为"理解当代中国"系列教材的一部分，本教材对教师和学生均有培根铸魂作用。

"师者，所以传道受业解惑也。"要想培养学生家国情怀、讲好中国故事的能力，教师必须先学习习近平治国理政思想，深刻理解教材编写的思路和教学目标。尽快提升教师自身知识、政治和教学素养，是新时代对教师提出的新要求，任课老师可从以下四个方面进行课程设计准备：

1. 提高政治素养

本教材贯彻价值塑造、知识传授和能力培养三位一体的课程思政理念。为了有效开展教学，教师要有使命感和担当精神，既要掌握教育学、知识论的理论，也应当具备高校课程思政的实践能力。教师应阅读原著，掌握马克思主义世界观和方法论，能够从历史与现实、理论与实践、中国与世界等维度深刻理解习近平新时代中国特色社会主义思想，全面提高自身的政治理论素养。

2. 提升教学能力

本教材既是高校思政课程的有力补充，也是德语课程思政的教材。教师在授课中应遵循语言学习规律，融合先进的教学理念，具备熟练运用外语开展课堂教学的能力，通过阅读、讨论、演讲等语言活动，引导学生用德语探究中国理论、中国实践、中国方案，不断提高学生的德语综合运用能力。

教材和教师用书都不可能穷尽所有，本着兼顾规范性与开放性原则，鼓励并建议教师在使用中对教材进一步创新补充。

3. 理解当代中国

本教材的核心目标之一就是帮助学生理解当代中国。教师在授课中应引导学生细读课文原著，特别是"当代中国"板块，读懂学透，鼓励和帮助学生理解习近平新时代中国特色社会主义思想的基本观点和方法，认识当代中国的发展与成就，坚定中国特色社会主义道路自信、理论自信、制度自信、文化自信，成为堪当民族复兴大任的时代新人。

4. 讲好中国故事

本教材的最终目标是要提高德语专业学生对国际受众讲好中国故事的能力。教师应带领学生深入探讨每单元"中国与世界"板块的内容，拓展学生的国际视野，提高学生的跨文化思辨能力和批判意识。另外，教师应充分利用"我的演讲"板块的任务，指导学生进行独立研究和小组讨论，在此基础上完成口头演讲，提高学生的跨文化传播能力。

"生年不满百，常怀千岁忧"，今天的年轻一代肩负着中华民族伟大复兴的责任和建设人类命运共同体的期许，心中必须坚定理想和信念，这本教材应该能在世界观、语言和学习能力上带来启发和帮助。学习者应努力做到以下三个方面，以便提升学习效能，达到事半功倍的效果。

1. 掌握中国话语

德语专业的同学们有必要认识到，并非身为中国人就自然理解了当代中国，也并非理解了当代中国就能自然运用德语阐释中国理论和中国方案。同学们在本课程学习过程中，应当高度关注中国时政文献的语篇特点，细心品味中国时政术语的德文表达及其国际传播效果，不断提高对时政话题的理解、解读、复述和讲述能力。同学们只有切实掌握了中国特色社会主义话语体系的德文表达，才能真正肩负起向国际社会讲好中国故事、传播中国声音的历史使命，推动中国更好走向世界、世界更好了解中国。

2. 积极自主学习

本教材知识内容和语言活动量大面广，仅凭课堂教学活动无法全方位覆盖。希望同学们养成自主学习的良好习惯，课前积极预习准备，完成文献检索、背景知识查询、拓展阅读等任务，课上积极参与课堂学习活动，以便最大限度提升课堂教学效果。

3. 提升综合素养

本教材从价值塑造、知识传授、能力培养、素质提高四个方面培养学生的德语话语能力、跨文化能力、思辨能力和自主学习能力，并融合了探究式、讨论式、项目式和线上线下混合式等多种教学活动。同学们应积极利用本教材设计的学习活动，完善自己的知识体系，弥补自己的能力短板，提高自己分析、推理、判断、评价等综合素质，以得到全面发展。

结　语

通过《德语演讲教程》的编写，一方面，我们深入地思考了新时代深化外语改革的重要问题，特别是在如何进行教材体系创新，推进中国自主知识体系建构，提升高校外语人才培养能力方面做了一些积极的探索；同时，我们拓展了对外语教育内涵和外延的理解，将外语教育从单纯的外语语言学习转变为既帮助学生学好中国思想、中国理论、中国智慧，又能学好外国政治、经济、文化知识，只有这样才能创新我们讲述中国故事的话语体系。

希望通过对"理解当代中国"多语种系列教材的学习，能将青年一代塑造成有理想、有道德、有文化、有思想的人。只有这样，他们才能立足中国，走向世界，理解中国，沟通世界，成为有中国灵魂、有世界胸怀、替中国发声、为世界解忧的青年人才。

参考文献

高等学校课程思政建设指导纲要.（2022-06-01）[2022-08-01]. http://www.moe.gov.cn/srcsite/A08/s7056/ 202006/t20200603_462437.html.

李媛等编:《德语演讲教程》（"理解当代中国"德语系列教材），外语教学与研究出版社，2022.

"理解当代中国"系列教材编委会: 总序‖李媛等编:《德语演讲教程》（"理解当代中国"德语系列教材），外语教学与研究出版社，2022: I-IV.

王定华.勇担新时代外语院校使命.// 中国教育报. 2021 年 09 月 30 日第 7 版.

习近平外交思想研究中心.推动构建人类命运共同体.北京：五洲传播出版社. 2024.

习近平.加快构建中国特色哲学社会科学(2016 年 5 月 17 日).// 习近平谈治国理政 (第二卷). 北京：外文出版社. 2017.

作者简介

李媛，浙江大学外国语学院教授、博士生导师、德国洪堡学者；教育部高等学校外国语言文学类专业教学指导委员会德语分委员会委员、全国德语教师发展中心负责人；浙江省课程思政示范课负责人，浙江大学课程思政工作坊专家。主要研究方向为德语语言学与应用语言学、跨文化研究。主持和参与课题近 30 项，出版专著 5 部、编著 5 部、译著 9 部，参与或主编教材 10 部，在国内外重要学术杂志发表论文百余篇。获浙江省教学成果奖一等奖、浙江省社科优秀成果奖、浙江省第一届高校教师教学创新大赛课程思政专项赛一等奖等奖项。

本文为教育部新文科研究与改革实践项目"高素质涉外人才培养创新与实践"、浙江省高等学校课程思政教学研究项目"新文科视域下外语类课程思政建设的探索与实践"、国家社会科学基金重大委托项目"高等学校外语类专业'理解当代中国'多语种系列教材编写与研究"（ 21@ZH043）、浙江省高等教育"十四五"第二批本科省级教学改革项目"数智赋能外语国际传播人才培养的探索与实践"的阶段性成果。

"基础日语"实施课程思政的探索与实践

李雅旬

【摘　要】　作为外语类专业基础课，"基础日语"肩负着思政育人的使命。关于"基础日语"课程教学现状，本文指出了两个问题：一是教材所含课程的授课要点及专业知识内容未蕴含思政育人素材，课堂教学中缺少将思政内容与专业知识内容有机融合的领域，难以满足新教学大纲所规定的理解思政内涵的要求；二是教材在口语练习、培养学生活学活用日语的能力等实用方面略显不足。在此基础上，本文就"基础日语"课程思政教学设计提出了四点建议和方案：一是促进思政内容与专业知识内容的有机融合；二是在教学内容选择方面增加思政育人素材；三是结合教师个人实践开展教学；四是充分利用《习近平谈治国理政》多语种数据库综合平台。通过以上探索，以期实现"基础日语"教学与课程思政的有机融合。

【关键词】　课程思政；基础日语；浙大精神；家国情怀

引　言

2016 年，习近平在全国高校思想政治工作会议上强调，"要用好课堂教学这个主渠道，思想政治理论课要坚持在改进中加强，提升思想政治教育亲和力和针对性，满足学生成长发展需求和期待，其他各门课都要守好一段渠、种好责任田，使各类课程与思想政治理论课同向同行，形成协同效应"①。总书记的讲话为高校思想政治工作指明了新的方向，即不单单依赖思想政治理论课，各类课程均应自觉发挥思政育人的作用；作为高校教师，要从自我做起实现从思政课堂到课

---

① 习近平在全国高校思想政治工作会议上强调　把思想政治工作贯穿教育教学全过程　开创我国高等教育事业发展新局面. (2016-12-08)[2022-08-01]. http://www.moe.gov.cn/jyb_xwfb/s6052/moe_838/201612/t20161208_291306.html.

堂思政的意识转变。此后，中共中央、国务院印发了《关于加强和改进新形势下
高校思想政治工作的意见》，指出"要加强对课堂教学和各类思想文化阵地的建
设管理，充分发掘和运用各学科蕴含的思想政治教育资源，健全高校课堂教学管
理办法，要加强对校园各类思想文化阵地的规范管理"①。2020 年，教育部印发了
《高等学校课程思政建设指导纲要》，其中明确指出"专业课程是课程思政建设的
基本载体。要深入梳理专业课教学内容，结合不同课程特点、思维方法和价值理
念，深入挖掘课程思政元素，有机融入课程教学，达到润物无声的育人效果"②。
"基础日语"作为外语类专业基础课，也是日语专业周学时最长的专业课，理应
在课程思政育人方面发挥一定的作用。本文试图探讨如何在"基础日语"课程中
导入思政元素，进而推动日语专业课程思政建设。

一、"基础日语"课程学情分析

"基础日语"是外语类专业基础课，服务专业培养目标和职业岗位要求，教
学团队以立德树人为根本，依托课程内容开展价值引领，在知识传授过程中，深
入挖掘课程蕴含的思政教育资源，教育培养学生爱国、爱党、爱社会主义；引导
学生树立正确的价值观和人生观，并鼓励学生积极传承中华文脉，弘扬中华美
德，树立文化自信。该课程以培养学生的综合语言运用能力为总目标，使学生掌
握基本的语言知识和技能，促进学生听、说、读、写四项技能的持续发展。授课
教师结合教学内容创造性地设计贴近生活实际的教学活动，激发和培养学生学习
和运用日语的兴趣，使他们树立自信心，培养学生自主学习的能力，帮助学生了
解中日文化的差异，拓宽国际视野，培养爱国主义精神，树立正确的人生观，并
逐渐掌握初级的综合语言运用能力，为终身学习打下良好的基础。

"基础日语"课程以《新编日语》（周平、陈小芬编著，上海外语教育出版社）
为主干教材，每学期由 16 课课文及句型与语法解释、课后练习组成，包含了单
词识记、助词及副词的运用、中日对译与造句。本课程的主要目的是使学生通过
学习标准的日语语音、语调，正确地区分送气音、不送气音、清浊音、拗音、长
音、促音等基本语音，掌握词类、句子类型、格助词和量词的基本用法，以及基
础日语语法知识，达到一定的词汇量。因此本教材注重课文的讲解与语法的教
学，教授日语的结构、常用句型、各种时态、句际之间的逻辑关系、日语敬语的

---

① 关于加强和改进新形势下高校思想政治工作的意见 .（2017−02−27）[2022−08−01]. http://www.gov.cn/
xinwen/2017−02/27/content_5182502.htm.
② 高等学校课程思政建设指导纲要 .（2022−06−01）[2022−08−01]. http://www.moe.gov.cn/srcsite/A08/s7056/
202006/t20200603_462437.html.

基本用法与授受关系，要求学生熟练掌握教材中的语音、词汇、句型和语法，并能将学过的日语知识应用于基本的听说读写译中；督促学生对单词的识记与课文的朗读背诵。

"基础日语"课程的思政育人目标是引导学生体会日本对中华文明的借鉴和学习，增强学生对家国的热爱，鼓励学生为中国文化"走出去"贡献力量，帮助学生树立正确的中日关系观、公共外交意识。但不得不说，本教材所含课程的授课要点及专业知识内容未蕴含思政育人素材；在思政映射与融入点方面，缺少能在课堂教学中将思政内容与专业知识内容有机融合的领域；难以实现新教学大纲所规定的理解中外文化交流中丰富哲理和思政内涵的要求。

此外，本教材在口语练习、培养学生活学活用日语的能力等实用功能方面略显不足。尽管多数学生能够掌握基础日语的词汇和基本语法结构及句型，正确理解并使用这些结构与句型造句，听懂日常生活的基本对话与基本的日语短句与句群，阅读入门乃至中级程度的短文与句群，熟练阅读课文、表达相关的基本内容、进行有效的日常对话，但多数学生仍然不能讲出地道而流利的日语。

二、"基础日语"课程思政教学设计

"基础日语"是日语学习中至关重要的课程，也是一门理论与实践紧密结合的专业必修课。以往的教学模式更注重词汇、语法的讲解，但相较于语法理论讲解，实践与正确应用更为重要。因此，课程教授过程中将采用理论与实践混合教学的方法，开展丰富的会话教学活动，如分角色练习；在教学内容的选择和安排方面，增加思政育人素材，考核学生对学科知识和课程思政有机结合的理解程度，同时加强过程性考核，强化考核学生的主动参与度，通过个别模仿发音、自主造句、课堂讨论、朗读、情景对话、同学之间组织会话等形式，培养学生学习兴趣，提高学习效率。语言教育不仅是语言规律的传授，而且是为学生开启独立思考和自主学习的新世界大门的一把钥匙，因此教学过程中应当着重培养学生的问题意识和批判性思考能力。通过课程学习，学生的日语能力应达到日语能力测试1级及以上水平；可以运用日语撰写较为专业的文章、研究报告等；使学生能够正确、快速地进行中日交际用语的翻译和口译，可以与日本人进行无障碍日常交流。鉴于"基础日语"课程教学现状，我们将从以下几个方面展开探索与实践，以求将课程思政育人的效果最大化。

1. 将思政内容与专业知识内容有机融合

譬如，在教授大一零起点学生学习"基础日语Ⅰ"第一周次"五十音图与寒暄语"时，教师会在讲解平假名、片假名，包括浊音、半浊音、长音、促音、拗音的发音和书写的同时，介绍日语的特征之一，即日语中包含平假名、片假名和汉字。其中平假名是由汉字的草书演变而来，而片假名则由汉字的偏旁部首演变而来，每个假名都有对应的汉字或是汉字的一部分。此处强调日本对中国汉字文化的借鉴和学习，以及中国文化在东方文化中的重要地位，注重增强学生对中国文化的热爱，提升学生对中国文化的自信心和民族自豪感，鼓励学生努力学习并在不久的将来为中华文化"走出去"贡献自己的力量。

在教授第二周次"浦东"和第三周次"北京奥运会"的相关内容时，强调上海浦东的历史和飞速发展。课程设计注重学生价值体系和人格品质的培养，有机融入家国情怀、科技担当和人文修养等思政内容，激发学生自觉担当国家经济技术发展的使命感，提高学生对社会主义核心价值观的认同，鼓励学生积极践行浙大"海纳百川、启真厚德、开物前民、树我邦国"的精神，传承中华文脉，弘扬中华美德，树立文化自信。

2. 在教学内容选择方面增加思政育人素材

例如，在教授日语动词的使役态时，可让学生尝试翻译以下例句。该例句包含了大量汉语词汇，既可以帮助学生从日语的视角学习社会主义思想，也有助于他们对中学及大学阶段所学习的思想政治内容的复习。同时，该例句中出现了动词使役态（させる）、形容动词（新た），以及句式（してきた），对于日语学习而言是很好的素材。

日文：私たちは、中国の特色ある社会主義を堅持し発展させ、物質文明、政治文明、精神文明、社会文明、生態文明の調和のとれた発展を促し、中国式現代化の新たな道を開拓し、人類文明の新たな形を創造してきました。

中文：我们坚持和发展中国特色社会主义，推动物质文明、政治文明、精神文明、社会文明、生态文明协调发展，创造了中国式现代化新道路，创造了人类文明新形态。

而在另一个例句中，则包含了一组近义词（適する、合致する、適応する）、句型（だからこそ、していく）等。通过这样的翻译练习，既实现了在课堂教学中学习思政内容的目标，也巩固和学习了日语词汇和语法等专业知识。

日文：中国の特色ある社会主義は中国の国情に適し、中国の特徴に合致し、時代の発展の要請に適応した理論と実践である。だからこそ、成功を収めることができ、今後も引き続き成功を収めていく。

　　中文：中国特色社会主义适合中国国情、符合中国特点、顺应时代发展要求的理论和实践，所以才能取得成功，并将继续取得成功。

　　由于笔者近年教授的是大学一年级的基础日语课，所以以上列举的是日译汉的例子。随着学生日语水平的提高，可在课堂上尝试进行汉译日的翻译。如：

　　中文：党的百年奋斗开辟了实现中华民族伟大复兴的正确道路。近代以后，创造了灿烂文明的中华民族遭遇到文明难以赓续的深重危机，呈现在世界面前的是一派衰败凋零的景象。一百年来，党领导人民不懈奋斗、不断进取，成功开辟了实现中华民族伟大复兴的正确道路。中国从四分五裂、一盘散沙到高度统一、民族团结，从积贫积弱、一穷二白到全面小康、繁荣富强，从被动挨打、饱受欺凌到独立自主、坚定自信，仅用几十年时间就走完发达国家几百年走过的工业化历程，创造了经济快速发展和社会长期稳定两大奇迹。今天，中华民族向世界展现的是一派欣欣向荣的气象，巍然屹立于世界东方。

　　　　　　——《中共中央关于党的百年奋斗重大成就和历史经验的决议》

　　日文：党の百年奮闘が中華民族の偉大な復興の実現に向けた正しい道を切り開いた。近代以降、輝かしい文明を生み出した中華民族は文明の断絶という深刻な危機に見舞われ、世界の目に映っていたのは、衰退し零落していく姿であった。この百年、党は人民を率いてたゆまず奮闘し、常に邁進し、中華民族の偉大な復興の実現に向けた正しい道を成功裏に切り開いた。中国は四分五裂の状態から高度の統一と民族の団結へ、窮乏衰退で貧しく遅れた状態から全面的小康・繁栄かつ富強へ、叩かれるだけで散々に虐げられた状態から独立自主・確固たる自信への転換が実現し、先進諸国が数百年かけて歩んだ工業化の道のりをわずか数十年で駆け抜けて、経済の急速な発展と社会の長期的な安定という二つの奇跡を成し遂げた。いまや中華民族は、世界に対して活気溢れる姿を見せながら、毅然と世界の東方にそびえ立っている。

　　　　　　——『党の百年奮闘の重要な成果と歴史的経験に関する中共中央の
　　　　　　　　　　　　　　　　　　決議』

　　该段文字简明扼要地阐述了党领导人民奋斗的百年史，同时包含了大量音读词汇，有助于学生掌握汉字的音读技巧和重要句型。开展语言知识与历史文化相结合的情景化教学活动，可以使学生在情景和集体活动中学习语法，同时提高学生对社会主义核心价值观的认同，引导学生积极传承中华文脉，弘扬中华美德，树立文化自信。

3. 结合教师个人实践开展教学

"基础日语"课程要求教师在指导学生学习的过程中，注重对学生标准语音语调的训练，在句型训练中展示语法知识，将语音、语法和题材练习有机地结合在一起，以培养学生的学习兴趣，为下一步按题材学习会话、课文和进行口语、书面表达能力训练奠定基础。此外，本课程通过课堂讨论、参观体验、信息化教学的方式，穿插学习浙大校史（西迁史），介绍和交流个人实践，鼓励学生传承和发扬浙大精神，培养家国情怀。

笔者曾于2021年7月18日至23日赴泰和与井冈山两地培训学习，参观了浙大西迁旧址，学习了浙大西迁历史和《井冈山斗争与井冈山精神》。对于学习日语的师生而言，正确认识历史是基本素养，到井冈山重走红军路，接受革命洗礼，是一种心灵的回归和洗涤。如有机会，笔者也将带领学生重走西迁路和红军路，教导学生不忘革命前辈的付出，珍惜烈士们用鲜血换来的美好生活，继承革命前辈的精神，在自己的角色和岗位上为祖国的繁荣发展贡献力量，并和学生共勉。

4. 充分利用《习近平谈治国理政》多语种数据库综合平台

信息化、智能化融入教育是历史发展的必然趋势。以往的教学模式更注重词汇、语法的讲解，但相较于理论讲解，实践与正确应用更为重要。"基础日语"课程教学过程中充分利用《习近平谈治国理政》多语种数据库综合平台，以《习近平谈治国理政》日文版为参考资料开展教学。除了传统的讲解类型的授课方式外，本课程还从"语篇展示"和"翻译策略与技巧"等多方面，引导学生理解和掌握与语料相关的术语、典故及其对应的日文表达。例如"计利当计天下利"（利を計るなら、天下の利を計るべきだ）、"苟利国家生死以，岂因祸福避趋之"（国を利することであれば命をかけて行い、自分の禍福を理由にそれを避けたりなどしない）等。在学习翻译技巧、培养学生的语感、促进学生综合语言运用能力的形成的同时，培养学生的爱国主义精神和家国情怀。本课程还将引导学生通过多种渠道了解背景知识，包括教材、书刊、电影、电视、录像及相关的日语网站等，综合培养学生听说读写语言技能和语言交际能力，为推进《习近平谈治国理政》多语种版本进高校、进教材、进课堂贡献微薄力量。

结　语

　　"基础日语"课程致力于培养学生自主学习的能力，帮助学生了解中日文化的差异，拓宽国际视野，培养爱国主义精神，树立正确的人生观，引导学生体会日本对中华文明的借鉴和学习，增强学生对家国的热爱，鼓励学生为中国文化走出去贡献力量，帮助学生树立正确的中日关系观、公共外交意识。通过开展一系列语言知识与文化背景相结合的教学活动，提高学生对社会主义核心价值观的认同，引导学生积极传承中华文脉，弘扬中华美德，树立文化自信。通过"基础日语"课程的学习使学生深入了解日本文化，同时认识到中国文化在日本的传播和接受形式，进一步加强对本国文化的认知，为弘扬中国文化做出贡献。

参考文献

编写组 . 干在实处　勇立潮头——习近平浙江足迹 . 北京: 人民出版社 , 2022.

编写组 . 中国共产党简史 . 北京: 中共党史出版社 , 2021.

高等学校课程思政建设指导纲要 . （2022-06-01）[2022-08-01]. http://www.moe.gov.cn/srcsitc/A08/s7056/202006/t20200603_462437.html.

关于加强和改进新形势下高校思想政治工作的意见 . （2017-02-27）[2022-08-01]. http://www.gov.cn/xinwen/2017-02/27/content_5182502.htm.

习近平 . 论中国共产党历史 . 北京: 中央文献出版社 , 2021.

张廷选 . "经贸俄语"课程思政教学改革探索 // 黑龙江省高等教育学会 . 高等教育现代化的实证研究（二）. 哈尔滨: 黑龙江教育出版社 , 2019: 313-316.

中共中央党史和文献研究院编 . 毛泽东邓小平江泽民胡锦涛关于中国共产党历史论述摘编 . 北京: 中央文献出版社 , 2021.

中共中央宣传部编 . 习近平新时代中国特色社会主义思想学习问答 . 北京: 学习出版社 , 人民出版社 , 2021.

中央党校采访实录编辑室著 . 习近平在浙江（上、下）. 北京: 中共中央党校出版社 , 2021.

曾姝 . "基础日语"课程中实施课程思政的探索和实践 . 科教文汇（中旬刊）, 2020（23）: 191-192.

作者简介

李雅旬，浙江大学外国语学院百人计划研究员，日本北海道大学日本近现代文学专业博士。本文系浙江大学本科课程思政示范课程培育项目"基础日语Ⅰ"的阶段性成果。

"俄语阅读与写作"课程"三自机制"实践探索

薛冉冉　薛桂谭

【摘　要】"俄语阅读与写作"课程是浙江大学外国语学院俄语专业将俄语阅读与俄语写作有机融汇在一起建设的课程，在课程思政探索方面注重外语教育中的价值塑造、价值引领的设计，侧重用全球视野与跨文化视角阐释中国道路和中国智慧。教师在具体课程实践探索中推行"三自机制"：在主题学习方面，学生"自主选择"；时事习得中，学生"自我规划"；通过每日阅读打卡，学生实现"自我监督"。课程建设以板块为主线，强调关切天下；以担当为导向，强调知行合一；尊重学生的学习主体身份，师生共建课程资源库。

【关键词】 俄语阅读与写作；自主选择；自我规划；知行合一

引　言

在推进新文科发展的大背景下，浙江大学外国语学院俄语专业在课程建设方面不断探索，在国内首创将俄语阅读课程与俄语写作课程融汇在一起，将语言输入与输出有机结合起来的教学方法，设立了"俄语阅读与写作"课程。该课程将以输出为导向的阅读与以输入为基础的写作有机结合，培养学生的俄语应用能力和跨文化交际能力，提升思辨与创新、自主与终身学习等素养。

该课程教学团队在对俄语阅读与写作课程进行学情分析时强调：用俄语读什么、写什么关系到俄语学习的输入质量与输出效率，关系到学生终身获益的媒介素养与信息处理能力的培养，更关乎培养什么样的人才，为谁培养人才的百年大计。自 2020 年以来，在课程建设中更是加入了外语人新时代担当等课程思政元素，将知识的传授、价值的彰显与责任的担当融会贯通。在具体课程建设中，课程组探索出了师生共建课程的"三自"良性循环机制：主题学习时，学生

"自主选择";时事习得中,学生"自我规划";通过每日阅读打卡,学生实现"自我监督"。

一、主题学习"自主选择"

"俄语阅读与写作"课程开设在俄语专业本科二年级第二个学期,每周4课时,开设16周,共64课时。经过多年的建设,课程组设置12周为常规主题学习,4周为时事热点习得以及每天的阅读打卡环节。

阅读与写作课程的学习材料是不同题材不同内容的文章资料,学生通过该课程的学习能提高词汇量和语句分析与运用能力,并扩充社会文化知识,增强信息处理能力和思辨能力。"俄语阅读与写作"课程组在每一轮新开课前都会去了解学生对本课程的预设和期待,特别是在"读什么"和"写什么"这两个方面会设计专门的问题供学生作答。在每次整理调查问卷之后,课程组老师都会发现,学生的预设和期待与课程组的预设吻合度非常高的。

因此,在课程设计方面,课程组建立以主题板块为主线的课程体系,强调关切天下。课程的第一部分有名人演讲、祖国山河、国家象征符号、首都与古城、民族性格等内容,而后便从国家层面过渡到个人层面——大学生个人学业规划、具体专业学习计划的制定等;课程的第二部分则以传统的社会主题展开,如政治、经济、人口、科技、体育、国际活动等板块。课程共12个主题,以担当为导向,知行合一,设有12篇关切社会话题的写作,让学生以阅读为基础书写各自关切社会、关切全球,有思想、有内涵且语言地道的文章。写作体裁中有说明文,介绍学生所关注的地方风土人情、历史文化等,以及国家象征符号的历史与意义等;有新闻报道,报道我国国家领导人的某次出访、某场国际赛事等;有议论文和评论文章,如"你如何看待西方某些国家对北京冬奥会的抵制行为?""你如何看待全球极端化天气现象?"等。

因此,在主题学习中,学生的"自主选择"不是体现在主题的选择上,也不是体现在主题顺序的选择上(虽然我们的确会根据学生的关注点或兴趣度来调整主题的顺序),而是在阅读材料的选择方面。主题只是给出学生阅读的大致方向,而具体阅读内容和材料则是学生自主去选择,推荐给同学们一起阅读并讨论,课程组老师则根据阅读材料积极引导学生在阅读基础之上进行更深一层地凝练或探讨,引导学生增强全球关切,助力人类命运共同体的建构。"通过中外文化比较,有机融入中国元素,立足世界文化多样性和文明互鉴,形塑中国立场和价值观。"①

如果说外语学习者在许多年前以通晓所学语言对象国的语言和文化，能够与所学语言对象国国人沟通，特别是能够在吸引外资、商务谈判中流畅沟通为学习目标，那么在当下，外语学习者的学习目标与时代责任已发生了天翻地覆的变化。

早在 2016 年 9 月，习近平总书记在主持中共中央政治局第三十五次集体学习时就曾指出："参与全球治理需要一大批熟悉党和国家方针政策、了解我国国情、具有全球视野、熟练运用外语、通晓国际规则、精通国际谈判的专业人才。"②《在庆祝中国共产党成立 100 周年大会上的讲话》中，习近平总书记更是精确地概述了中国在世界舞台上的变化："中国共产党和中国人民以英勇顽强的奋斗向世界庄严宣告，中华民族迎来了从站起来、富起来到强起来的伟大飞跃，实现中华民族伟大复兴进入了不可逆转的历史进程！"③对于我们外语教育工作者来说，这意味着我们在培养外语人才方面承担着崭新的历史使命。

例如，"俄语阅读与写作"课程的第一个主题是"名人演讲"，同学们选择了不同的演讲词作为阅读与写作的素材，如习近平在孔子诞辰 2565 周年国际学术研讨会上的讲话，普京将普希金诞辰日定为"俄语日"的讲话，习近平和普京的新年贺词，国际知名高校校长与优秀校友在开学、毕业季的演讲等。该主题的落脚点在于体会演讲的魅力，引导学生深挖演讲者的语言魅力。同学们注意到习近平总书记深谙中国古诗词文化，引经据典，这不仅是语言积累，同时更是文化自信的表征。在同学分享完收集的新年贺词之后，课程组老师会引导学生注意这一题材的特殊性，因为在这一体裁中，国家领袖的权威性和亲和力结合在一起，国家领袖作为大家庭中的一员向家人们送出祝福，同时又对家人们寄予期望，这些材料让同学们感受到榜样的力量，更感受到家国情怀和社会担当。再者，国际知名高校开学季、毕业季的演讲与学生的日常生活更为接近。如何将家国情怀、社会责任融入到学生的日常中？这些演讲与视角能够给老师和学生提供可资借鉴的行动指南。

为什么开篇第一个主题是演讲？因为演讲在一定程度上为学生们提供了阅读与写作的功能导向——交流、言说。让同学们从第一课开始便有为"推动中国更好地走向世界、世界更好了解中国"而阅读、写作、交流的意识，引导大学生在课程学习的同时厚植爱国主义情怀，加强品德修养，成为有大爱大德大情怀

---

① 杨金才."英国社会与文化"课程思政教学探讨.中国外语，2022（2）：86.

② 习近平.习近平谈治国理政（第二卷）.北京：外文出版社，2017: 450.

③ 习近平.在庆祝中国共产党成立 100 周年大会上的讲话.（2021-07-15）[2022-08-10]. http://www.qstheory.cn/dukan/qs/2021-07/15/c_1127656422.htm.

之人。

第二个主题是"祖国山河"。有同学从《美丽中国》纪录片中选取了祖国山河的图像：新疆境内的火焰山和内蒙古的冷极；西沙群岛、舟山群岛和大西洋最后一滴眼泪——赛里木湖等。同学们再次拼接出中学时掌握的地理图景，重新清晰细致地去感受祖国山河之美。该专题更引导学生将祖国的大好河山熟记于心，并将爱国心与热爱这片实实在在的土地结合在一起。与此同时，课程组鼓励学生打开俄罗斯地图，并对比世界地图，了解世界之大和世界之鲜活，特别是要了解所学语言对象国的地理特征等。

第三个主题是"国家象征"，如国旗、国徽、国歌等符号。同学们重温国家象征的历史，如国旗的含义、国歌的由来等等。同时，学生收集了与国家象征符号相关的新闻报道，进一步感受这些庄严神圣的国家象征其实离我们的生活并不遥远，那一抹中国红，那振奋人心的旋律一直带给我们努力拼搏的力量。此外，学生还关注到我国举办的大型国际活动，如 2008 年北京奥运会、G20 峰会、有关"一带一路"的会议等，收集关于活动 LOGO 的资料，进而用外语来介绍、展示这些符号，以此训练学生娴熟讲述我国历史文化象征符号的能力。

又如在"科技"主题的学习中，有同学研读 20 世纪的 10 大科技成就、人类历史上最重要的 100 项科技发明、俄罗斯在军工科技方面的成就等；有同学研读近几年来国际媒体对中国科技成就的报道，特别是外媒科技版频繁出现的关于"天问"探火星、"嫦娥"登月球、"神十三"和"天和"核心舱成功对接、"深海勇士号""奋斗者号""海斗一号"等的相关报道，以他者的视角切实感受到我国科技飞速发展的现实。可以说同学们既脚踏实地又仰望星空，了解历史上的科技发展，展望未来的科技走向。高校学子既是中国科技腾飞的见证者，又是科技发展的推动者；既在科技浪尖，又可以影响科技伦理的走向，课程组老师会引导学生在这些阅读基础上讨论科技前沿以及科技成果的应用。

正如中国学者孙有中所说的那样："外语课程所包含的大量有关对象国文化以及世界多元文化的信息输入，为跨文化比较与反思提供了丰富的资源。当外语教学从跨文化视角展开，外语学院便成为培养学生人文素养、价值取向、国际视野、文化自信乃至人类命运共同体意识的课程思政过程。"[①] 课程组在课程主题学习过程中从学生的兴趣与关注点出发，支持学生"自主选择"。与此同时，课程组老师在学生阅读之后引导学生自然而然地将全球视野与跨文化视角糅合到讨论中，与学生一起从跨文化视角阐释中国道路和中国智慧，可以说这也是我们课程设计之隐性的逻辑线。

---

① 孙有中. 课程思政视角下的高校外语教材设计. 外语电化教学, 2020（6）: 47.

二、时事习得"自我规划"

如果说在主题阅读方面，课程组调动了学生的积极性来自主选择"读什么"和"写什么"，那么在 4 次时事热点习得的阅读与写作方面，我们则鼓励学生进行"自我规划"。不仅"读什么""写什么"由学生自主选择，"怎么读""怎么写"也是由学生自己决定。在 16 周的课程建设中，课程组选择以 4 周为一个时间单位，在第 4、8、12、16 周让学生以小组的形式规划时事阅读主题，并且分头收集主题资料。此外，各阅读小组独立设计阅读环节和写作话题，并将课程方案分享给老师和其他同学们。

例如，有阅读小组关注到国外媒体对我国推行的"三孩政策"的报道，于是便提议关注国际媒体对人口这个话题的关注。该阅读小组提供了中俄两国官方统计署公布的人口数据，还特别聚焦了全世界都关注的老龄化问题。还有阅读小组通过问卷调查的方式，从身边同学家里兄弟姐妹的数量来感受这样一个国家层面的话题。此外，有阅读小组将外国媒体对我国 2015 年以来推行的"全面实施一对夫妇可生育两个孩子政策"、2021 年以来推行的"三孩政策"的报道，以及各国人口政策进行收集与比较，以中外比较的形式来聚焦人口话题，同时指出我国在人口计划国之大计方面的深谋大略和高瞻远瞩。

通过阅读时事新闻，同学们可以直观地感受到中华民族的伟大复兴已是进行时。在重大的国际活动或事务的报道中，我们总能听到、看到关于中国的内容，更能感受到中国在国际舞台上的重要性。早在 2015 年 3 月 25 日，人民网在报道博鳌论坛开幕时，曾援引国际投资银行家罗伯特·劳伦斯·库恩的话，称习近平把中国外交政策重塑为"积极参与"，让中国"从一个跟随时代的奔跑者转变为具有创新力的引领者"，近来"密集而主动的外交行动凸显出中国外交的新'拐点'"。①

2021 年 5 月，习近平总书记在主持中共中央政治局第三十次集体学习时强调："讲好中国故事，传播好中国声音，展示真实、立体、全面的中国，是加强我国国际传播能力建设的重要任务。要深刻认识新形势下加强和改进国际传播工作的重要性和必要性，下大力气加强国际传播能力建设，形成同我国综合国力和国际地位相匹配的国际话语权，为我国改革发展稳定营造有利外部舆论环境，为推动构建人类命运共同体做出积极贡献。"②2021 年 9 月，习近平总书记给北京外

---

① 习近平出席博鳌凸显中国外交新"拐点"．（2015-03-25）[2022-08-10]. http://news.cnr.cn/native/gd/20150325/t20150325_518124397.shtml.

② 习近平在中共中央政治局第三十次集体学习时强调　加强和改进国际传播工作　展示真实立体全面的中国．（2021-12-30）[2022-08-10]. https://baijiahao.baidu.com/s?id=1720517952283809023&wfr=spider&for=pc.

国语大学老教授亲切回信，对全国高校外语人才培养再次提出殷切期望："努力培养更多有家国情怀、有全球视野、有专业本领的复合型人才，在推动中国更好走向世界，世界更好了解中国上作出新的贡献！" [1]

课程组安排 4 周的课时用来挖掘学生阅读国际风云、书写家国情怀的潜质，鼓励学生"自我规划"，在很大程度上是在培养学生的时代担当，让学生既在象牙塔之巅仰望星空，同时又在国际风云之中脚踏实地。学生们对 4 周的时事习得都比较期待，同时对时事主题的选择以及阅读方案的设计都在不断地进步。

三、每日打卡"自我监督"

每日打卡要求学生每天将自主阅读和心得批注笔记等内容以电子图片或文档的形式上传，保存在课程钉钉群内以学生姓名命名的文件夹里，文件以日期形式命名。每日打卡的时间段为"俄语阅读与写作"课程在该学期开设的第一节课到最后一节课。

每日打卡由学生"自我监督"，以学生自觉、自查为主。这是对学生的信任，更是对学生的激励，暗示他们可以做到每天用俄语读一点内容，每天积累一些知识点。这也是文件以当天日期命名的原因，方便学生自查，以便缺卡时能及时查补，而课程组老师也会不定期地在课上请学生分享近期阅读打卡的内容和信息。

值得一提的是，我们在培养学生自主学习能力的同时也提供权威资料来源，授学生以渔。由老师搭台，学生在此基础上建设了经典诵读库、主题阅读库、阅读打卡库等。在经典诵读库中有俄罗斯文学、文化典籍，更有《诗经》《唐诗》《宋词》《中国现代诗》等中国传统文化精品的权威俄文译本。主题阅读库中汇集了权威媒体资源，如中俄两国的政府部门官方网站、人民网俄文版、央视俄语频道、俄罗斯《消息报》、俄罗斯卫星通讯社、今日俄罗斯等。这些资料来源为学生在求学以及未来工作期间搜查俄语资料提供了权威平台。阅读打卡库里收录的是老师们审核筛选过的学生们的每日打卡内容。老师审核并非是在内容上对学生们的阅读兴趣作限制，而是对学生标注的俄语单词的意思、重音和俄语语法现象等笔记进行检查，确保学生在自主阅读环节积累的语言知识的准确度和纯正性。

课程建设几轮下来，我们发现，无论学生的俄语语言水平如何，他们总能根

---

[1] 王定华. 勇担新时代外语院校使命. (2021-09-30) [2022-08-10]. https://baijiahao.baidu.com/s?id=1712286494360745697&wfr=spider&for=pc.

据自己的语言水平找到合适的语言材料来阅读，并且能够保质保量地完成每日打卡。偶尔因为周末或小假期而间断的打卡也会及时地被补上。更为重要的是，在查阅同学们的每日打卡内容时，我们感受到，阅读打卡库是以俄文形式呈现的社会万花筒，同学们关注的有体育明星，有大学生活，也有社会百态。往往是在这一个环节，我们可以更全面地了解同学们的个性：有同学整个学期下来都在关注俄罗斯花样滑冰运动员，有学生每天都在阅读一页契诃夫短篇小说的原文，还有同学一直在收集毛泽东诗作的俄文译文……

课程组建设"俄语阅读与写作"课程的初衷是打破课程的壁垒、让学生感受到俄语专业本科科目的共通性和系统性。本课程有俄语精读课程和语法课程的词汇训练，有俄语泛读课程的阅读训练，有俄语试听课程的演讲训练，也有俄语写作课程的写作训练。换言之，外语训练的听、说、读、写、译在该课程授课环节均会出现，让学生的语言能力得到立体式全方位的训练。"俄语阅读与写作"课程的改革与建设旨在让学生感受到语言学习的系统性。而每日打卡环节的设置，更是让学生感受到校园学习与兴趣培养、修心养性与关切天下、在校学习与终身学习毫不违和，是有机的整体。实施每日打卡的"自我监督"，以学生自查为主，更是有意在培养学生的自主和终身学习能力。

结　语

"三自机制"体现了"俄语阅读与写作"课程共建时师生之间的相互信任，更体现了课程组激励学生将阅读和思辨培养成一种大学生活常态的积极尝试：12次常规主题的学习实行学生"自主选择"，学生自选主题阅读篇章、自主命题写作，将学生的学习和兴趣有机结合起来；4次时事热点的机动板块推行学生的"自我规划"；每日阅读打卡旨在实现学生的"自我监督"。"三自机制"让同学们真正地成为课程建设的主体，他们主动地去阅读与写作，把阅读与写作变成了持续性、实时性的过程，进而促进了阅读与写作课程的良性推进，也为该课程思政建设的进一步探索提供了肥沃的土壤。

浙江大学校长吴朝晖在2022年本科生毕业典礼上提出，同学们"需要洞悉人类文明的演进趋势，重塑命运愚公的世界观、价值观，坚定与国家和人民血脉相连、与世界和时代和合共生的决心和信心"①。我们外语教育应服务时代之需，发出时代之声，培养时代新人。浙大俄语专业"俄语阅读与写作"课程组也将继续探索实践，打造更好的俄语课程。

参考文献

孙有中.课程思政视角下的高校外语教材设计.外语电化教学，2020（6）：46-51.

王定华.勇担新时代外语院校使命.（2021-09-30）[2022-08-10]. https://baijiahao.baidu.com/s?id=1712286494360745697&wfr=spider&for=pc.

吴朝晖.在命运与共的星辰大海扬帆奋进——在浙江大学2022年本科生毕业典礼暨学位授予仪式上的讲话.（2022-06-26）[2022-08-10]. https://www.zju.edu.cn/2022/0626/c32862a2597176/page.htm.

杨金才."英国社会与文化"课程思政教学探讨.中国外语，2022（2）：85-88

习近平出席博鳌凸显中国外交新"拐点".（2015-03-25）[2022-8-10]. http://news.cnr.cn/native/gd/20150325/t20150325_518124397.shtml.

习近平.习近平谈治国理政（第二卷）.北京：外文出版社，2017.

习近平.在庆祝中国共产党成立100周年大会上的讲话.（2021-07-15）[2022-08-10]. http://www.qstheory.cn/dukan/qs/2021-07/15/c_1127656422.htm.

习近平在中共中央政治局第三十次集体学习时强调　加强和改进国际传播工作　展示真实立体全面的中国.（2021-12-30）[2022-08-10]. https://baijiahao.baidu.com/s?id=1720517952283809023&wfr=spider&for=pc.

作者简介

薛冉冉，浙江大学外国语学院副教授，文学博士。毕业于南京大学文学院比较文学与世界文学专业，师从余一中先生。科研方向为当代俄罗斯文学，在《外国文学》《当代外国文学》等期刊发表论文若干。出版专著《苏联解体后俄罗斯小说中的苏联形象研究》（2017年，浙江大学出版社）、《俄罗斯新现实主义小说研究》（2022年，浙江大学出版社）。建设省级一流本科课程1门、多门浙江大学一流本科课程。

---

① 吴朝晖.在命运与共的星辰大海扬帆奋进——在浙江大学2022年本科生毕业典礼暨学位授予仪式上的讲话.（2022-06-26）[2022-8-10]. https://www.zju.edu.cn/2022/0626/c32862a2597176/page.htm.

薛桂谭，济南大学外国语学院讲师，北京外国语大学博士，从事日语教学、汉日语言对比方面的研究。主持、主参省部级课题 2 项，校级课题 2 项。在《中文学刊》《牡丹江大学学报》《汉字汉语研究》等期刊发表论文 10 余篇，参与《世界语言生活报告（2016）》（2016 年，商务印书馆）等编写工作。获得首届"外教杯"全国高校日语专业电子课件大赛"一等奖"。

本文系浙江省课程思政教学研究项目"俄语专业课程与思政育人有机融合共轭发展研究——以'俄语阅读与写作'课程建设为例"、中央高校基本科研业务费专项资金项目阶段性成果。

新文科背景下"高级西班牙语 II"课程思政实施路径探索

左 雅

【摘 要】 随着新文科建设和"三进"工作的推进，加强课程思政建设对外语学科提出新的要求。西班牙语作为外语教育的重要组成部分，对此做出积极的响应。本文以"高级西班牙语 II"教学为例，探究西班牙语课程思政的有机融入及实施路径。依托全人教育理念，运用 CLIL 教学法，以"三进"为抓手，通过重构课程内容、优化教学设计、创新评价体系等手段，实现"课前—课中—课后"三个阶段环环相扣，构建师生"共建—共享—共评"的思政学习共同体，充分调动了西班牙语专业学生学习思政的主动性和积极性，实现了思政元素的有机融入，有效探索了"高级西班牙语 II"课程思政的实施路径。

【关键词】 高级西班牙语；课程思政；实施路径；新文科

引 言

课程思政是新时代对大学外语课堂改革的基本要求，也是新文科建设的题中之义。课程思政是教育的根本问题，即培养什么人、怎样培养人、为谁培养人，其重要性和必要性不言而喻。[①]外语教育，如西班牙语等小语种教育，不仅具有教授学生外国语言技能、文化常识、培养跨文化交际能力的一般教育意义，更肩负着为国家培养知国爱国，具有家国情怀、国际视野的外语专业人才的重任。因此，新文科背景下的西班牙语课程更应聚焦价值塑造，服务国家战略发展，落实立德树人根本任务的时代要求。

2020 年 5 月，教育部印发的《高等学校课程思政建设指导纲要》为课程思政建设提供了规范性指导意见，明确提出要充分挖掘课程和教学中蕴含的思想政治

---

① 何莲珍.大学外语课程思政之"道"与"术".中国外语，2022（4）：1.

教育元素，科学设计教学体系，实现"价值塑造、知识传授和能力培养"三位一体的人才培养目标。[①]《普通高等学校本科西班牙语专业教学指南》明确了对于西班牙语专业学生的能力和素质要求。[②] 结合以上两者，教师基于全人教育理念，以"三进"为抓手，将西班牙语专业课程内容与课程思政紧密结合，发挥西班牙语专业的协同育人效应，探索新文科背景下西班牙语课程思政的实施路径，构建师生"共建—共享—共评"的思政学习共同体。

一、新文科背景下西班牙语专业课程思政的内涵解读

2020 年 11 月，教育部新文科建设工作会议在山东大学召开，会议研究了新时代中国高等文科教育创新发展举措，发布了《新文科宣言》（以下简称《宣言》），公布了新文科建设的共识和任务。《宣言》强调，要牢牢把握文科教育的价值导向性，坚持立德树人，全面推进高校思政建设，推动习近平新时代中国特色社会主义思想进教材、进课堂、进头脑，提高学生思想觉悟、道德水准、文明素养，培养担当民族复兴大任的新时代文科人才。对于高校文科而言，加快培养适应全球新格局的高素质国际专业人才，"着力提高文科专业学生的全球视野、国际交往能力和全球就业能力，是全球新格局对文科发展的新要求"[③]。2019 年底，中宣部组织的《习近平谈治国理政》多语种版本进高校、进教材、进课堂工作全面启动，"三进"试点工作在培养高素质跨文化传播人才、提升对外讲好中国故事的能力等方面提供了示范性作用，也为探索高层次西班牙语人才培养提供了新路径。

中国正经历百年未有之大变局，中国需要走向世界、世界需要理解中国的时代要求将这一批外语专业学生推向了时代的风口浪尖，包括小语种在内的外语教育正面临新的机遇和挑战。外语教育关系到高等人才的培养质量，关系到中国同世界各国的交流互鉴，更关系到中国参与全球治理体系的改革建设。[④] 要让中国文化更好地"走出去"，尤其是走入西班牙语世界，提高我国在西语世界的文化软实力，服务国家战略，如中拉命运共同体构建、"一带一路"倡议等，西班牙语专业在其中发挥着重要作用。因此，我们力图准确识变、科学应变，旗帜鲜明

---

① 教育部关于印发《高等学校课程思政建设指导纲要》的通知（2020-06-01）[2022-08-03]. http://www.moe.gov.cn/srcsite/A08/s7056/202006/t20200603_462437.html?eqid=bd988cfd0003ee5500000003642e6a65.
② 详见：教育部高等学校外国语言文学类专业教学指导委员会. 普通高等学校本科外国语言文学类专业教学指南（下）. 上海：上海外语教育出版社，2020.
③ 樊丽明."新文科"：时代需求与建设重点，中国大学教学，2020（5）：7.
④ 吴岩. 新使命　大格局　新文科　大外语. 外语教育研究前沿，2019（2）：3.

地将立德树人作为西班牙语教育的根本，以"三进"为抓手，用习近平新时代中国特色社会主义思想铸魂育人，寓价值观引导于知识传授和能力培养之中。

本文聚焦微观教学设计，以"高级西班牙语 II"为例，从该课程的教学理念革新、教学内容重构、思政元素融入、教学评价优化等方面探索思政教育融入西班牙语课堂的路径，以期为小语种课程思政建设提供借鉴。

二、以"三进"为抓手的课程思政实施

1. "高级西班牙语 II"课程现状

"高级西班牙语 II"是西班牙语专业高年级必修课，面向本科三年级开设。该门课程为基础西班牙语课程的延续，传统的教学目标旨在提高学生西语听、说、读、写、译综合能力，西语理解和运用能力，同时适当传授西语语言应用知识、西语国家文学常识，培养跨文化沟通能力和交际能力。这一传统教学目标显然已经不符合新文科背景下培养外语人才的要求。习近平总书记提出，参与全球治理需要一大批熟悉国家方针政策、了解我国国情、具有国际视野的专业人才。新文科也提出要培养精通语言、具有国际视野和家国情怀且会讲中国故事的外语人才。

然而，经过教学实践探索，我们发现，由于课时紧、任务重，学生学习积极性不高，课程知识体系及教材蕴含的思想价值观念没有得到充分挖掘，课程内容缺乏中国文化元素及中国与西班牙语国家对比视角，存在中国文化失语现象，不利于学生形成跨文化思维及文化对比鉴赏能力。新形势下，传统西语教学难以有效体现思政元素，未能将价值观塑造寓于专业知识教授的过程中。面对以上形势，我们力图以"三进"工作为抓手，在培养学生语言能力的同时，铸牢其理想信念之基，通过优化教学目标、梳理教学理念、整合教学资源、重构课程内容、挖掘思政元素、增加评价维度等方式，将课程思政以春风化雨的方式融入整个"高级西班牙语 II"的授课过程中。

2. 梳理教学理念、重构课程内容

传统的教学目标主要关注听、说、读、写、译等语言技能的提升。在新文科背景下，我们将教学目标升级为知识目标、思政目标、思政目标并行，聚焦价值塑造、发挥外语专业的协同育人效应，以提高学生的高阶思维能力，实现外语能力与素养的全面提升（如图 1 所示）。

知识目标：通过学习文学、政治、文化等多种题材的西语原作范文，提高学生听、说、读、写、译等语言基本功。

能力目标：培养学生跨文化思维、批判性思维、跨文化交际能力，能够运用跨文化视角对比分析不同国家的文化现象，并用批判性思维分析不同国别文化、社会、国情等方面内容。

思政目标：通过多视域融合、多国别视角，让学生在学习西班牙语的同时培养家国情怀，了解中国文化，会讲中国故事。培养学生成为知国爱国的西班牙语人才，并在多元文化对比中，突出中国智慧和中国方案，提高思政素养。此外，增强学生投身于国家部委、国际组织的意识，让其明确自身价值追求和职业定位。

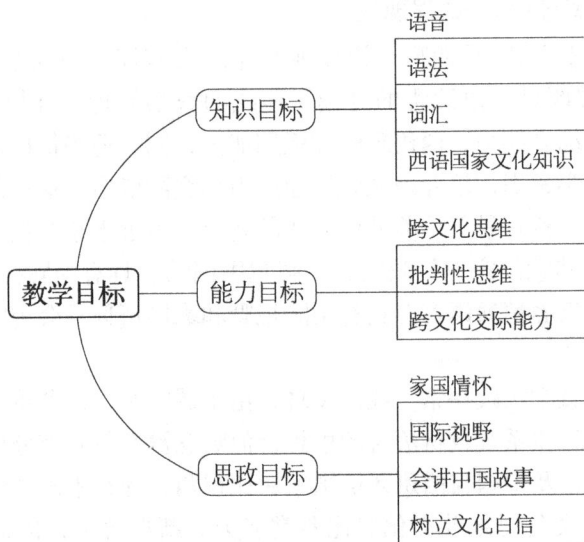

图 1　知识、能力、思政目标并行

为实现上述教学目标，笔者对教学理念进行梳理。首先依据全人教育理念，注重价值理性，以道德教育为最终目的，注重人文精神和人文素养的培养，个体才能和潜能的全面挖掘，跨学科、跨领域、跨方向知识的整合与互动。[①]秉承全人教育理念，课程将"教书"与"育人"有机融合。在夯实语言基础的同时，让学生循序渐进地掌握中国传统文化知识及核心价值观，引导学生立足家国本土立场，拓宽国际视野，培养其跨文化思维及跨文化视角，树立正确的人生观、世界观。

内容语言融合教育（Content and Language Integrated Learning, CLIL）理念

---

① 鞠晶.新文科背景下外语类专业课程思政实施路径探索.黑龙江教育（理论与实践），2022（7）：73.

的内涵是"尽最大可能、以最合适的方式将目标语用于融合教授、学习内容和语言,以达到多种教育目标的教育理念"[①]。该教育理念将语言与内容深度融合,摒弃了以往以语言能力为单一导向的外语教育思维,以实现"语言—思维—素养"的全面提升。

基于以上教学理念,我们对教学内容进行重构,从仅关注语言技能训练跨越到多视域融合,多国别视角,收录了 21 个西班牙语国家案例,让学生充分了解西班牙语国家文化知识,并运用跨文化思维与中国文化做对比,提升文化素养。

为实践以上教学理念,首先应从教材入手。目前使用的教材是"高级西班牙语 II"系列教材。在教学实践中发现,部分单元主题内容涉及文化元素较少,缺少跨文化对比视角及跨文化思维元素。因此,有必要从社会文化学科的角度对课程内容进行补充及拓展。

教师以"三进"为抓手,在授课中依托《理解当代中国》西班牙语版教材,将"构建人类命运共同体""生态文明建设""'一带一路'倡议""中国梦"等内容融入到课堂教学当中,丰富课堂内容,将提升学生语言技能与价值观塑造深度融合。

具体补充内容可参看表 1。

表 1 单元内容补充及拓展——思政元素体现

序号	教学内容概述	思政育人目标	教学方法
1	Las fiestas——节日文化 墨西哥亡灵节文化内涵、文化符号; 亡灵节体现的死亡观、家庭观; 清明节文化内涵、生死观、家庭观	通过对比中国和墨西哥传统节日文化习俗,培养学生跨文化思维和视角,了解中国传统文化。	1. 案例教学法: 通过具体案例对比引导学生思考两国传统文化节日内涵。 2. 讨论法:通过小组讨论引导学生讨论文化节日体现的死亡观及家庭观。
2	Pinturas rupestres y la réplica de Altamira——洞穴壁画和阿尔塔米拉洞穴 洞穴壁画艺术价值以及对于传统文化遗产的保护 中国壁画艺术价值,如广西左江岩画、内蒙古阴山岩画。 如何更好地保护文化物质遗产	阿尔塔米拉洞穴壁画与中国壁画都蕴含了人类对自然的崇拜与敬畏,其表现形式和审美观念有所不同。用跨文化视角进行对比。	1. 情景教学法: 通过再现阿尔塔米拉洞穴场景,引导学生分析壁画的艺术价值及历史价值。 2. 讨论法: 引导学生通过课堂小组讨论和课堂小组汇报探讨两国壁画艺术价值及审美观念的异同,探讨如何更好地保护文化遗产。

---

① 常俊跃,刘兆浩.内容语言融合教育理念的理念支撑.外语与外语教学,2020(6):85.

续表

序号	教学内容概述	思政育人目标	教学方法
3	Alunizaje——登陆月球 美国、俄罗斯航天事业发展，人类对太空的探索精神。 回顾中国航天事业发展历程，培养学生的民族自豪感和创新精神。	带领学生们了解中国太空事业的进步与发展，特别是月球探测取得的举世瞩目成就。和学生探讨航天人的精神品质。	五星教学法： 聚焦问题—激活旧识—示证新知—应用新知—融会贯通
4	La geografía de América Latina——拉美地理 拉美的地理概况、种族、资源 中国与拉美之间的交流 海上丝绸之路	带领学生了解中拉交往的历史，连接中拉的海上丝绸之路，中拉文化、贸易交流。	案例教学法： 通过中拉交往的案例分析中拉在构建命运共同体过程中的具体实践，中国智慧和中国方案的体现。
5	Energía alternativa——可替代能源 清洁能源的优势和重要性 中国在清洁能源使用中的案例 清洁能源对环保的意义	中国生态文明建设 中国作为负责任大国，积极履行减排承诺，为全球气候治理做出贡献。	讨论法： 引导学生分组讨论清洁能源的优势，对环保、气候变化的意义。中国在清洁能源领域的成就。
6	Manipulación peligrosa — 危险操作 转基因技术的利与弊 人工智能的利与弊	引导学生探讨现代科技发展的利与弊。如何利用科技更好地造福人类。	讨论法： 如何更好地发展科技，如何更好地利用科技造福人类。

　　除此之外，为了进一步调动学生学习思政积极性，师生共建了16个思政学习案例库，内容涵盖与课程内容相匹配的中国文化的西班牙语表达。在共建过程中，学生有针对性地选择与课程相匹配的西语原文资料上传课程平台，这一过程提高了学生思政学习参与度。课程设置思考题引导学生运用跨文化思维对比中国和西班牙语国家文化异同，突出中国特色与中国智慧。

　　我们以墨西哥传统文化节日——"墨西哥亡灵节"这一教学节段为例。课前，学生搜索、选择并上传与墨西哥亡灵节和清明节文化内涵、生死观、家庭观相关多模态资料，老师对上传资料进行整理、筛选、分类，并形成思政学习案例库（如图2所示）。在授课过程中，我们引导学生运用跨文化思维和视角探讨两个节日文化内涵的异同之处，并追本溯源地从中国典籍（儒家、道家、佛家经典）中寻找两个传统文化节日生死观不同的深层文化原因，并用西班牙语阐释为什么墨西哥人对死亡不惧怕不忌讳，而我国自古以来对死亡则采取讳莫如深、存而不论的态度（如图3所示）。

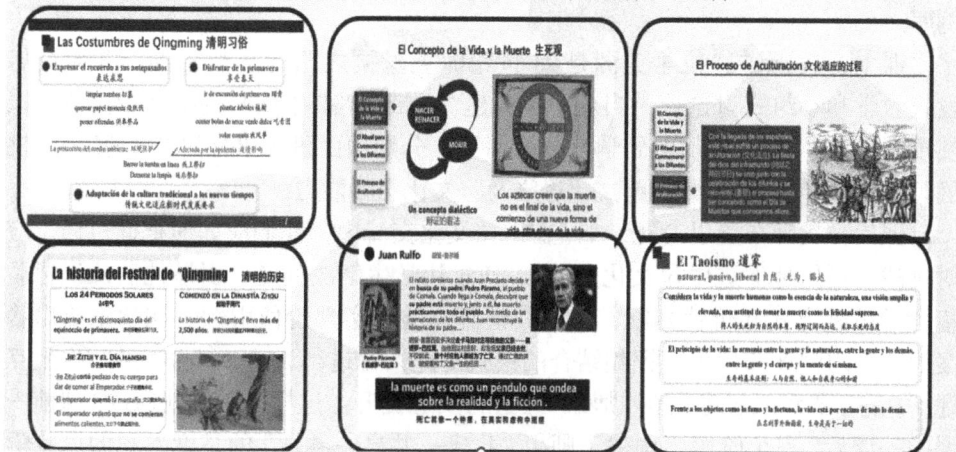

图 2　思政案例库建设

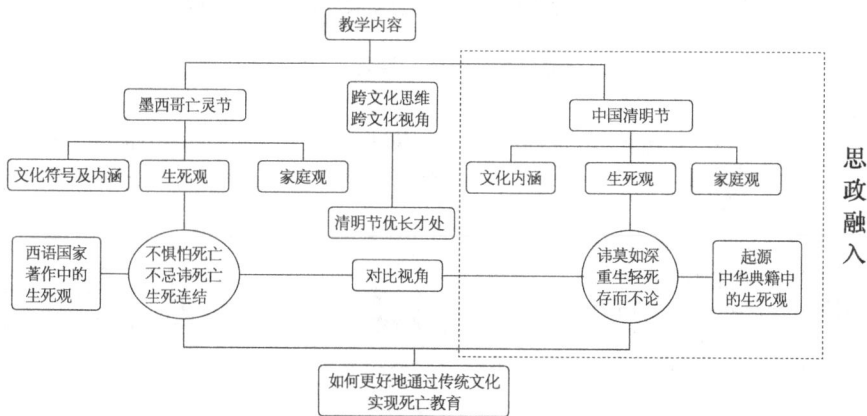

图 3　思政元素课堂融入示范

3. 思政教学设计

在教学实践中，我们在"课前—课中—课后"三个阶段步步紧跟，形成闭环，构建师生"共建—共享—共评"的思政学习共同体，调动学生学习思政的积极性，实现学生"外语能力—思政素养"全面提升。让学生在"共建"中提升思政学习积极性，在"共享"中内化思政内容，在"共评"中进一步反思提升。

我们以"海上丝绸之路与中国之船"这一教学节段为例。教师要求学生课前搜索海上丝绸之路与中国之船的历史起源、路线、货物及其对中国和拉美地区的影响，并将相关资料上传至学习平台，教师对资料进行筛选、归纳形成思政案例库。

课上，教师讲述拉丁美洲是21世纪海上丝绸之路的自然延伸，并通过启发式教学和小组式讨论探讨当今中拉共建"一带一路"中面临的机遇和挑战，以实现课上"共享"。教师引导学生分为两组，分别用西班牙语探讨"机遇"和"挑战"，培养学生国际视野、跨文化思维及跨文化交际能力。

课后，教师布置思考题，如"在中拉文化交流中，我们应如何把握机遇，应对挑战，更好地促进中拉文化交流"。通过让学生解决问题，引导他们认识背后蕴含的思维方式和价值判断，激发其情感体验，实现价值引领。在学生给出答案后，采用师评和生生互评相结合的模式对此话题进行讨论，让学生在"生生互评"中进一步深入思考，在"师评"中进行反思提升。这样，我们就通过"课前—课中—课后"三个阶段，构建了师生"共建—共享—共评"的高度参与的思政学习共同体（如图4所示）。这一共同体的建立使得师生关系变得更加紧密的同时，还确立了学生的学习主体地位，培养了他们的责任意识和终身学习能力，也促进了交流互动，激发了学生创造性学习和自主探索思政元素的能力。

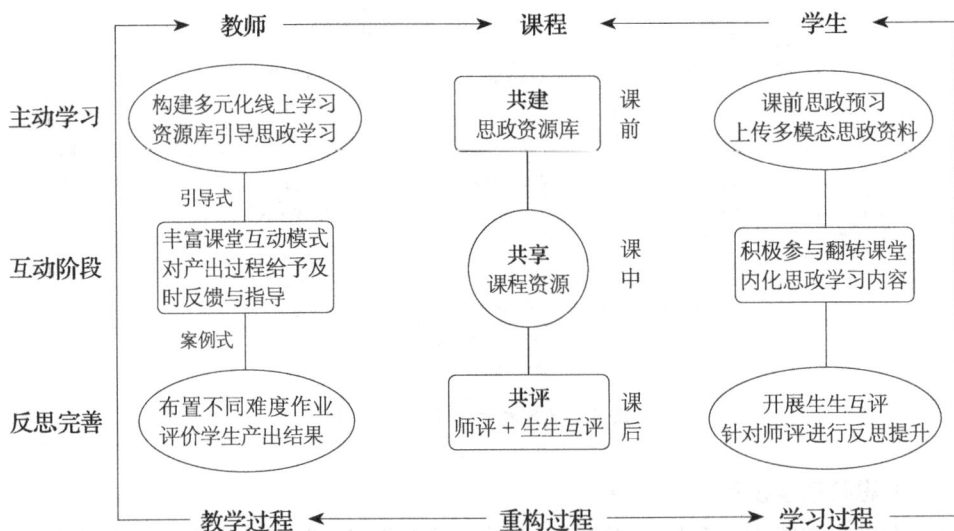

图4 师生"共建—共享—共评"思政学习共同体

为提高教学效果，我们注重在课堂实践中使用现代信息技术，如利用"雨课堂""学在浙大""学习通"平台，实时投屏学生观点词云图和观点弹幕，动态掌握学生观点和学习困惑，以精准地解决教学痛点。在课后，"雨课堂"平台可以通过数据统计反映学生困惑最多的知识点，以便老师对症下药，在下节课对以上知识点进行回顾和解答。

4. 创新评价体系

"高级西班牙语 II"思政元素实施也通过创新评价体系而获得更好的效果。（如图 5 所示）。本课程从仅注重最终评价过渡到更加注重过程性评价，其中无纸化作业、视频多模态作业、课堂参与度在课程评价中占据重要位置。本课程加大过程性评价比重，其中包括课前任务达成率、视频浏览率、课堂讨论、课后作业完成情况等；重视学生在每节课的表现及反馈，形成连贯性的过程性评价，追踪学生的学习效果变化。通过以上评价体系创新，我们发现学生已经从开始的死记硬背到现在能够主动学习、积极思考。学生不但提升了语言能力和讲好中国故事的能力，分析问题也更具有纵向发展眼光、横向对比视角及高阶思维能力，还全面提升了思政能力维度。

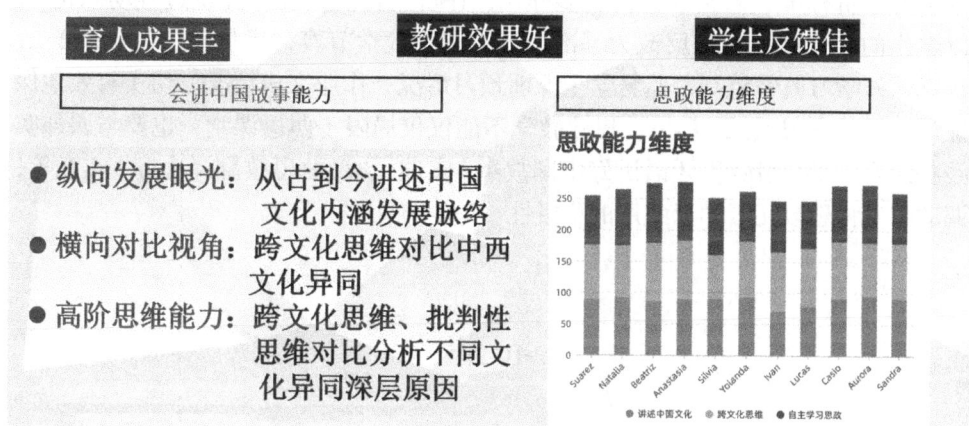

图 5　创新评价体系示意

5. 课程思政效能分析

从教学设计的具体育人功能来看，课前让学生预习、选择、上传与思政元素相关的多模态西班牙语资料，有助于在课堂教学开始之前先行导入思政教育，激发学生学习思政的积极性。通过多视域融合、多国别视角融入，本课程实现了语言与思政内容深度融合。课程还通过启发式问答、案例式教学、小组讨论和课堂小组汇报等多种形式引导学生自主探索、学习思政元素，培养其家国情怀、全球视野、培养其思辨能力、跨文化思维及跨文化交际能力。在课后，通过设置思考题引发学生对思政元素的进一步深入思考，并通过师评和生生互评的方式给学生及时反馈，进一步提升思政教学效果。此外，信息技术等现代化教学手段的应用有助于教师了解学生思想动态和学习困惑，帮助学生进一步精准解决学习难点。最后，通过创新评价体系，加大过程性评价比重，调动学生学习思政的积极性和课堂参与度，学生从被动学习到主动探索，从仅注重语言技能到能够全面提升用西班牙语讲述中国故事的能力、中西文化对比的能力、跨文化交际的能力，且能够主动传播中国声音、弘扬中国精神、树立文化自信。

　　课程思政与高级西班牙语课程的结合还处于探索阶段，故仍存在一些问题值得思考。如：在课程设置和课时不变的前提下，如何将思政元素融入高级西班牙语教学。课程信息量翻倍的同时，教师的教学难度和学生的学习任务也随之增加，对学生和教师来说均充满挑战。此外，在教学设计中，"课前共建—课中共享—课后共评"三个阶段环环相扣，有部分任务要求学生具备较高的自主学习能力，而由于学情差异，思政任务完成率及完成质量有待逐步提升。基于以上学情，可从以下几个方面思考完善高级西班牙语课程思政实施路径：第一，细化思政学习评价标准，做到评价内容多样化，评价主体多元化，评价过程动态化[①]，以学生的接受度和学习反馈为基准，随时调整教学节奏，优化教学设计；第二，建立课外学习监督机制，监督学生课前预习情况、作业完成情况，切实有效地保证学生思政学习效果；第三，思政教学不能仅仅局限于西语课堂，也要与课外实践相结合，如"用西班牙语讲好中国故事"实践、"汉西思政翻译大赛"实践等，调动学生将思政元素学以致用的积极性。

结　语

　　课程思政融入西班牙语专业课的过程体现了当代教育的价值转向。课程思政强调充分发挥课程的德育功能，提炼西班牙语专业课中蕴含的文化基因和价值，在语言知识中融入理想信念层面的精神指引。为打造既有西班牙语专业特色又有思政内涵的新型课堂，笔者以全人教育为教学理念，以"三进"为抓手，运用CLIL法，通过重构课程内容、优化教学设计、创新评价体系，实现"课前—课中—课后"三个阶段环环相扣，构建师生"共建—共享—共评"的思政学习共同体，以启发式教学、小组讨论、师生互动等方式实现相互启发、共同探索，引导学生学习思政的主动性和积极性，有效探索了课程思政在"高级西班牙语Ⅱ"课堂中的实施路径。课程坚持以立德树人为根本任务，培养政治立场坚定，思想品

---

① 鞠晶. 新文科背景下外语类专业课程思政实施路径探索. 黑龙江教育（理论与实践），2022（7）：75.

质过硬，具有国际视野、家国情怀，具有扎实语言功底、文化传播能力的高素质西班牙语专业人才。

参考文献

常俊跃，刘兆浩. 内容语言融合教育理念的理念支撑. 外语与外语教学，2020（6）：85-95+150.

樊丽明."新文科"：时代需求与建设重点. 中国大学教学，2020（5）：4-8.

何莲珍. 大学外语课程思政之"道"与"术". 中国外语，2022（4）：1+12-14.

鞠晶. 新文科背景下外语类专业课程思政实施路径探索. 黑龙江教育（理论与实践），2022（7）：72-75.

教育部高等学校外国语言文学类专业教学指导委员会. 普通高等学校本科外国语言文学类专业教学指南（下）. 上海：上海外语教育出版社，2020.

教育部关于印发《高等学校课程思政建设指导纲要》的通知（2020-06-01）[2022-08-03]. http://www.moe.gov.cn/srcsite/A08/s7056/202006/t20200603_462437.html?eqi d=bd988cf d0003ee5500000003642e6a65.

文秋芳. 大学外语课程思政的内涵和实施框架. 中国外语，2021（2）：47-52.

王文斌. 关于"十三五"期间的外国语言学及外语教育教学研究. 外语学刊，2021（2）：1-15+131.

吴岩. 新使命　大格局　新文科　大外语. 外语教育研究前沿，2019（2）：3-7+90.

作者简介

左雅，浙江大学外国语学院西班牙语所副教授，博士。研究方向为翻译学、应用语言学，发表文章十余篇，其中 SSCI、A&HCI 2 篇，CSSCI 2 篇，CPCI 1 篇；专著 1 部，主持项目 5 项，其中浙江省哲学社会科学规划项目（重点）1 项，思政教改项目 1 项，校级思政示范课程 1 项；省级教学大赛特等奖 2 项，国家级教学大赛三等奖 1 项。

本文系浙江省高等学校课程思政示范课程项目阶段性成果及中央高校基本科研业务费专项基金资助的阶段性成果。

区域国别与跨文化课程篇

学贯中西，自信交互世界

英语专业文化交流类课程思政教学探讨

——以"中西文化交流史"为例

傅 政

【摘 要】 英语专业文化交流课程担负着阐述中外文化差异、加深了解他国文化、促进文明交流与互鉴的任务。本文以"中西文化交流史"课程思政教学实践为案例，探讨如何通过严谨有序的教学设计，做到显性和隐性思政教学相结合，深入贯彻"立德树人"的教育根本目标，增进英语专业学生对"文明互鉴"内涵的理解，并为该类课程思政建设提供启示。

【关键词】 课程思政；中西文化交流；文明互鉴

引 言

当今国际社会百年未有之大变局正在加速演进，随着中华民族伟大复兴事业的稳步推进，我国发展所处的国际环境发生了一系列变化，面临着更为深刻而复杂的挑战。这就需要培养熟悉党和国家方针政策、了解我国国情、具有全球视野、熟练运用外语、通晓国际规则、精通国际谈判的专业的全球治理人才。[①] 因此，外语教育将日益成为国家提升公民语言能力、维护国家利益和安全、主导国际话语权的重要手段。如何超越传统的以培养语言技能、知识传授为主导的外语教学，寓"育人"于"知识传授"，把课程思政和教学内容有机结合，落实习近平总书记倡导的"立德树人"的教育根本任务，是外语教师面临的新挑战。

本文以"中西文化交流史"课程思政教学实践为例，讨论如何挖掘思政元素，做到显性和隐性思政教学相结合，引领学生树立正确的价值观，从历史和当代的视角解读"文明互鉴"内涵以增进学生的理解，为英语专业文化交流课课程思政

[①] 习近平. 加强合作推动全球治理体系变革 共同促进人类和平与发展崇高事业.（2016-09-27）[2022-08-14]. http://news.cctv.com/2016/09/28/ARTIYgt7Hn35aqRG1GpFsYUx160928.shtml.

建设提供启示。

一、课程背景

1. 课程思政的缘起

课程思政的理念源于习近平总书记对高校思想政治工作的一系列重要讲话和指示。2016 年，习近平总书记在高校思政工作会议上提出，"要坚持把立德树人作为中心环节，把思想政治工作贯穿教育教学全过程，实现全程育人、全方位育人"[①]；2018 年，他全国教育大会上再次提出，教育的根本任务是"立德树人"，突出强调"德"的重要性[②]；2019 年，在全国高校思想政治教师会议上，他又强调要"积极采用案例式教学、探究式教学、体验式教学、互动式教学、专题式教学、分众式教学"[③]。这些讲话对课程思政的实施富有指导意义。

2020 年教育部颁布的《高等学校课程思政建设指导纲要》进一步指出，"全面推进课程思政建设，就是要寓价值观引导于知识传授和能力培养之中，帮助学生塑造正确的世界观、人生观、价值观"，要"让所有高校、所有教师、所有课程都承担好育人责任，守好一段渠、种好责任田，使各类课程与思政课程同向同行，将显性教育和隐性教育相统一，形成协同效应，构建全员全程全方位育人大格局"，要"将课程思政融入课堂教学建设全过程"，这一纲要为高校实施课程思政建设提供了行动指南。[④]

2. 课程思政研究概况

在习近平总书记讲话鼓舞下，全国学界加强了对课程思政的研究，以厘清其内涵、实施途径、评价方式、管理模式、教师培训管理等多方面内容。2016 年，曹文泽在《学习时报》上发表《以"课程思政"为抓手创新育人手段》一文，首次明确提出"课程思政"的概念，并建议"促进包括通识课、专业课在内的各类课程与思政教育有机融合，挖掘和充实各类课程的思政教育资源"[⑤]。高德毅等回顾了上海各级学校开展思政教育的历程和"课程思政"概念形成和实施过程，倡

① 习近平. 把思想政治工作贯穿教育教学全过程　开创我国高等教育事业发展新局面. 人民日报，2016-12-09（001）.

② 习近平 2018 年教育工作讲话.（2018-09-10）[2022-08-14]. http://www.gov.cn/xinwen/2018-09/10/content_5320835.htm?tdsourcetag=s_pctim_aiomsg.

③ 习近平. 2019 年学校思想政治理论课教师会议讲话.（2019-03-18）[2022-08-14]. http://theory.people.com.cn/n1/2019/0319/c148980-30983374.html.

④ 教育部关于印发《高等学校课程思政建设指导纲要》的通知.（2020-06-01）[2022-08-14]. http://www.moe.gov.cn/srcsite/A08/s7056/202006/t20200603_462437.html?from=timeline&isappinstalled=0.

⑤ 曹文泽. 以"课程思政"为抓手创新育人手段. 学习时报，2016-12-26（8）.

导"显性思政"和"隐性思政"互相融通。①2019 年，伍醒、顾建明梳理了"课程思政"理念的历史逻辑，深入探讨"课程育人""以德为先"的教育理念和"立德""求知"相统一的课程发展观，并提出了"走向深度教学"的行动路向。②徐梦秋以厦门大学 20 世纪 80 年代面向文科学生开设的一系列名师课程为例，分析了"课程思政"的要素与特征，特别提到了"专业知识和思政要素的有机融合""课程思政和和思政课的互补性""课程思政的主体是专业教师""着力点是马克思主义理论与专门知识的交集和联系"等重要观点。③

随着课程思政教学实践的不断深入，外语教学界也根据自身的学科特点开展了一系列研究。思政相关研究内容被王雪梅总结为四部分：立德树人的理论阐释；外语课程思政元素来源与挖掘方式；外语课程思政实施路径；外语课程思政评价研究。④

综上所述，课程思政的研究成果可归为宏观和微观两方面。宏观研究涉及内涵、要素、实施途径等方面。如，张敬源以外语教学的人文社会科学学科属性为基础，从教学内容、能力培养、教学方法和教学能力四方面探讨了"课程思政"的内涵，并提出了实施课程思政"融合性""潜隐性""自然性""暗示性"的四大原则。⑤肖琼指出"外语课程思政要把价值观引领与语言应用能力的培养有机地结合起来"，概括了课程思政建设所涉及的主要内容：（1）理清思路；（2）培养目标设定；（3）师资队伍建设；（4）教材编写；（5）课堂实施；（6）教学评估。该文还强调了外语课程要从"国际化"的维度挖掘课程思政元素。⑥黄国文探讨了课程思政建设所涉及的六个问题：（1）为什么；（2）是什么；（3）谁来做；（4）何时做；（5）何处做；（6）怎样做。⑦

2021 年以来，外语课程思政各项研究日益受到重视，在上海举行的"新文科背景下高等院校外语课程思政与通识教育"专题学术论坛提出以理念创新和转变推进高校外语课程思政建设，在不同外语专业和课程中探索多元化、差异化的实施路径。⑧文秋芳提出了横向、纵向双向维度的课程思政描述框架，其中纵向包

---

① 高德毅，宗爱东．课程思政：有效发挥课堂育人主渠道作用的必然选择．思想理论教育导刊，2017（1）：31-35.
② 伍醒，顾建民．"课程思政"理念的历史逻辑、制度诉求与行动路向．大学教育科学，2019（3）：54-60.
③ 徐梦秋．从高校名师课程看课程思政的要素与特征．中国大学教学，2021（7）：93-96.
④ 王雪梅，霍炜．高校外语课程思政研究综述（2018—2021）．上海理工大学学报（社会科学版），2021（4）：309-314.
⑤ 张敬源，王娜．外语"课程思政"建设——内涵、原则与路径探析．中国外语，2020（5）：15-20+29.
⑥ 肖琼，黄国文．关于外语课程思政建设的思考．中国外语，2020（5）：1+10-14.
⑦ 黄国文，肖琼．外语课程思政建设六要素．中国外语，2021（2）：1+10-16.
⑧ 邓世平．探索新文科背景下高校外语课程思政改革的路径——"新文科背景下高等院校外语课程思政与通识教育"专题学术论坛综述．北京第二外国语学院学报，2021（2）：111-115.

含思政范围、主要任务和关键策略，横向包含内容链、管理链、评价链、教师言行链。① 罗良功探讨了外语专业课程思政的根本目标、本质和尺度，并提出课程思政为"唤醒专业课程的思政功能、激活专业课程中的思政元素，实现专业课程对思政课程知识体系和价值目标的回音与践行"②。

微观研究则侧重具体课程的思政实施方法。如，杨金才介绍了"当代西方人文精神概论"课程，剖析其"从语言层面入手，通过典型语汇案例分析，培养学生对西方话语的政治敏感性和理解力，使其深刻认识西方对中国所持的傲慢与偏见"，旨在"教学实践中牢固树立正确的政治方向和实施主流意识形态价值观的引领"③；毛静等介绍了在"国际贸易学"课程中结合习近平新时代理论中的对外开放重要论述和中国当代社会经济建设实践，挖掘思政元素④；尹晶探讨了将思政教育融入英国文学经典阅读的几大模块，以引导学生对英国文学经典传递的价值和思想观念进行批判性思考⑤。这些成果都为完善课程思政奠定了基础。

二、"中西文化交流史"课程思政建设简述

浙江大学外国语学院秉持"求是创新"校训和"学贯中西，格物致知"院训，致力培养专业知识扎实、人文素养深厚、具有国际竞争力和未来领导者发展潜质的高端外语人才。为适应时代发展，学院于 2015 年 9 月正式启动"国际组织精英人才培养计划"，旨在培养具有国际视野与家国情怀，能够在国际组织中担任重要角色的高层次复合型人才。"中西文化交流史"课程为这一培养计划的一门核心课程，力求帮助学生从历史的视角理解中西文化交流的历史渊源，增进文化自信，以适应新时代的需求。

（一）课程指导思想

文化交流对于人类文明的推动与影响得到学界广泛认可。英国哲学家罗素指出，在往昔，不同文化的接触曾是人类进步的路标。⑥中国著名学者汤一介先生也指出，今天中国的文化实际上是在五六千年的发展历程中不断吸收各民族、各

---

① 文秋芳. 大学外语课程思政的内涵和实施框架. 中国外语，2021（2）：47-52.
② 罗良功. 外语专业课程的本、质、量. 中国外语，2021（2）：60-64.
③ 杨金才. 外语教育"课程思政"之我见. 外语教学理论与实践，2020（4）：48-51.
④ 毛静，李瑞琴. "三全育人"背景下课程思政教学理念与实践方式探索. 国家教育行政学院学报，2020（7）：78-84.
⑤ 尹晶. 经典阅读与思政教育——英国文学课程思政体系之尝试性建构. 中国外语，2021（2）：84-90.
⑥ Russell, B. *The Problem of China*. London: George Allen & Unwin Ltd., 1922.

国家、各地域文化的基础上形成的。[1]

当今世界，随着经济全球化和科技的发展，文化交流日趋频繁，中外文化交流进入一个新的时期。十八大以来，习近平总书记在多个场合强调文明交流互鉴的重要性。如，2014 年 3 月，习近平总书记在联合国教科文组织发表的讲话中指出，"中华文明是同其他文明不断交流互鉴而形成的文明"，"是推动人类文明和世界和平发展的重要动力"，并分析了文明的多样性、平等性和包容性等特征，同时回顾了中外文明交流的历史进程。[2] 同年九月，在纪念孔子诞辰 2565 周年国际研讨会上，习近平总书记又进一步指出："人类已经有了几千年的文明史，任何一个国家、一个民族都是在承先启后、继往开来中走到今天的，世界是在人类各种文明交流交融中成为今天这个样子的。推进人类各种文明交流交融、互学互鉴，是让世界变得更加美丽、各国人民生活得更加美好的必由之路。"[3] 这些重要论述不仅成为本课程的指导思想，也提供了丰富的教学素材。基于此，本课程旨在培养学生在研究型学习中把历史视角和当代关切相结合，了解中西文化交流进程中重要事件、历史人物及其重要影响，并分析其中的经验和教训，把中华民族的传统文化置于整个世界文明交流的大背景中去观察、思考，在表象中探索出规律的能力，进而深入探讨中国文化如何和其他异质文化平等交流，更好地吸纳外来文化的优秀成果，以丰富本民族文化，促进中外交流，构建人类命运共同体。

（二）"中西文化交流史"课程教学内容建构

本课程以时间顺序探讨中西文化交流各个重要阶段的重大事件、人物和典籍，引导学生深入、全面地了解如丝绸之路、郑和下西洋、西学东渐、东学西渐等重大历史事件和交流活动。

1. 回顾学科发展历程，探讨课程核心内涵

课程第一课引导学生回溯"中西文化交流史"这一学科筚路蓝缕的创建历程，探讨学科存续的历史逻辑和当代价值，寻觅先辈坚忍不拔的研究足迹。教师以多种授课方式和手段循序渐进引入思政元素，主要分为以下几步：（1）以专题讨论的形式导入课程主题。理解课程性质和内容，并且着重介绍"文化交流"的内涵及其对人类文明的推动作用。（2）从历史的视角，诠释"欧风美雨"催生的学科"中西交通史"的背景。鸦片战争后，从洋务运动到五四运动，西方文化深入到

---

① 汤一介. 文化交流与人类文明进步. 中国文化研究，2002（3）：6-14.
② 习近平. 文明交流互鉴是推动人类文明进步和世界和平发展的重要动力.（2019-05-01）[2022-08-14]. https://www.gov.cn/xinwen/2019-05/01/content_5388073.htm.
③ 习近平. 纪念孔子诞辰 2565 周年国际学术研讨会讲话.（2014-09-24）[2022-08-14]. http://www.gov.cn/xinwen/2014-09/24/content_2755666.htm.

中国的各个领域，中国传统文化遭遇了前所未有的困惑与挑战，随着人们对东西文化差异的关切以及对未来中国文化走向的探索，中国与世界文化关系的研究成为"热点"，这也引导学界反思中西文化交流的历史，并且逐步酝酿出一门新的学科——中西交通史，同时分享本学科先驱张星烺、向达、方豪、阎宗临等学者的研究经历和贡献。（3）以文本阅读的方式探讨本课程的当代价值。重温习近平总书记的讲话，深刻理解文明交流互鉴的重要思想。（4）反思与总结。课后根据课堂授课和讨论内容，树立课程学习目标，确立本学期研究主题。

2.追寻中西交流历史足迹，引导学生以史为鉴，树立正确的价值观

课程点面结合，引导学生以正确的价值取向探究不同阶段中西文化交流的重要事件和人物事迹，构建中外文化交流的话语体系。课程教学围绕中西文化交流内容中的"早期、明末清初、清末民初"三个阶段，并且以"西学东渐"和"东学西渐"两大模块为核心，其中涉及张骞出使西域、丝绸之路的变迁、明末清初西学的早期传播、18世纪欧洲"中国热"、清末民初西学的再次传播。在风云变幻的历史进程中，中外文明交流互鉴频繁展开，这其中有冲突、矛盾、疑惑、拒绝，但更多是学习、消化、融合、创新。[①]

课程引导学生组织课程学习小组，研究各历史事件，阅读文本，分析人物功绩和局限，并且在教学内容中以不同方法融入思政元素：

（1）鼓励学生研究丝绸之路的历史变迁，学习国家"一带一路"倡议的历史依据和现实动力，以有效地激发学生的当代关切。

丝绸之路最初是运输中国古代出产的丝绸的通道，之后成为沟通东西方之间经济、政治、文化的主要渠道，呈现了不同文明和国家、地区之间交流互鉴的历史画卷。课程将丝绸之路的历史变迁与当代"一带一路"倡议相结合，使学生了解中华民族对于中外文化交流的重大贡献，激发民族自豪感和文化自信，引发学生深刻理解当下共建"一带一路"所秉持的丝路精神，符合各国人民的共同愿望，顺应时代发展潮流，展现了大国自信和担当。

（2）从明代和平之旅"郑和下西洋"中展示中国自古以来和平友好的形象，为反击"中国威胁论"提供切实的历史依据和话语准备。

明朝中期，中国的综合实力位居世界前列，但中国人并未恃强凌弱。郑和下西洋是世界上公认的和平之旅。28年间，郑和船队始终奉行"共享太平之福"的对外政策，通过多种形式与当地开展双边贸易，平等互利，互通有无，发展与沿线国家的友好关系，构筑友谊之桥，树立了中国和平友好的形象。

---

① 习近平. 文明交流互鉴是推动人类文明进步和世界和平发展的重要动力.（2019—05—01）[2022—08—14].
https://www.gov.cn/xinwen/2019-05/01/content_5388073.htm.

马克思主义经典作家认为"世界文化交流伴随着资本主义'血'与'火'的对外殖民扩张"①。伴随着地理大发现，欧洲国家开始了席卷全球的殖民运动，他们大肆掠夺当地资源，甚至杀戮土著居民，摧毁土著文化。当西方强势文化和处于相对劣势的他国文化相遇时，西方文化展示了其咄咄逼人的一面。

本课程要让学生深刻意识到文化、文明交流可能存在的不同模式，这一进程中有友好往来，也有血雨腥风，而中华民族始终秉承"和而不同"的理念，谋求与周边国家友好相处，这一传统至今仍然深刻地影响着中国人的对外交往模式和当今的外交政策。

（3）以教师讲授、课堂讨论、学生课后研读的方式，引导学生客观、理智地分析"西学东渐"和"东学西渐"历史过程和重要人物，培养批判式分析的思维方式。

"西学东渐"和"东学西渐"是中西交往中两种互为补充、让彼此增进了解的文化交流活动。"西学东渐"是指明末清初以及晚清民初两个时期西方学术思想向中国传播的历史过程，与此对应的"东学西渐"指中国学术思想在西方的传播。

在这两大模块的讲解中，教师把讲授与学生小组课前自主研读文献、讨论及课堂展示相结合，通过史料的查询、人物故事的讲述、典籍的阅读，追溯"西学东渐"和"东学西渐"产生的社会背景、历史逻辑，探讨其重要意义，并且认真反思其中的成败得失，引导学生客观、理性看待基督教传教士的角色。客观上他们向中国传播了西学，其根本宗旨是传播基督教义，吸纳信徒，其对当时中国社会的宗教渗透不能小觑。通过分析"礼仪之争"的背景与影响，分析其中的文化、宗教冲突，客观评价当时清朝统治者为维护国家尊严、防止宗教渗透，从而禁止基督教传播的历史必然性，也提醒学生提高政治敏感性，抵制境内外少数人以宗教为幌子进行的意识形态渗透活动。教师鼓励学生在课程上直面不同文化交流碰撞中的矛盾、冲突、融合与沟通，为克服可能面临的各种障碍做好准备。学生既要加深对全球各地多元文化的了解，也要学习异质文化对中国文化的认知和描述。

本部分内容中，学生共做了15个专题的小组研究、讨论、课堂展示和辩论，课后每位学生也上交了课程感悟，他们感怀先辈们创立学科的学术视野，惊叹中西文化碰撞、沟通中的异彩纷呈的历史事件，更为在历史进程中为融通中外文明、助力民心相通的中外先驱者的历史功绩而感动。

3. 挖掘课程的浙大元素，提升学生对浙大精神的理解

在课程的"中英交流"一节中，教师以英国著名学者李约瑟（Joseph

---

① 张殿军 . 马克思恩格斯视域中的世界文化交流思想 . 武汉科技大学学报（社会科学版），2010（2）：80.

Needham）到访浙大为教学案例。1944年4月和10月，李约瑟两次自重庆到访位于遵义的浙江大学，由竺可桢校长亲自接待。他为师生作了《战时与平时之国际科学合作》的演讲，他的精彩演讲带来了国际和平主义者的声音，也鼓舞了浙大师生坚持抗战的士气和坚持教学、科研的热情。浙大师生们也向李约瑟展示了在战时极度艰苦的条件下，大家依然有序开展教学科研活动，保持了浙大浓厚的学术氛围。学者束星北的《加速系统的相对论转换公式》、王淦昌的《中子的放射性》等5篇论文给李约瑟留下了深刻的印象，后来他把它们带到伦敦，发表在英国《自然》杂志上。[①]

课程引入这一浙大对外交流史上的重要事件和人物，有助于当下学生了解浙大办学历程和坚持开放办学的教学理念，增强自豪感，汲取前辈不畏艰险、坚守科研和教学的坚忍不拔的精神，传承浙大精神，为中华民族的伟大复兴而奋斗。

三、课程启示与结论

通过几年来开设"中西文化交流史"课程的思政教学实践，我们得到以下几点启示：

第一，教学理念和模式转变是课程思政有效开展的重要基础。

课程要从单纯以知识传授为主导的"教学模式"向价值观引领的"外语教育模式"转化，突出课程"立德树人"的根本目标。文化交流课程会涉及中西经济贸易往来、外交关系、学术交流、文化传播等多方面内容，学生会接触到因中外政治、经济、宗教信仰、意识形态等多方面差异而导致的交流障碍和冲突。因此，教师要针对学生的涉外专业特点，通过展示中外文化交流历史进程中的重大历史事件和重要人物，引导他们认真从历史的经验教训中反思、分析当代中外交流所面临的挑战，形成自身广博而开放的民族心态，增强对异质文化的理解和宽容，以更有效地吸收外来文化优秀成果，以丰富、弘扬中国文化优良传统。

第二，多种教学方式的融合是确保课程思政课程有效开展的核心环节。

课程思政需要融合多种教学方法，将显性和隐性方式相结合，教学内容要保持静态与动态相结合。课程思政实施需要融合多种教学方法，把思想政治教育资源有效地植入学生的心灵。在教学中，除了依靠显性教育手段外，更需巧妙地在课程中植入思政元素，以"春风化雨"的隐性教育方式触动、感动学生，引导他们自主研究、体会，培养批判分析能力。

---

① 万润龙. 李约瑟与东方剑桥.（2007-05-18）[2022-08-14]. http://www.news.zju.edu.cn/2007/0518/c775a732 56/page.htm.

就文化交流课程而言，史学部分的内容相对固定，是教学中相对"静态"的部分，而全球化的世界文化交流不断呈现新的内容和方式，教师需要时刻关注、分析中外交流的发展、变化，汲取、挖掘课程思政教学元素，在课程中融入"当代元素"，保持课程的相对"动态"更新。

第三，授课教师的政治修养、专业知识、沟通能力是课程思政开展的有效保障。

教师需具有政治担当、社会责任感和良好的学术素养和视野，要对所讲授课程内容有较为全面且深入的研究，提高对外来文化的敏锐性，特别要做好言传身教，善于分享自身的对外交流经验、故事，以激发学生的学习兴趣，做好学生成长的引路人，为学生未来从事对外文化交流工作打好基础。

结　语

面对国内外形势的深刻变化和中西文化交流所面临的挑战，外国语学院文化交流课程思政要潜移默化地培养学生以理性思维、正确价值观融通中外文化，以批判性思维汲取中外交流中历史的经验与教训的能力，使学生在历史视野中理解和思考不同文明互鉴和交流的重要内涵和意义，以更好地承担自己在中华民族伟大复兴中的使命和职责，推动人类社会的进步。

参考文献

Russell, B. *The Problem of China*. London: George Allen & Unwin Ltd., 1922.

曹文泽. 以"课程思政"为抓手创新育人手段. 学习时报, 2016-12-26（8）.

邓世平. 探索新文科背景下高校外语课程思政改革的路径——"新文科背景下高等院校外语课程思政与通识教育"专题学术论坛与综述. 北京第二外国语学院学报, 2021（2）: 111-115.

高德毅, 宗爱东. 课程思政: 有效发挥课堂育人主渠道作用的必然选择. 思想理论教育导刊, 2017（1）: 31-35.

黄国文, 肖琼. 外语课程思政建设六要素. 中国外语, 2021（2）: 10-15.

教育部关于印发《高校学校课程思政建设指导纲要》的通知.（2020-06-01）[2022-08-14].

http://www.moe.gov.cn/srcsite/A08/s7056/202006/t20200603_462437.html?from=timeline &isappinstalled=0.

罗良功.外语专业课程的本、质、量.中国外语,2021（2）:60-64.

毛静,李瑞琴."三全育人"背景下课程思政教学理念与实践方式探索.国家教育行政学院学报,2020（7）:78-64.

汤一介.文化交流与人类文明进步.中国文化研究,2002（3）:6-14.

万润龙.李约瑟与东方剑桥.（2007-05-18）[2022-08-14].http://www.news.zju.edu.cn/2007/0518/c775a73256/page.htm.

王雪梅,霍炜.高校外语课程思政研究综述（2018—2021）.上海理工大学学报（社会科学版）,2021（4）:309-314.

文秋芳.大学外语课程思政的内涵和实施框架.中国外语,2021（2）:47-52.

伍醒,顾建民."课程思政"理念的历史逻辑、制度诉求与行动路向.大学教育科学,2019（3）:54-60.

肖琼,黄国文.关于外语课程思政建设的思考.中国外语,2020（5）:10-14.

习近平.加强合作推动全球治理体系变革　共同促进人类和平与发展崇高事业.（2016-09-27）[2022-08-14].http://news.cctv.com/2016/09/28/ARTIYgt7 Hn35aqRG1GpFs YUx160928.shtml.

习近平.文明交流互鉴是推动人类文明进步和世界和平发展的重要动力.（2019-05-01）[2022-08-14].https://www.gov.cn/xinwen/2019-05/01/content_5388073.htm.

习近平.纪念孔子诞辰2565周年国际学术研讨会讲话.（2014-09-24）[2022-08-14].http://www.gov.cn/xinwen/2014-09/24/content_2755666.htm.

习近平.把思想政治工作贯穿教育教学全过程 开创我国高等教育事业发展新局面.人民日报.2016-12-09（1）.

习近平.2018年教育工作讲话.（2018-09-10）[2022-08-14].http://www.gov.cn/xinwen/2018-09/10/content_5320835.htm?tdsourcetag=s_pctim_aiomsg.

习近平.2019年学校思想政治理论课教师会议讲话.（2019-03-18）[2022-08-14].http://theory.people.com.cn/n1/2019/0319/c148980-30983374.html.

徐梦秋.从高校名师课程看课程思政的要素与特征.中国大学教学,2021（7）:93-96.

杨金才.外语教育"课程思政"之我见.外语教学理论与实践,2020（4）:48-51.

尹晶.经典阅读与思政教育——英国文学课程思政体系之尝试性建构.中国外语,2021（2）:84-90.

张殿军.马克思恩格斯视域中的世界文化交流思想.武汉科技大学学报（社会科学版）,2010（2）:80-85.

张敬源,王娜.外语"课程思政"建设——内涵、原则与路径探析.中国外语,2020（5）:15-20+29.

作者简介

傅政，浙江大学外国语学院副教授，博士。研究领域包括第二语言教学、跨文化交流、中西文化教育交流史。本文系浙江大学本科课程思政示范课程培育项目的阶段性成果。

高素质新型涉外人才培养的课程思政要素

李　佳

【摘　要】　在推动"人类命运共同体"理念、"共商共建共享"的全球治理观和"一带一路"倡议走深走实的进程中，推动具有全球胜任力的新型涉外人才的系统性培养，尤其需要夯实其品格基础和思政涵养。本文在简单回顾改革开放以来我国涉外人才培养工作的基础上，基于国内外文献梳理了高素质涉外人才的素养基础，发现无论是我国对于新型高素质涉外人才的培养，还是国际上通行的"国际胜任力"人才培养，都具备其特定和必要的价值观、世界观内核，并在人才素养中被得以专门强调。进而基于人才自主培养理念，认为政治坚定、道德完善、具备规则意识、具有多元和包容品格等思政要素是在高素质新型涉外人才培养中所需植入的灵魂并需形成相应的育人土壤。本文提出了我国高素质新型涉外人才培养的思政要素："热爱祖国"的政治要强、"关怀人类"的情怀要深、"参与国际"的思维要新、"治理全球"的视野要广、"为人行事"的人格要正。

【关键词】　高素质新型涉外人才；课程思政；思政要素

引　言

课程思政将课程的教学目标与育人目标有机统一，通过课程承载思政，将思政融入课程，实现知识传授与价值引领的良性互动，进而实现立德树人效果。课程思政是高等教育课程教学范式的转型，为当前高等教育的专业教育提供了新的向度、注入了新的要素、提出了新的标准和要求，在各类人才培养上具有建设性意义。

立足于"百年未有之大变局"的时代情景，全球体系进入了一个新的历史起点和发展阶段，我国也步入更积极地参与甚至引领全球治理的新阶段。伴随着"人类命运共同体"理念、"共商共建共享"的全球治理观的提出和"一带一路"倡议的走深走实，具有全球胜任力的新型涉外人才的系统性培养尤其需要夯实其品格基础和思政涵养。政治坚定、道德完善、具备规则和诚信意识、具有多元和包容品格等思政要素是高素质新型涉外人才培养的灵魂及其必须形成的育人土壤。

一、我国涉外人才培养的时代内容

我国涉外人才的类型和培养战略随时代发展而变迁。改革开放至今，体现出三个明显的阶段性特征。一是改革开放初期，涉外人才培养主要集中在外语和涉外商务领域，外语能力是衡量人才国际化的最主要标准；以"引进来"为主要路径吸引海外人才是推行国际化的重要手段。至 20 世纪 90 年代，社会主义市场经济发展，国内外市场开始扩大交流，国内相关企业和高校进一步加大了对海外人才引进的力度。与此同时，国内开始兴起国际化相关研究，通过对发达国家国际化案例进行研究，提出国际化人才还需具备适应异文化的能力[①]。二是步入 21 世纪后，尤其是 2001 年中国加入世界贸易组织（World Trade Organization，WTO）后，伴随人才强国战略的提出，加快涉外人才培养的呼声进一步高涨，不同领域都开启了国际化试验。在这一阶段，知识水平，包括语言能力、专业水平、信息技术被认为是国际化人才的必要要素，并逐渐开始强调国际意识、创新能力等要素的重要性。2010 年，《国家中长期教育改革和发展规划纲要（2010—2020 年）》明确提出，要"培养大批具有国际视野、通晓国际规则、能够参与国际事务与国际竞争的国际化人才"[②]。三是党的十八大以来，全球化进程进入新阶段，国际形势更加复杂，大国博弈和大国竞争更为激烈，世界正在形成新的政治、经济、社会、文化生态。[③] 在国际国内政治经济相互依赖、互相交织的当下，"百年未有之大变局"内含对国际国内环境的全新判断：一是这一过程时间跨度之长，二是变革之巨大，三是变局之不确定性。在此背景下，如何以内部的确定性应对外部的不确定性，如何在国际国内交织互动的格局中更为审慎、智慧、有为，如何在引领全球安全和发展中承担大国责任、彰显大国智慧？这对我国涉外人才的培养提出更高的要求。具体而言，这种"新型涉外人才"之新聚焦于以下新的时代内容：一是对"从顺应国际规则到主动参与国际规则的改革"这一议题的回应，二

---

① 周松兰. 韩国企业的国际化人才战略. 中外企业文化，1997（11）：32-33.
② 国家中长期教育改革和发展规划纲要（2010—2020 年）.（2010-07-29）[2022-08-20]. http://www.moe.gov.cn/jyb_xwfb/s6052/moe_838/201008/t20100802_93704.html.
③ 高祖贵. 世界百年未有之大变局的丰富内涵. 学习时报，2019-01-21（1）.

是对我国新一轮的高水平对外开放的回应，三是对"一带一路"倡议不断走深走实、推进构建"人类命运共同体"等新理念、新方案、新路径的回应，四是在传统国际商务贸易领域之外，也对国际组织、国际政治经济、国际安全、全球治理、国际公共政策、新国情、新经济、新技术等更为立体和全面的涉外人才培养提出了新要求，对涉外人才提出了新的战略性使命。

二、高素质涉外人才的素养基质

伴随着世界格局的变化和我国新一轮更高水平更高质量的改革开放要求，高素质新型涉外人才成为国家的战略性基础资源。高素质新型涉外人才，是指"熟悉党和国家方针政策、了解我国国情、具有全球视野、熟练运用外语、通晓国际规则、精通国际谈判的专业人才"[1]。根据我国当前的国情需求及涉外人才的服务面向，本文将之概括为以下几类：第一类人才服务于国家涉外部门，比如外交部、国家国际发展合作署等涉外部委，以及商务部、国家发改委等国际司局；第二类人才具备国际胜任力，服务于联合国系统、区域组织和专业专门性国际组织，以及广大有影响力的国际非政府组织；第三类人才服务于"中国企业走出去"，参与涉外工程建设、国际经济贸易领域、"一带一路"建设等；第四类人才服务于新型涉外人才教育和培养，比如国际教育、国际法、国际胜任力领域的教学研究。

关于高素质新型涉外人才的基本素养，我国学界和实务界形成了一定共识。比如滕珺提出了国际组织人才十大基本素养：（1）民族文化身份认同；（2）尊重多元文化的价值观；（3）客户和目标取向的思维方式；（4）语言沟通能力；（5）信息技术运用能力；（6）团队合作能力；（7）组织、计划、管理与领导力；（8）主动开放、认真负责、灵活应变、积极抗压的个性特征；（9）学习意愿和持续学习的能力；（10）专业精神和专业知识。[2] 常伟民关注外交人才，指出政治素质、道德素质、知识结构、业务技能是外交素质的上层建筑，而其中政治素质和道德素质占据最重要的地位。[3] 张利明提出了大型企业的国际化人才的素质要求：（1）具有家国情怀，同时面向世界，能在全球制造业激烈竞争中积极响应"一带一路"倡议、"中国制造 2025"行动纲领等国家号召；（2）具备国际化视野与合作能力，能在实践中帮助我国企业的管理模式融入不同国家和地区；（3）掌握较强

① 加强合作推动全球治理体系变革 共同促进人类和平与发展崇高事业 . 理论学习，2016（10）：1.
② 滕珺 . 国际组织人才十大核心素养 . 辽宁教育，2015（5）：40–41.
③ 常伟民 . 外交人才就业的基本素质要求及培养探析 . 中国大学生就业，2015（13）：48–55.

的语言能力并擅于沟通，能在境外工作，与当地社会、员工有良好交流；（4）承载企业文化，能够积极参与国际市场开拓、合规经营，为企业和中国代言。[1] 此外，越来越多的企业在海外岗位招聘过程中更注重对未来职员的政治素养和职业道德的考察，并进一步评估其促进企业和国家发展的潜力。

而从国际来看，2012 年由联合国秘书处发布的《联合国胜任力报告》指出，联合国在选拔人才时主要考察被选拔者的三大核心价值、八大核心胜任力及六大核心管理胜任力。[2] 其中，组织的核心价值观为支持组织工作的共同原则和信念，指导所有工作人员的行动和行为；组织的核心胜任力是对所有工作人员都很重要的技能、特质和行为；管理胜任力是对负有管理或监督责任的工作人员来说至关重要的技能、属性和行为。其具体胜任构成见表 1。

表 1　联合国胜任力模型核心指标

核心价值观 Core Value	核心胜任力 Core Competencies	管理胜任力 Managerial Competencies
正直 Integrity	交流能力 Communication	富有远见 Vision
专业 Professionalism	团队合作能力 Teamwork	领导力 Leadership
尊重多样性 Respect for Diversity	计划与组织能力 Planning & Organizing	赋权予他人 Empowering Others
	责任心 Accountability	绩效管理 Managing Performance
	客户导向性 Client Orientation	建立信任 Building Trust
	创造力 Creativity	决策力 Judgement / Decision Making
	技术意识 Technological Awareness	
	持续学习能力 Commitment to Continuous Learning	

除联合国外，其他国际组织和跨国公司也基于组织宗旨和管理模式提出了胜任力要求。比如：经济合作与发展组织（Organization for Economic Cooperation and Development，OECD）提出其核心价值为目标导向（以证据为基础提供独立的分析和建议）、开放（鼓励就关键的全球问题进行辩论并达成共识）、大胆（敢

---

①　张利明. 大型企业国际化人才培养模式的实践与探讨. 中国培训, 2019（8）：46-47.
②　UN General Assembly Secretary-General. *United Nations Competencies for the Future*. [2022-08-20]. http://careers. un.org/lbw/attachments/competencies_booklet_en.pdf.

于挑战传统智慧）、先锋性（勇于应对新出现的和长期的挑战）以及有道德（在信任、正直和透明的基础上建立信任）。[1] 世界银行（World Bank，WB）则提出其价值在于影响（帮助客户解决最大的发展挑战）、正直（做正确的事）、尊重（关心世界人民、客户、合作伙伴和地球）、团队合作（共同努力实现目标）和创新（学习和适应，以找到更好的做事方式）。[2] 国际非政府组织绿色和平组织（Greenpeace）提出承诺和专业精神（Commitment and Professionalism）、全球化思维方式（Global Mindset）、信任与尊重（Trust and Respect）、以人为本（Value People）、知识共享（Knowledge-sharing）、目标导向（Goal Orientated）、尖端（Cutting Edge）为导向的人才要求。[3]

除此之外，在国际教育学界，"全球胜任力"概念的提出者、时任美国国家外语中心名誉主任的理查德·兰伯特（Richard D. Lambert）在 1993 年第 46 届教育交流国际会议上提出了全球胜任力的五大要素，分别是：知识、同理心、支持、外语能力和工作表现。[4] 2004 年，美国理海大学的威廉姆·亨特（William D. Hunter）博士针对高等教育机构的 133 名国际教育工作者以及跨国集团的 42 名人力资源总监进行了问卷调查，并对其中的部分人员进行深入走访调研。他提出，"全球胜任力"是指"具备开放的心态，同时积极地去理解其他人的文化规范与期望，利用已获得的知识与自身环境之外的人进行交往、交流并有效地开展工作的能力"。[5] 2017 年 12 月 12 日，经济合作与发展组织教育与技能司和哈佛大学教育研究生院联合发布了《PISA 全球胜任力框架》，开启了国际学生的"全球胜任力"评估。该框架以知识、技能、态度和价值为基础构建了四个维度：能够体察本土、全球和跨文化问题；能够理解并欣赏他者的观点和世界观；参与开放、得体并有效的跨文化互动；能够为集体福祉和可持续发展采取负责任的行动。[6]

可见，无论是我国对于新型高素质涉外人才的培养，还是国际上通行的"国际胜任力"人才培养，都具备其特定和必要的价值观、世界观内核，并在人才素养中被专门强调。比如联合国强调的正直、专业、尊重多样性，经济合作与发展

① 根据 OECD 官网整理，http://www.oecd.org/about/how-we-work/，访问时间 2021 年 2 月 27 日。
② 根据 World bank 官网整理，https://www.worldbank.org/en/about/mission/brief/a-values-based-world-bank-group，访问时间 2022 年 8 月 20 日。
③ 根据 Greenpeace 官网整理，https://www.greenpeace.org/international/explore/about/values/，访问时间 2022 年 8 月 20 日。
④ Lamber, R. D., Riley, R. W. et al. *Educational Exchange and Global Competence*. The 46th International Conference on Educational Exchange. Washington, D. C., 1993.
⑤ Hunter, W. D. *Knowledge, Skills, Attitudes, and Experiences Necessary to Become Globally Competent*. America: Lehigh University(Doctoral Dissertation), 2004: 1.
⑥ Preparing our youth for an inclusive and sustainable world, The OECD PISA global competence framework. https://www.oecd.org/pisa/Handbook-PISA-2018-Global-Competence.pdf.

组织提出的勇于挑战、有道德，世界银行提出的正直、尊重、团队合作，绿色和平组织提出的信任与尊重、以人为本，以及其他组织和机构提出的同理心、开放心态、欣赏他者、跨文化互动等。而国内学者也强调了诸如民族文化身份认同、尊重多元文化、团队合作、主动开放、积极抗压、合规意识等政治素养和道德要求。可以说，以价值观为核心的思想政治素养被不断强调，凸显了新时代育人之本、铸魂之基。

三、高素质新型涉外人才培养的课程思政要素

习近平总书记指出："我们正在为实现'两个一百年'奋斗目标而努力。未来 30 年，我们培养的人要能够完成'两个一百年'的伟业。这就是教育的历史责任。我们党立志于中华民族千秋伟业，必须培养一代又一代拥护中国共产党领导和我国社会主义制度、立志为中国特色社会主义事业奋斗终身的有用人才。"[1] 国家对课程思政建设提出了明确要求。2017 年 12 月，教育部印发《高校思想政治工作质量提升工程实施纲要》，提出要切实构建"十大育人体系"，其中第一项就是构建课程育人质量提升体系，推进以"课程思政"为目标的课堂教学改革。[2] 教育部于 2018 年 9 月发布《关于加快建设高水平本科教育全面提高人才培养能力的意见》，进一步强调"着力推动高校全面加强课程思政建设，做好整体设计，根据不同专业人才培养特点和专业能力素质要求，科学合理设计课程思政教育内容"[3]。

比照高素质新型涉外人才的要求，当前人才的短板体现为：一是人才知识体系不健全，比如外语类人才通常对国际规则和国际政治、经济、安全欠了解，对具体的区域国别了解不深入，缺乏复合型专门知识，进入某领域开展深入工作有一定障碍；二是文化和政策表达能力有限，一些即使语言水平高的学生也难以在国际交往中"讲好中国故事"、做好跨文化交际、娴熟于政策分析和论辩；三是国际视野和全球意识、人类关切亟需提升，致力于高层次涉外工作的理想和使命感不足；四是对"当代中国"相关内容缺乏相应了解。此外，以往的培养方案和课程体系对于国际化人才的培养，在中国和世界的关系中，"重西方轻中国"的现象广泛存在，在所谓"中心—边缘"的国际体系中，重"西方中心"轻"西方之外

① 习近平. 思政课是落实立德树人根本任务的关键课程. 实践（党的教育版），2020（09）：5.
② 中共教育部党组关于印发《高校思想政治工作质量提升工程实施纲要》的通知.（2017-12-05）[2022-08-02]. http://www.moe.gov.cn/srcsite/A12/s7060/201712/t20171206_320698.html.
③ 教育部关于加快建设高水平本科教育全面提高人才培养能力的意见.（2018-10-08）[2022-08-02]. http://www.moe.gov.cn/srcsite/A08/s7056/201810/t20181017_351887.html.

的世界"的现象广泛存在，学生对中国了解不够，对西方之外的世界了解不够，难以有效处理"中国和世界""中国和西方""西方和非西方"的辩证关系，难以在国际舞台上进行双向多维平等交流互动。

课程思政在人才培养上具有先导性、基础性和实践性，课程思政为弥补现有人才培养的短板提供了向导和新通道，高素质新型涉外人才必备的思政要素是人才培养中必须融入的关键内容，也是人才成长的铸魂之基。高素质新型涉外人才的思政要素，除了具备国际化、专业精神等基本价值观和职业精神外，在政治素养、国际视野、人格特质等方面也要具有自身的特有性。

一是"热爱祖国"的意识要强。涉外工作涉及国家在广泛国际场域的诸多利益以及国家安全和国家形象等，是国家软硬实力的重要组成部分。新型涉外人才要适应新时代、新变局、新的国际国内大环境，厚植"热爱祖国、热爱人民"的底线意识，树立国家安全意识，树立国家形象意识；能扎根中国土壤、扎根中国历史文化、熟谙当代中国，厚植家国情怀；有中国心、中国情，充满对祖国的尊重。

二是"关怀人类"的情怀要深。要能关注人类社会重大问题，树立使命意识和理想信念。要在国际舞台使得"人类命运共同体"理念获得广泛认同，实现其从概念和原理转向实践和"故事"，更要充满对人类共同价值的尊重和维护，如对生命的尊重、规则的尊重、和平的尊重、对竞争与合作的尊重、对异质文化的理解和尊重。

三是"参与国际"的思维要新。安全问题、发展问题、环境能源问题、新科技发展等给国际社会带来全新的机遇和挑战，要紧扣全球发展前沿，树立全球视野和前瞻性，建构国际国内融合的知识体系，形成面对新技术、新秩序、新规则的新思维；要乐于思索解决这些问题的技术路径、价值取向和政策路径，形成面对复杂国际关系的深层次、多维度、创新性思维；要秉持跨文化意识，遵守国际规则，具备专业精神。

四是"治理全球"的视野要广。要形成广阔的全球视野，其中包括三个方面：（1）对西方的客观认知和了解，取长补短，具备批判性思维；（2）对全球议题的中国方案、中国经验的理解和思考，增加"四个自信"，形成从中国视角、中国理论认识和分析全球治理的视野；（3）对西方世界之外的广大区域国别的了解，并形成创造性活力和青年领导力，树立服务和奉献广大非西方世界的意识，树立用实际行动推动"一带一路"走深走实的使命感。

五是"为人行事"的人格要正。作为"中国人"的人格要正，能在国际舞台展现中国人的仁、义、礼、智、信等品格要素；作为"国际化人才"的人格要正，比如具备规则和诚信意识、具有多元和包容品格、具备对人类的关怀、具备对

人类共同价值的恪守意识。同时，要形成自律意识，能深刻理解科技与政治的
互动、商业与政治的互动、文化与政治的互动，具备公共外交意识和公众形象
意识。

结　语

　　无论中外，价值观、世界观和人生观培养都是国际化人才培养的必要组成部
分。课程思政是我国在新时代实现高素质新型涉外人才培养的有效通道和必要工
作，在本质上有助于实现育人价值和知识价值的有机统一和良性互动。由于涉外
人才涉及政府部门、市场部门、社会组织等诸多主体，其思政要素在遵循其自身
专业领域价值观和职业精神的同时，要特别强调"国际化、全球化、全人类"的
意识和视野，同时达成与"中国化"的平衡，并在此过程中形成责任担当、奉献
精神、家国情怀、国际视野、全球关切、人类命运共同体意识等价值体系和思维
方式，进而让涉外人才在陌生或复杂的国际环境中找到自我定位，肩负起建设祖
国、服务人类的使命。

参考文献

Hunter, W. D. *Knowledge, Skills, Attitudes, and Experiences Necessary to Become Globally Competent*. America:Lehigh University(Doctoral Dissertation), 2004.

Lamber, R. D., Riley, R. W. et al. *Educational Exchange and Global Competence*. The 46th International Conference on Educational Exchange. Washington, D.C., 1993.

Preparing our youth for an inclusive and sustainable world, The OECD PISA global competence framework. https://www.oecd.org/pisa/Handbook-PISA-2018-Global-Competence.pdf.

UN General Assembly Secretary-General. United Nations Competencies for the Future. [2022-08-20]. http://careers.un.org/lbw/attachments/competencies_booklet_en.pdf..

常伟民.外交人才就业的基本素质要求及培养探析.中国大学生就业,2015（13）:48-55.

高祖贵.世界百年未有之大变局的丰富内涵.学习时报,2019-01-21(1).

国家中长期教育改革和发展规划纲要（2010—2020 年）.（2010-07-29）[2022-08-20]. http://www.moe.gov.cn/jyb_xwfb/s6052/moe_838/201008/t20100802_93704.html.

加强合作推动全球治理体系变革　共同促进人类和平与发展崇高事业.理论学习,2016

（10）：1.

教育部关于加快建设高水平本科教育全面提高人才培养能力的意见 .（2018-10-08）[2022-
08-02]. http://www.moe.gov.cn/srcsite/A08/s7056/201810/t20181017_351887.html.

滕珺 . 国际组织人才十大核心素养 . 辽宁教育，2015（5）：40-41.

习近平 . 思政课是落实立德树人根本任务的关键课程 . 实践（党的教育版），2020（09）：5.

张利明 . 大型企业国际化人才培养模式的实践与探讨 . 中国培训，2019（8）：46-47.

中共教育部党组关于印发《高校思想政治工作质量提升工程实施纲要》的通知 .（2017-12-
05）[2022-08-02]. http://www.moe.gov.cn/srcsite/A12/s7060/201712/t20171206_320698.
html.

周松兰 . 韩国企业的国际化人才战略 . 中外企业文化，1997（11）：32-33.

作者简介

李佳，浙江大学外国语学院副教授，硕士生导师，博士。浙江大学学生国际化能力培养基地秘书处执行主任、跨文化与区域研究所副所长。主要研究方向为国际组织和全球治理，非传统安全治理及国际合作。获省部级研究奖 2 项，省级教学成果奖 1 项。主持多项国家社科基金项目、国家社科基金重大项目子课题。著有《人的安全：理念、评估与治理模式重塑》；译有《人的安全：概念及应用》《全球转型：历史、现代性与国际关系的形成》。本文是中国教育发展战略学会年度课题"国际组织理论图谱及学科发展对策研究"、教育部首批新文科研究与改革实践项目"高素质涉外人才培养创新与实践"的阶段性成果。

新文科背景下区域国别类课程思政实践探究
——以"法语国家与地区研究"为例

张　芳

【摘　要】　在全面推动高校课程思政建设的大背景下，如何"溶盐于水"地将思想政治教育融入知识教授中，是每一名教师应该思考的问题。随着新文科建设的全面启动，外语学科的建设也面临着新机遇和新挑战。区域国别研究作为外语学科中的研究方向，相关的课程建设和教学实践值得系统探究。本文首先分析了在区域国别类课程中进行课程思政的可行性和必要性，并以"法语国家和地区研究"为例，探讨了区域国别类课程思政的现状、教学理念以及其中蕴含的思政元素。在教学过程中，教师应该根据教学内容和时事热点问题，系统且灵活地做好教学设计和规划，同时要以学生为中心，充分调动学生的学习热情以达到课程育人的目的。

【关键词】　区域国别课程；课程思政；思政元素；课程育人

引　言

在世界百年未有之大变局的背景下，世界格局发生重大变化，我国的对外交流活动不断增加，对国别与区域研究的需求也日渐凸显。开展区域国别研究工作，培养区域国别人才，对于服务国家战略和外交大局，全面推进"一带一路"建设，具有重要的战略性意义。外语专业因其专业特点，在区域国别研究中有语言优势，因此外语专业都会开设区域国别类课程。2020年发布的《普通高等学校本科法语专业教学指南》中明确了法语专业的学科基础包括"语言学、法语文学、翻译学、国别与区域研究、比较文学与跨文化研究等"①。"法语国家与地区研究"课程作为法语专业的学科基础课程，可以帮助学生了解法语国家和地区的基础知识，培养和提高学生跨文化交际能力，使学生具有正确的世界观和国际视野，满足国际社会经济发展需要。

2020年，教育部印发《高等学校课程思政建设指导纲要》，要求"把思想政治教育贯穿人才培养体系，全面推进高校课程思政建设，发挥好每门课程的育人作用，提高高校人才培养质量"②。因此，深挖区域国别类课程中的思政元素，提炼课程中蕴含的思想价值是教学实践中的重点。要发挥好区域国别类课程的育人作用，就应该立足国家战略需求，认真思考"为谁培养人"这个根本问题，强调使命担当、责任意识、家国情怀、全球关切等思政元素，培养既拥有专业能力、地区能力、当地语言能力，又能够立足中国、面向世界、具有全球视野的新时代外语人才。

一、新文科背景下的区域国别研究和区域国别课程

2019年，教育部高等教育司司长吴岩提出"新使命、大格局、新文科、大外语"。他认为："高等外语教育关系到高等教育人才的培养质量，关系到中国同世界各国的交流互鉴，更关系到中国参与全球治理体系的改革建设。"③在此背景下看区域国别研究和区域国别课程更能发现其重要性。区域国别研究是外国语言文学一级学科下新设立的研究方向，而它的本质是交叉学科，研究对象是语言对象国家和地区，研究内容则是国家和地区背后历史学、政治学、地理学、经济学、社会学等交叉融合的综合领域。众多学者对于区域国别学的学科定位和发展方向进行了探讨。钱乘旦提出，区域国别研究的任务和目标是对世界各地区、各国家做全面研究了解，为政府制定政策、民间进行交流提供学术支撑，其特征具有地域性、全面性、跨学科和多学科性以及经验性，他也强调了其交叉性。④李晨阳提出了建设具有中国特色的国别与区域研究范式，认为新时代中国特色国别与区域研究应当在党的统一领导下有序推进，服务国家战略，创新人才培养模式，为国家造就语言和专业水平都较高的复合型人才。⑤赵蓉晖和冯建高则从外语教育

① 教育部高等学校外国语言文学类专业教学指导委员会等 . 普通高等学校本科外国语言文学类专业教学指南（下）. 北京：外语教学与研究出版社，2022: 60.

② 教育部关于印发《高等学校课程思政建设指导纲要》的通知 .（2020–06–01）[2022–08–03]. http://www.moe.gov.cn/srcsite/A08/s7056/202006/t20200603_462437.html?eqid=bc4ffc2f0025ba40000000364292d2e.

③ 吴岩 . 新使命　大格局　新文科　大外语 . 外语教育研究前沿，2019（2）：2.

④ 钱乘旦 . 以学科建设为纲 推进我国区域国别研究 . 大学与学科，2021（4）：82–87.

⑤ 李晨阳 . 关于新时代中国特色国别与区域研究范式的思考 . 世界经济与政治，2019（10）：143–155+160.

的角度探讨了区域国别研究视角下的语言能力的地位与内涵，提出区域国别研究领域的研究者的理想能力模式应该是"专业＋语言"，培养区域国别人才应在明确语言能力地位的前提下将相关研究和人才培养工作推向新阶段。①

由于外国语言文学学科和区域国别研究天然具有联系，因此除了研究生培养外，也会为本科生设置区域国别类课程。此类课程对于本科生来说，更像是一种对于区域国别研究的启蒙，让学生在认识世界、了解世界的同时，能够通晓国际规则，更能熟悉党和国家的对外方针政策。在学习和研究的过程中，课程强调对当下的关注和对未来的思考，引导学生担负起大国崛起和民族复兴的使命。常俊跃和冯光武对构建英语专业本科阶段区域国别教育核心课程体系进行了反思，认为应将区域国别课程系统引入教育课程体系，突破专业局限，服务国家对外发展战略，开阔学生国际视野。② 常晨光等则从课程思政的角度探讨了区域国别类课程中蕴含的思政元素和应该采取的教学手段，认为此类课程因其自身特点，是进行核心价值引领的理想场所，应当系统灵活并因地制宜地进行课程思政建设。③

总的来说，随着我国综合国力的提升，与世界的联系日益广泛，对了解外部世界的需求也不断凸显，区域国别研究迎来发展黄金期，国家需要培养大批具有语言能力和专业素养的研究人才。在新文科建设的大背景下，外国语言文学学科应根据自身专业优势，肩负起为国家培养区域国别人才的使命，在开设区域国别课程时，任课教师应该深入挖掘课程中的思政元素，充分发挥课程的育人作用。

二、课程思政的实施

1. 课程现状

"法语国家与地区研究"是浙江大学外国语学院法语专业本科生的专业选修课，属于外国语学院课程设置的区域与国别模块。在授课过程中存在如下问题：

（1）重介绍轻价值：在授课过程中，侧重对法语国家和地区进行常识性的介绍，强调让学生了解所学区域或国家的风土人情或发展现状，对主流意识形态和价值观的引领重视不足。

（2）重外语应用轻思辨：教学依然侧重传授语言知识和训练语言技能，始终强调学生的外语听说读写能力，没有体现区域国别类课程的特色，对学生跨文化交际能力、思辨及批判能力的培养不够。

① 赵蓉晖，冯健高. 区域国别研究视角下的语言能力：地位与内涵. 外语界，2020（3）：20–28.
② 常俊跃，冯光武. 开展区域国别教育，服务国家对外战略——对构建英语专业本科阶段区域国别教育核心课程体系的思考. 中国外语，2017（3）：4–9.
③ 常晨光，周慧，曾记. 国别与区域研究课程中的课程思政——理念与实践. 中国外语，2021（2）：78–83.

（3）重外国轻中国：此课程的学习对象是法语国家和地区的文学、文化、历史、社会等内容，课程内容缺乏中华文化元素，因此学生对本国国情了解不足，没有中国立场和中国意识，缺乏政治自信和文化自信。

在国家亟需区域国别人才为国家对外发展献计献策的新形势下，传统的教学模式俨然无法充分发挥课程的育人作用，因此我们必须将立德树人作为区域国别类课程教学的根本，合理整合教学资源，挖掘和梳理教学内容中的思政元素，将课程思政贯穿于整个教学过程，以达到培养学生跨文化交际能力、思辨能力及批判能力的目的。

2. 教学理念

新文科建设要求培养的高素质外语人才，指具有全球视野、通晓国际规则、熟练运用外语、精通中外谈判和沟通的国际化人才。进行谈判和沟通，需要学生具有很强的口语表达和思辨能力。要培养学生的思辨能力，最好的方法就是给出开放性的问题，引导学生独立思考，最终依靠自己的能力解决问题。这也正是深度教学理念所追求和期待达到的效果。"深度教学的'深度'是建立在完整地深刻地处理和理解知识的基础之上的。"[①]任课教师首先要对于课程中讲授的内容，即法语国家和地区的国情概况、历史社会、政治经济等有深入了解，在此基础上，以问题导入教学内容。学生为了回答老师提出的问题，则要进行前置学习，通过查阅文献、上网搜索，提前储备与教学内容相关的知识。于是学生在课堂上需要学习的不再是书本上枯燥的文字或是网络搜索就可以查到的内容，而是了解和研究国际社会热点问题的能力。

除了以深度教学为理念，为充分发挥本课程的育人作用，任课教师要尽量丰富教学内容，从课程本身的特征和教学规律出发，充分挖掘法语国家和地区研究中蕴含的思政要素，引导学生从中国立场思考国际社会问题，在拓展国际视野的同时，提升学生的民族自豪感和文化认同感，让学生形成开放包容的跨文化态度以及心怀家国天下的格局和情怀。

3. 教学内容

根据法语国家组织（Organisation internationale de la Francophonie，OIF）的统计，目前全球以法语为官方语言的国家和地区有 29 个，以法语为通用语言的国家和地区有 6 个，其中不包括法国的海外省和海外领地。这些国家和地区分布在欧洲、非洲、美洲、大洋洲，而身处同一大洲的国家和地区在地理、历史、政治方面有一定的相似性，因此在教学过程中，通常会将位于同一大洲的国家和地区进行整合，组成单元，如表 1 所示。

---

① 郭元祥. 论深度教学：源起、基础与理念. 教育研究与实验，2017（3）：8.

表1　课程教学内容划分

所处大洲	以法语为官方语言的国家	以法语为通用语言的国家
欧洲	法国，摩纳哥，瑞士，比利时，卢森堡	安道尔
非洲	刚果（金），刚果（布），科特迪瓦，乍得，卢旺达，中非，多哥，几内亚，马里，布基纳法索，喀麦隆，贝宁，尼日尔，布隆迪，塞内加尔，吉布提，马达加斯加，科摩罗，塞舌尔，加蓬，赤道几内亚	突尼斯，摩洛哥，阿尔及利亚，毛里塔尼亚，毛里求斯
北美洲	加拿大魁北克省，海地	
大洋洲	瓦努阿图	

新文科建设的推进要求我们积极应变，不断创新。虽然市面上有一些关于法语国家和地区概况的教材，但是本课程并没有使用已有教材，而是以上表中罗列的国家和地区为基础，由任课教师自行选取教学素材，因此教学资源包括官方介绍、新闻报道、视频资料等，资源形式相对多样。由于国际局势不断变化，与法语国家和地区有关的社会热点问题也源源不断，任课教师需要紧跟时事，在教学过程中引领学生关注世界，提升社会责任感，拓宽国际视野。

4. 思政框架及教学实践

为确保本课程思政实践的顺利展开，我们参照赵蓉晖教授提出的区域国别研究的能力模型，从"知识基础""信息素质"和"创新思维"三方面来设定课程思政的框架[①]，如表2所示。

表2　课程思政框架

分类	具体内容	育人要素
知识基础	国情区域知识 特定专业知识 其他学科知识	全球关切 家国情怀 理性思维
信息素质	信息获取能力 表达分享能力	自主学习 了解世情、国情、民情
创新思维	发现现实问题 批判思维创新	国家认同 国际理解

本课程以法语国家和地区国情介绍为出发点，因此，在教授知识基础部分时，任课教师需借助历史学、哲学、人类学、社会学、政治学等学科的理论和方法，探讨法语国家和区域的历史文化、政治经济制度和中外关系；在学习过程中，应培养学生的理性思维，对不同媒介获取的信息能够独立思考，并从多角度进行辩证分析。此外，在了解区域和国家的国情时，任课教师要引导学生培养家

---

① 赵蓉晖，冯健高. 区域国别研究视角下的语言能力：地位与内涵. 外语界，2020（3）：23.

国情怀和全球视野。信息素养部分主要体现在教学方法和手段，如我们之前提到的，深度教学可以促进学生的深度学习，在教师的引导下，学生在自主学习的过程中也可以充分了解世情、国情和民情。创新思维部分需要学生结合法语世界的社会热点问题进行思索，在发现和解决现实问题的过程中能够理解国际社会，并提高国家和民族认同。结合教学内容中的 35 个法语国家和地区，我们可以进行不同的教学设计，融入不同的课程思政切入点。以下我们结合课程中对拉丁美洲法语国家海地的介绍，具体阐释本课程的思政教学实践。

海地是拉丁美洲第一个独立共和国，也是首个独立的黑人国家，曾经被称为"加勒比明珠"，但目前，它是拉美最不发达的国家，经济以农业为主，完全依赖国际援助。课前任课老师可以以问题为导入，让学生自行查阅资料，了解这个国家在发展过程中出现问题的原因。

（1）课前导入思政目标：根据教学内容给出思考题。

2021 年 2 月联合国就海地问题召开视频会议，我国驻联合国副代表耿爽严厉批评了这个国家："政治派别争斗不休，政治人物毫不作为，滥权腐败屡禁不止，国家治理几近失败。"事实上，我国在国际舞台上通常是一个温和谦逊的形象，而这一次，为何我国代表会用到如此严厉的措辞？请同学们查阅资料了解海地的国情。

在这一过程中，我们希望培养学生的信息获取能力，并让学生获得国情区域知识。

学生通过查阅资料可以了解海地被殖民以及独立的历程，也会了解到这个国家曾经拥有丰富的自然资源，风景秀丽，还有金矿，但是为了种植咖啡和开采金矿，全国 98% 的森林被砍伐，这无异于竭泽而渔、杀鸡取卵。根据内容，可以将"科学发展观"和"生态文明"确定为本课思政元素，以此作为课程思政的融入点，有针对性地引导学生进行课前预习。

（2）课中内化价值引领：课堂教学的重点在于老师对学生进行价值引领，将思政元素嵌入教学内容中。在对海地这个国家的历史进行介绍时，可以重点介绍前总统弗朗索瓦·杜瓦利埃（François Duvalier），因为他是海地混乱现状的始作俑者。在杜瓦利埃的统治下，海地经济全面崩溃。除讲解和介绍之外，还可以播放视频材料，我们选择了法国拍摄的纪录片《不可思议的旅程》（*Les routes de l'esclavage*），选取其中关于海地公路的介绍，让学生能够更加直观地看到海地糟糕的基础设施建设和国民困苦的生活。结合以上教学内容，教师可以在课堂上设置小组讨论环节，让学生们讨论分析海地经济崩溃的原因，并反思经济发展应该遵循的基本原则——以人为本，全面、协调、可持续地发展。此外，教师还可以在教学过程中引入中国脱贫攻坚和生态文明建设的成功实践，例如贵州山乡苗寨从"贫困边缘"奔向"旅游前沿"、陕西黄土高原退耕还林还草工程、浙江安吉余村的美丽乡村建设，以此为对比，帮助学生更好地理解科学发展观，以及生态文明建设的重要性。在这样的对比中，学生也能够更好地了解中国国情，坚定政治自信、制度自信和道路自信。在课堂教学的过程中，学生可以掌握更多的学科知识，并引发学生对于全球的关切，让学生发现现实中存在的问题，提升理性思维能力。

（3）课后强化思政育人：课后的复习和作业可以帮助学生巩固课上学习的知识，也可以让教师了解教学情况，因此合理设置课后作业可以起到强化思政育人，拓展思政教育的作用。课后教师可以结合本课的思政元素为学生布置小组作业。例如：

> 联合国海地政治使命任务原定于 2022 年 7 月 15 日结束，但是由于海地问题依然没有解决，因此安理会决定延长任务时间，希望找出那个更有效解决"海地困境"的办法。如果由你代表中国参与海地问题治理，你打算如何制定这个计划？

这是一个开放式的问题，通过课堂教学，学生们能够充分了解海地的国情和现状，并在教师的引导下，明白国家发展的先决条件和基本原则，学生们能够把思政元素应用于课下实践，达到了我们课程思政育人的效果。通过课后强化思政，可以充分提升学生的批评创新思维，并在拟定计划的过程中，培养表达分享能力。

三、教学反思

通过教学实践我们发现，区域国别类课程因其研究对象和学习内容的特殊性，思政元素丰富，是非常适合进行思政融入的课程，并且可以达到很好的育人效果。但是在具体落实过程中，任课教师需要特别关注以下几个方面：

（1）课前准备：为了达到好的育人效果，任课教师需要根据教授内容确定思政元素，提前将与之契合的材料发送给学生，供学生预习，并提出问题，让学生思考。这有助于在课堂教学前导入思政内容，同时也可以激发学生的学习兴趣，而这个步骤需要师生的共同努力。任课教师需要有良好的政治思想素质，并且要及时关注国家区域的时事热点问题，在筛选材料时选择更能引起学生兴趣的内容，设置的问题也要具有挑战性，才能更好地激发学生的学习热情。学生则要积极配合进行课前预习，这样才能保证课堂教学的顺利展开。我们认为，可以建立课外学习的监督机制，利用网络技术和教学平台，让教师可以更为直观地看到学生课外的学习情况，针对学情适时调整教学内容和教学目标，保证课堂教学质量，达到思政育人目的。

（2）课堂教学：教师在教学环节要做到"春风化雨"式的思政融入，在价值引领上不能生硬，要让学生自主探索。为充分发挥学生的主观能动性，可以多设置互动问答和小组讨论环节，提高学生的表达能力，调动学生的积极性，同时培养学生的思辨能力。受限于课程设置和课时安排，课堂上的问答和讨论必须高效，教师在此过程中要严格把控课堂教学的各个环节，保证教学效率和质量。

（3）课后反馈：学生课后的作业是对教学效果的检测，教师要根据教学内容布置契合的课后思考和练习，从中了解学生对教学中思政元素的掌握情况，对育人效果做到心中有数。除此之外还应该定期进行问卷调查，以便适时了解学生对课程思政的接受、理解和消化情况；还可以对学生进行访谈，及时关注学生的思想动态和对课程的意见，教师可以根据学生的反馈对教学设计进行修改和完善、调整教学节奏、更新教学计划等。

总之，在课程思政的实践中，课前、课中和课后这三个环节紧紧相扣，其中任何一环发生疏漏都会严重影响课程育人效果，因此任课教师要把握好教学的各个环节，激发学生学习热情，确保教学的顺利进行。

结　语

区域国别类课程因其研究对象和学习内容的特殊性蕴含着丰富的思政元素。在新文科建设和全面推动高校课程思政建设的大背景下，我们应该在教学过程中充分利用课程优势，结合时事新闻，因时制宜地开展课程思政教育，引导学生正确认识世界，树立正确的世界观、人生观和价值观，将国际视野和家国情怀、个人的价值实现同国家发展有机结合起来。本文以"法语国家和地区研究"为例，探讨了区域国别类课程思政的现状、教学理念以及其中蕴含的思政元素。我们认为，教师在课程思政的教学中起着引领作用，应该结合国际社会热点问题，系统且灵活地做好教学设计和规划，以确保课程思政的质量。同时，必须以学生为中心，充分调动学生的学习积极性，以培养学生思辨能力和解决问题能力，使学生具备全球化视野和思维、具有国际竞争力和全球胜任力。

参考文献

常晨光，周慧，曾记．国别与区域研究课程中的课程思政——理念与实践．中国外语，2021（2）：78-83.

常俊跃，冯光武．开展区域国别教育，服务国家对外战略——对构建英语专业本科阶段区域国别教育核心课程体系的思考．中国外语，2017（3）：4-9.

郭元祥．论深度教学：源起、基础与理念．教育研究与实验，2017（3）：1-11.

教育部高等学校外国语言文学类专业教学指导委员会等．普通高等学校本科外国语言文学类专业教学指南（下）．北京：外语教学与研究出版社，2022.

教育部关于印发《高等学校课程思政建设指导纲要》的通知．（2020-06-01）[2022-08-03].http://www.moe.gov.cn/srcsite/A08/s7056/202006/t20200603_462437.html?eqid=bc4ffc2f00025ba40000000364292d2e.

李晨阳．关于新时代中国特色国别与区域研究范式的思考．世界经济与政治，2019（10）：143-155+160.

钱乘旦．以学科建设为纲 推进我国区域国别研究．大学与学科，2021（4）：82-87.

吴岩．新使命　大格局　新文科　大外语．外语教育研究前沿，2019（2）：3-7+90.

赵蓉晖，冯健高．区域国别研究视角下的语言能力：地位与内涵．外语界，2020（3）：20-28.

作者简介

张芳，浙江大学外国语学院副教授，硕士生导师，语言学博士。主要研究方向：外语教学法、语言学。2015 年起在浙江大学外国语学院法语所工作。在校工作期间，多次获教学科研奖励，目前主持国家社科基金中华学术外译项目，主持并主参多项省级校级教学改革项目。本文系浙江大学本科课程思政示范课程培育项目"法语国家与地区研究"的阶段性成果。

基于叙事教学法的"西班牙区域研究"课程思政教学研究

杨玲玲

【摘　要】　笔者尝试将叙事教学法引入"西班牙区域研究"课程，目的是促进课程思政和区域国别教育的有机融合，在扩展学生对西班牙国情知识的了解的同时，提升外语叙事能力，培养学生响应国家对外发展战略的需求，进行中华文化传播的意识和责任感。本研究聚焦于微观课堂教学，以具体单元教学为例，从教学目标、教材重塑和活动设计三个方面探讨如何基于叙事教学法将思政教育融入区域国别教学。

【关键词】　课程思政；西班牙研究；叙事教学法；中国故事

引　言

课程思政是近年来国家对高等教育提出的新要求，受到了外语学界的高度关注。2021 年发布的《大学外语课程思政教学指南》将"讲好中国故事"作为外语课程的思政教学目标之一。目前，国内高校的区域国别教育侧重于向学生传授语言对象国的国情知识，忽视了中华文化传播能力的培养，未能实现双向的跨文化交流。这种现象的出现，一方面是因为外语专业在进行区域国别课程设计时，忽视了将专业知识学习和语言技能提升相融合的教学优势，造成了专业知识和语言技能的人为割裂[①]；另一方面是因为片面强调对于语言目的国的国情文化的掌握，将跨文化交流局限于对语言目的国的"文化理解"。实际上，文化交流是一种双向交流，不仅需要理解对方的文化，还应该做到向对方进行"文化共享"和"文化影响"。[②] 因此，如何在区域国别教学中发挥语言和专业知识融合

---

① 常俊跃，冯光武．开展区域国别教育，服务国家对外战略——对构建英语专业本科阶段区域国别教育核心课程体系的思考．中国外语，2017（3）：4-9.

② 丛丛．"中国文化失语"：我国英语教学的缺陷．光明日报，2000-10-19.

的优势，实现"讲好中国故事"的课程思政目标，是目前高校外语专业迫切需要思考的问题。

从研究内容来看，目前外语专业课程思政研究可以分为以下几个方面：首先，从宏观层面出发，探索外语课程思政的实质和内涵，构建外语课程思政的实践框架和育人体系。如罗良功立足于外语教学的学科特点和国家发展需求，讨论了外语专业课程思政的根本目标、本质和尺度[①]；文秋芳指出课程思政的实质与传道解惑、立德树人一脉相承，并从教学内容、课堂管理、评价制度、教师言行入手，提出了外语课程思政的三横四纵的实践框架[②]。其次，从教材建设出发，探讨如何将思政元素有机地融入教材编写和使用。徐锦芬阐述了外语学科教学素材思政内容建设的总原则，并从两个方面提出了思政内容建设的具体策略[③]；何莲珍从课程思政的四大元素出发，阐述如何从教材入手，落实大学外语课程思政，并厘清了外语课程思政实践中容易混淆的三个概念[④]；杨冬玲和汪东萍从教材的文化内容分析出发，构建了适合我国国情的外语教材文化内容层级分析框架，并介绍了常用的外语教材文化内容分析方法，为外语教材思政内容的编写和使用提供了文化综合分析的视角和方法[⑤]。再次，从具体的课程教学着手，探讨外语课程思政教学实践的方法。如厉彦花等人围绕课前、课中、课后三个环节从教学目标、内容、情景、效果评价等方面探讨大学英语课程思政支架式教学模式[⑥]；朱巧莲从口译课程的特点出发，探讨思政融合的原则与方法，尝试改变以技能训练为主导的传统口译模式，达到知识传授、能力培养和价值引领的有机融合[⑦]。最后，从教师课程思政教学能力出发，探究其内涵、构成和现状，并提出相应的提升和发展策略。如高玉垒和张智义通过探究课程思政教学能力内涵，借鉴国外英语教师能力框架，构建大学英语课程思政教学能力模型[⑧]；张文霞等从思政教学能力概念出发，通过五个维度对当前大学外语教学课程思政教学能力现状及发展需求进行实证调查[⑨]；张彧凤和孟晓萍阐述了课程思政教学能力的内涵，讨论了当前存在的不足，并从育人理念、思政元素挖掘和教学方法等方面提出了

① 罗良功. 外语专业课程思政的本、质、量. 中国外语，2021（2）：60-64.
② 文秋芳. 大学外语课程思政的内涵和实施框架. 中国外语，2021（2）：47-52.
③ 徐锦芬. 高校英语课程教学素材的思政内容建设研究. 外语界，2021（2）：18-24.
④ 何莲珍. 新文科与外语学科建设——综合性大学的探索与实践. 中国外语，2021（1）：8-9.
⑤ 杨冬玲，汪东萍. 外语教材思政建设研究：文化分析内容、方法与理论视角. 外语电化教学，2022（3）：16-22+104.
⑥ 厉彦花，解华，段梅青，朱敏. 大学英语课程思政支架式教学模式探究. 外语电化教学，2022（3）：12-15+103.
⑦ 朱巧莲. 课程思政视阈下的口译教学. 上海翻译，2022（1）：70-74+95.
⑧ 高玉垒，张智义. 大学英语教师课程思政教学能力的结构模型建构. 外语电化教学，2022（1）：8-14+102.
⑨ 张文霞，赵华敏，胡杰辉. 大学外语教师课程思政教学能力现状及发展需求研究. 外语界，2022（3）：28-36.

改善策略^①。

　　现有研究对外语课程思政的实质内涵和目标进行了深入的探讨，并且从教材编写、课程建设和教师能力出发探讨了外语课程思政建设的具体途径，呈现了由理论建构向具体实践变化的趋势，反映了课程思政需要在实践过程中结合不同课程的特点不断发展和完善的需求。当前的课程思政实践研究发展迅速，但因发展时间较短，仍存在着以下的问题：

　　（1）国别区域文化课程的实践研究不足。目前多数实践研究围绕着语言专业技能课程开展，如大学英语、翻译、口译、写作等课程。区域国别文化课程的教学实践研究较少，因此对于课程的思政元素挖掘不够深入，对于相关的教学活动设计和教学评价的讨论较少。

　　（2）基于教学法的课程思政研究不足。现有的研究只有少数明确提出了教学设计所依据的教学法。为了达到思政理念和元素的有机融入，必须根据课程特点，结合相应的教学法，系统地进行课程的整体设计和单元设计，避免思政和专业"两张皮"的问题，实现知识、能力、思政三位一体同步发展。

　　（3）面向"讲好中国故事"的思政目标的实践研究不足。《大学外语课程思政教学指南》明确提出了培养能"讲好中国故事"的人才的目标。现有研究倾向于将区域国别研究类课程视为知识型和思辨型课程，强调课程对于学生的国情知识和思维能力的提升作用，忽略了语言能力的培养和对外文化传播能力提升。

　　针对这三个问题，本研究从区域国别课程的内容和特点出发，基于叙事教学法，以"西班牙饮食文化"单元为例，从教学目标、教材重塑和活动设计三个方面探究如何通过课堂教学达成"讲好中国故事"的课程思政目标。

一、叙事教学法理念

　　叙事教学法指的是在教学过程中，运用叙事手段来设计和呈现教学的某个内容或某一过程，促使学生全身心投入学习，从而习得相关知识和能力。^②作为一种教学方法，叙事教学可以具化为一系列的操作形式和教学技巧，主要分为三种方式：第一是对教学材料进行改编，常见做法是引入叙事材料或用叙事形式呈现已有材料；第二是设置叙事语境，在故事化或生活化的语境中进行互动；第三是布置叙事任务，要求学生针对某一主题或某一材料进行叙事创作。课堂教学中，

① 张彧凤，孟晓萍.大学英语教师课程思政教学能力研究.教育理论与实践，2021（21）：33-35.
② 曲涛.基于叙事教学法理念下国别和区域课程教学模式构建探究——以《亚洲英语国家探究》课程为例.东北亚外语论坛（2020年第四季度论文合集），2020：47-54.

教师可以根据需求选择一种或多种方式进行叙事化教学设计。

美国著名的教育家约翰·杜威（John Dewey）认为，人类使用故事来讲述经验并对经验进行反思进而得出意义，学习就发生在经验反思和意义构建的过程中。将叙事教学法引入区域国别教学课堂中，我们不仅要构造外语叙事经验，提升学生的语言水平，还要充分利用叙事对社会文化的理解和阐释功能，以及对经验意义的探究和反思功能，提升学生的研究和思辨能力，从而达到立德树人的目标。因此，在教学过程中，需要赋予学生"文化研究者"和"文化传播者"的身份。一方面引导学生使用目的国语言对某个社会文化现象进行调查和研究，并且密切关注当地对于该现象的叙述和阐释，理解其叙事方式和逻辑。另一方面，引导学生在了解对方文化背景和叙事思维的基础上，从传播中国文化的目的出发，使用外语构建中国故事，真正实现中外文化的双向交流。在具体的教学操作中，可以将叙事教学法和小组学习结合起来，让学生进行分组，确定叙事主题，进行素材搜集和故事创作，并在课堂中进行展示。

二、基于叙事教学法的"西班牙区域研究"课程思政教学设计

1. 课程介绍及主要教学内容

"西班牙区域研究"是浙江大学西班牙语专业学生的专业必修课，也是核心主干课程，目前针对专业二年级学生开设。该课程是语言知识类课程，目的是培养学生使用西班牙语对西班牙的历史、地理、政治、经济、文化、艺术、宗教等各方面进行探究式学习的能力。通过本课程的学习，学生可以在提高语言综合运用能力的基础上系统地获得西班牙国家文化知识，同时提升思辨能力、跨文化能力、家国情怀和服务国家发展的意识和责任感。本课程包含 16 单元，具体单元主题如表 1 所示。

表 1　课程单元主题

1. 西班牙地理	5. 西班牙社会现状	9. 西班牙艺术 II：音乐和电影	13. 西班牙教育
2. 西班牙历史	6. 西班牙节日	10. 西班牙语言	14. 西班牙媒体
3. 西班牙政治制度	7. 西班牙饮食文化	11. 西班牙体育	15. 西班牙和欧盟
4. 西班牙经济现状	8. 西班牙艺术 I：绘画和建筑	12. 西班牙宗教	16. 中国和西班牙

2. 基于叙事教学法的教学活动设计——以"西班牙饮食文化"为例

本单元内容为介绍西班牙饮食的主要特点、常用食材和代表菜品。西班牙美食享誉世界，以新鲜丰富的食材、健康的烹饪方式和多样化的菜品为主要特点。

在历史发展过程中，西班牙经历了多次民族迁徙和融合，因此其饮食文化在形成和发展过程中受到了东西文化的影响，形成了其独一无二的特色。此外，西班牙饮食是其国家文化宣传中的重要名片，在西班牙文化对外传播中具有重要的作用。接下来，本文将基于叙事教学法，从目标设定、教材重塑、活动设计三个方面来介绍"西班牙饮食文化"单元教学设计。

（1）基于单元内容，设定教学目标

在区域国别课程中使用叙事教学法并非单纯为了讲述故事，而是通过叙事手段形象化地呈现单元知识和内蕴的思政元素，达到传递知识、激发情感、塑造观念和构建意义的目标。此外，外语专业要注重发挥语言和内容学习融合的优势，在叙事教学的过程中提升学生的外语能力和叙事能力。因此，在设定教学目标时，教师应该从单元内容出发，挖掘内蕴的思政元素，制定知识、思政、语言和叙事四重教学目标。要注意将思政目标和专业学习有机融合，避免思政目标偏离教学内容，实现课程思政和专业教学同向同行。此外也要注意语言能力不等同于叙事能力，在教学过程中除了教授语言知识，还需要注意培养学生的叙事思维和能力。

本单元的学习内容为西班牙饮食文化，其内涵的思政元素包括：1）饮食的发展体现了文化的多元性，以及东西文化交流互鉴的重要性；2）饮食作为人类的基本需求，是跨文化交流的重要组成部分，也是"讲好中国故事"的重要题材。从促进学生语言和知识同步发展的目标出发，结合单元内容内涵的思政元素，本单元的具体目标如下：1）知识目标。了解和掌握西班牙饮食文化的特点，尤其是食材的发展和变化，并与中国饮食文化进行对比。2）语言目标。掌握饮食文化相关的词汇和句型。3）思政目标。引导学生建立多元包容的文化观，同时培养学生的文化自觉和自信，树立传播中华文化的意识和责任感。4）叙事目标。了解叙事形式、结构和逻辑，提升学生使用西班牙语进行中国文化的介绍的能力。

（2）增加中国元素，补充叙事化教学材料

教材是教学的重要载体，也是促成课程思政目标达成的重要手段。本单元使用的材料为文本和视频。文本材料主要用来呈现西班牙饮食相关知识。国内现有教材存在着片面聚焦西班牙、缺乏中西对比维度的问题，不利于培养学生的文化自觉和文化自信。针对这个问题，我们对文本阅读材料进行改编和补充，在教材中融入了中国元素，主要通过两个途径来实现：1）引入饮食相关的中外名言，如中国名言"民以食为天"、西班牙语名言"La comida es cultura, hábito, el deseo y la identidad"（食物是文化、习惯、欲望以及身份），目的是引导学生思考饮食对于人类的意义，以及饮食在社会文化中的多重作用；2）在介绍西班牙饮食中存在的众多外来食材时，引入西班牙常见的中国食材，如生姜、枸杞、荔枝等，以及西班牙人对于这些食材的了解和使用。文本解读过程中，教师不止步于文本内容本身，更注重挖掘文本的深层文化内涵。通过食材来源和引入时间分析和揭示西班牙饮食里的多种文化的影响，如地中海文化、犹太文化、阿拉伯文化和拉美文化。教师还调整研读视角，引入中西饮食文化对比维度，引导学生思考中国饮食的特点、代表食材以及饮食领域里出现的中外交流和互动。该对比的目的是通过饮食文化的文本学习提升学生的文化自信和文化自觉，并建立平等包容、文化互鉴、多元发展的文明观。

除文本外，教师还补充了叙事类的视频材料，通过形象的方式展示西班牙饮食文化，促进学生对于知识的理解。在选择叙事类视频材料时，我们遵循以下四个原则：1）真实性。视频所展示的国情知识和交流情景必须是真实的，符合现实情况。2）趣味性。材料所叙述的事件必须能引发学生的兴趣，达到寓乐于教，最大化地发挥叙事教学的优势。3）符合学生的语言水平。视频的语言难度应符合学生现有的外语水平，或略高于学生的水平，保证学生能够理解视频内容。4）有助于达成思政和叙事目标。选用的视频不仅要能展示国情知识，而且需要富含思政元素，可以达到培养学生传播中华文化的意识和使命感。此外，视频应具有完整的叙事结构，可以作为案例来展示叙事的形式、结构和逻辑。

本单元选用的视频主题为西班牙人带亚洲朋友尝试本国地道美食。视频符合真实性和趣味性的原则。视频是在西班牙本土餐馆实景拍摄制作而成，展示了西班牙饮食的常见菜品、就餐方式和餐桌礼仪。视频从真实人物视角展开，具有真实感和代入感，可以调动学生的关注并产生共鸣。从语言角度看，视频的语言多为日常口语以及食物描述，语言难度符合二年级专业学生的水平。从内容来看，视频呈现了一个常见的东西方跨文化交流场景，展示了西班牙人和亚洲人对西班牙饮食的感受和评价，可以为学生提供立体丰富的视角，理解文化的多样性，以及饮食在文化传播中的重要性，符合教学的思政目标。此外，视频的结构完整，包含叙事的主要元素，如时间、地点、人物和事件，可以较好地展示叙事的形式、结构和内在逻辑。

在视频学习过程中，教师需要对叙事视频进行解构，主要从思政和叙事两个方面进行。一方面，从思政角度出发，解读视频内涵的思政元素，引导学生理解文化传播存在于生活中的众多场景之中，日常生活富含文化传播的机会，作为外语专业的学生应该把握各种跨文化交流机会，进行文化传播，促进世界对中国的理解。此外，饮食作为人类的基本需求，是文化传播活动里的重要组成部分，是非常容易引起他人兴趣和共鸣的文化主题。另一方面，从叙事分析出发，以问题为导向，根据故事图式，从感知、分析、思考评价三个层次，对视频进行分析（如图1）。这个过程主要是引导学生关注视频的叙事形式、结构和内在逻辑，发挥视频的"脚手架"功能，帮助学生在下一阶段的叙事任务中自主完成创作。在对视频进行解构之后，可以鼓励学生发散思维，结合自己的知识和经验思考如何提升视频的叙事效果。

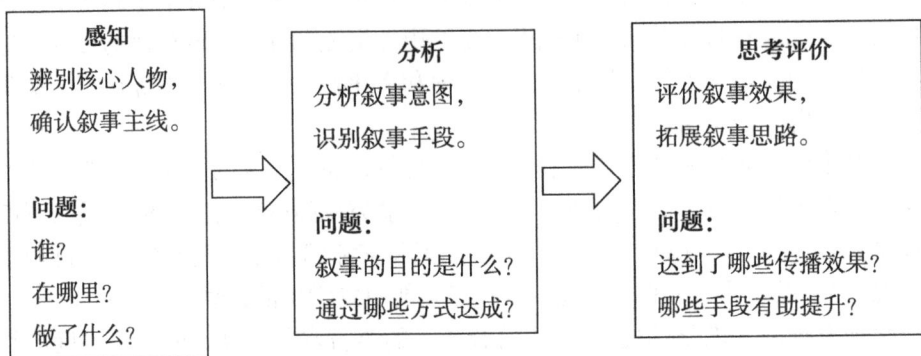

感知	**分析**	**思考评价**
辨别核心人物，确认叙事主线。	分析叙事意图，识别叙事手段。	评价叙事效果，拓展叙事思路。
问题:	问题:	问题:
谁?	叙事的目的是什么?	达到了哪些传播效果?
在哪里?	通过哪些方式达成?	哪些手段有助提升?
做了什么?		

图 1　视频学习的过程

（3）从对外交流的实际场景出发，布置任务评价一体的叙事任务

叙事任务的设置应该从对外交流的实际场景出发，结合学生的日常经验，并和课堂展示的叙事材料具有一定的延续性，这样才能更好地激发学生的兴趣和主动性并投入任务。教师设计了三个不同的叙事任务主题供学生小组选择，主题如下：1）向在浙大学习的西班牙留学生介绍自己的家乡美食；2）搜集和整理西班牙外教的中国饮食故事；3）向即将来中国留学的西班牙学生介绍浙大校园美食。学生需要针对不同的交流对象和主题来进行叙事设计和创作。要求视频时长为3—5分钟，音像结合，且必须出现学生的西语配音。之后，教师引导学生在课上进行分组，各小组通过讨论确定叙事主题、叙事思路和叙事结构。讨论完毕后，各小组派代表向全班介绍本组的叙事创作思路，教师和其他小组成员进行提问并给予建议。这一步有助于教师观察学生对于叙事形式和逻辑的理解情况，并根据各小组的情况给予适当的帮助。课后各小组完成叙事视频的创作，并在下次课上向全班同学展示。

叙事任务不仅能为学生提供学习的机会和过程，也为学习评价提供了依据。叙事任务的评价需要关注学生的学习感受和效果，用合理可行的方式来评估学习效果，同时引导学生对学习过程进行思考和讨论。本单元的教学评价由课堂表现、小组陈述、视频演示和调查问卷构成。在知识方面，除了考查学生的文化知

识，也考查学生的文化理念；在能力方面，除了关注学生的语言能力，也重点评估学生选择文化素材进行外语叙事的能力。本单元的教学评价以过程性评价为主，构建学生自评、生生互评以及教师评价三种评价体系。学生自评在单元教学结束后进行，通过问卷调查的形式考查学生对于自己学习效果的满意度以及对于课程改进的意见；生生互评在小组陈述和视频演示过程中进行；而教师评价则贯穿整个教学过程，集中体现在课堂表现、小组陈述和视频演示三个环节。在评价结束后，教师搜集评价材料并进行课后总结，为进一步的教学提升奠定基础。

结　语

区域国别类课程作为外语专业的核心课程，蕴含丰富的思政元素，能够有效地培养学生的思辨能力和核心素养。作为国情文化类课程，它既有学科知识的独特性，也和外语能力息息相关。在课程教学实践中，需要发挥外语学科的语言优势，基于相应的教学法将思政元素、语言能力和国情知识三者融合，达到培养既有国际视野，又能坚持中国立场、讲好中国故事的外语人才的目标。笔者将叙事教学法引入课程教学，以具体单元教学为例，从教学目标、教材重塑和活动设计三个方面进行了叙事化设计探究。本研究丰富了区域国别课程的教学方法的创新实践，有助于进一步深化对外语学科视域下区域国别课程教学体系理解。外语专业课程思政研究是近年来的新生事物，其研究刚起步，未来还需要更多的理论和实证研究，从教学方法、教师能力、教学效果等方面进一步丰富和深化该领域的研究。

参考文献

常晨光，周慧，曾记 . 国别与区域研究课程中的课程思政——理念与实践 . 中国外语，2021（2）：78-83.

常俊跃，冯光武 . 开展区域国别教育，服务国家对外战略——对构建英语专业本科阶段区域国别教育核心课程体系的思考 . 中国外语，2017（3）：4-9.

从丛 . "中国文化失语"：我国英语教学的缺陷 . 光明日报，2000-10-19.

高玉垒，张智义 . 大学英语教师课程思政教学能力的结构模型建构 . 外语电化教学，2022

（1）：8-14+102.

何莲珍．新文科与外语学科建设——综合性大学的探索与实践．中国外语，2021（1）：8-9.

厉彦花，解华，段梅青，朱敏．大学英语课程思政支架式教学模式探究．外语电化教学，2022（3）：12-15+103.

罗良功．外语专业课程思政的本、质、量．中国外语，2021（2）：60-64.

曲涛．基于叙事教学法理念下国别和区域课程教学模式构建探究——以《亚洲英语国家探究》课程为例．东北亚外语论坛（2020年第四季度论文合集），2020：47-54.

徐锦芬．高校英语课程教学素材的思政内容建设研究．外语界，2021（2）：18-24.

文秋芳．大学外语课程思政的内涵和实施框架．中国外语，2021（2）：47-52.

文秋芳．"一体化"思政育人体系构建与实践应用——以培养"英法双语＋专业"国际治理人才为例．外语界，2021（2）：2-9.

杨冬玲，汪东萍．外语教材思政建设研究：文化分析内容、方法与理论视角．外语电化教学，2022（3）：16-22+104.

张文霞，赵华敏，胡杰辉．大学外语教师课程思政教学能力现状及发展需求研究．外语界，2022（3）：28-36.

张彧凤，孟晓萍．大学英语教师课程思政教学能力研究．教育理论与实践，2021（21）：33-35.

朱巧莲．课程思政视阈下的口译教学．上海翻译，2022（1）：70-74+95.

作者简介

杨玲玲，浙江大学外国语学院讲师，博士。主要研究方向：西班牙语语言文学、二语习得、移动技术辅助外语教学。